北海道 サケ 釣り場ガイド
よく釣れる

北海道新聞HotMedia・
週刊釣り新聞ほっかいどう[編]

The Perfect Guidebook of
Salmon Fishing in HOKKAIDO

北海道新聞社

はじめに

サケとはなんだ

　シンガーソングライター、中島みゆきさんは「サーモン・ダンス」の歌の中で、遡上（そじょう）後、産卵して死という運命が待っているのに力強く生まれた川を目指すサケに、悲しみを乗り越えて、生まれ変わって生きろ、と歌った。

　中島みゆきさんが楽曲の中でよく取り上げる「転生」と、中島さん自身が持つ精神の強さがこの歌にも貫かれ、サケという対象を借りて、歌を聞く者に生きることへの普遍的な意味をもたせた。「中島みゆき」という類まれな表現力を持つ歌手がサケを取り上げたように、サケの一生は多くの人の心をつかんで離さない。

　サケの大きな群れが岸寄りするときは、背びれを見せて勇壮に泳ぎ、ときには跳ねる躍動感あふれる姿は、人間を圧倒する一方、産卵時のやせ細った体は腐りかけ、産卵後は死に、体は自然界の栄養分となる。実際、その姿を見た人、またはテレビの映像で知った人は、サケの姿にやはり心を震わせるだろう。

狂騒の根源

　だが、サケシーズン盛期の釣り場のにぎわいはサケへのロマンではとても説明できない。釣り場はどこも大にぎわいで、人気釣り場では1人の範囲は肩幅程度しかなく肩をぶつけ合いながら並んで、黙々とサオを振る。

　場所取りもあれば、ときにはいざこざもあるが、釣り人はそれでもサケを追い求める。

　釣り人を駆り立てるのは①釣り方が簡単②誰にでも3～4kgの重量感のある魚が釣れる、ことだろうか。もう一つ忘れてならないのは食料としての価値だ。

　人間はこの世に登場して以来、おそらくサケを大切な食料として扱い、食べ続けた。石狩市では縄文時代中期（約4000年前）の川の跡からサケ捕獲施設の一部が見つかっている。われわれの体の隅々にまでサケが染み込んでいるのだ。

　サケ釣りの面白さは限りないくらい深いが、食べる楽しさもまたそれ以上かもしれないと思えば、サケ釣りの熱狂ぶりを少しは理解できるかもしれない。

　それでもサケのロマンを語りたい。家族にサケについて聞いてみた。返ってきた言葉は、「北海道といえばサケ。焼いておいしいし、お茶漬けによし、おにぎりによし、ソテーによし。これほど料理に合う魚はない」。食べる話ばかりにうなるしかなかった。

4回目の改訂

　サケについての話はここまでとして本書について話さなければならない。今回で4回目の改訂になる。発刊から6年を経ても、この本の人気は衰えを知らない。読者にあらためて感謝を申し上げる。

　今回の改定版では、これまで同様、菊地保喜副編集長を担当デスクとして発刊後、初めて釣り場を差し替えた。ここ数年、港内放流などにより来遊量が増えた釣り場がある一方、釣れなくなった釣り場もあり、ここ数年の釣果実績のいい約30カ所と入れ替えた。表紙も一新し、これまで以上に内容の充実した1冊になったと自負している。

　編集は発刊時の構成を守り、ガイド記事には、釣り方、釣り期、タックル、エサ、河口規制、注意事項の基本情報を載せている。本文は限られた字数のためガイドに徹して、余分と思われる表現は排除した。イラストマップは正確さにこだわり、執筆陣が調べ抜いた釣りポイントはA、B、C…で表している。

　執筆は本紙記者が中心で、これまで同様に地元の通信員にもお願いした。本紙記者は毎年、釣り場を詳細に取材しており、通信員の方たちが現地に精通していることは言うに及ばない。記事の正確さは発売以来6年間の人気がこの本への評価だと思っている。

　この1冊によって、サケ釣りの面白さを知っていただければ、これほどうれしいことはない。ただ、一つ忠告しておきたい。サケ釣りの魔力に取りつかれることのないようにお願いしたい。

　サケ釣りにロマンを求めるか、食料として考えるのかは人それぞれでいいのだろう。

　35年ほど前、札幌でカムバック・サーモン運動を推進した、故吉崎昌一さんが「サケよ、豊平川をのぼれ」（草思社）の本の中に残した一文はサケと人間の関係を端的に表しており、私は大好きである。この一文を載せて、この項の締めとしたい。

　「有史以来、サケほど人間に愛されてきた魚はいないのではないか。サケというやつは幸せな魚である」

　　　　元道新スポーツ・週刊釣り新聞ほっかいどう編集長
　　　　大井　昇

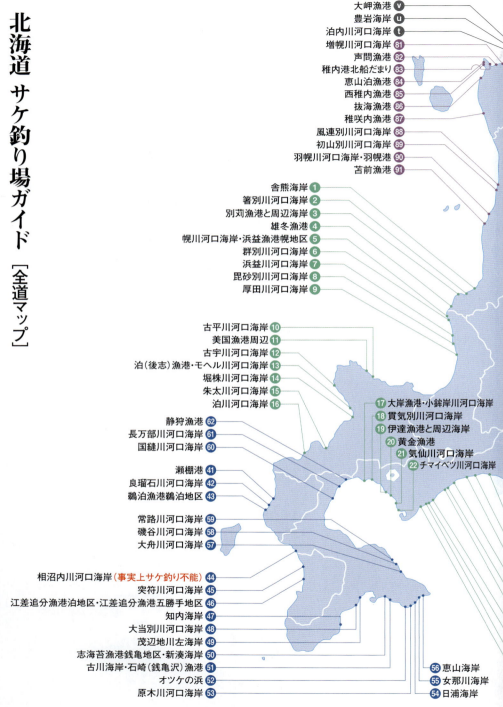

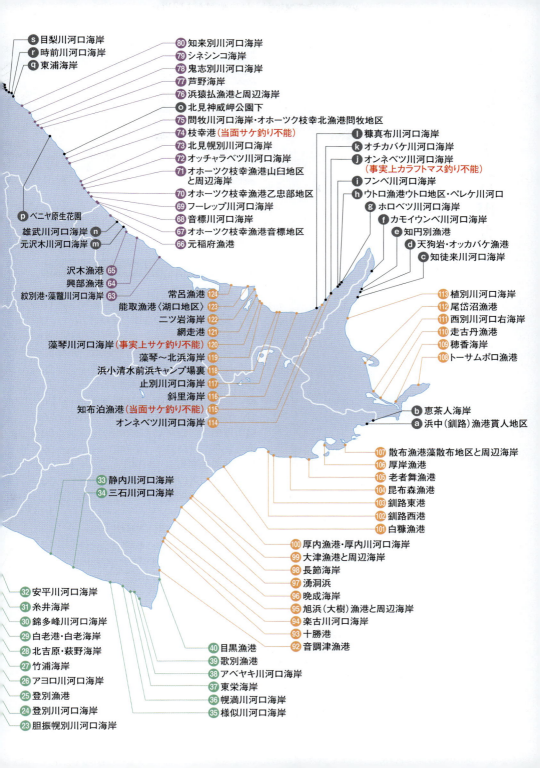

北海道 サケ釣り場ガイド [目次]

contents

はじめに………………………………………… 2
全道マップ……………………………………… 4
この本の使い方………………………………… 10

道央エリア

① 舎熊海岸 [増毛町] ………………… 14
② 箸別川河口海岸 [増毛町] ………… 16
③ 別苅漁港と周辺海岸 [増毛町] …… 18
④ 雄冬漁港 [増毛町] ………………… 20
⑤ 幌川河口海岸・浜益漁港幌地区 [石狩市]
　……………………………………… 22
⑥ 群別川河口海岸 [石狩市] ………… 24
⑦ 浜益川河口海岸 [石狩市] ………… 26
⑧ 毘砂別川河口海岸 [石狩市] ……… 28
⑨ 厚田川河口海岸 [石狩市] ………… 30
⑩ 古平川河口海岸 [古平町] ………… 32
⑪ 美国漁港周辺 [積丹町] …………… 34
⑫ 古宇川河口海岸 [神恵内村] ……… 36
⑬ 泊(後志)漁港・モヘル川河口海岸 [泊村]
　……………………………………… 38
⑭ 堀株川河口海岸 [共和町] ………… 40
⑮ 朱太川河口海岸 [寿都町] ………… 42
⑯ 泊川河口海岸 [島牧村] …………… 44
⑰ 大岸漁港・小鉾岸川河口海岸 [豊浦町]
　……………………………………… 46
⑱ 貫気別川河口海岸 [豊浦町] ……… 48
⑲ 伊達漁港と周辺海岸 [伊達市] …… 50
⑳ 黄金漁港 [伊達市] ………………… 52
㉑ 気仙川河口海岸 [伊達市] ………… 54
㉒ チマイベツ川河口海岸 [伊達市・室蘭市]
　……………………………………… 56
㉓ 胆振幌別川河口海岸 [登別市] …… 58
㉔ 登別川河口海岸 [登別市] ………… 60

㉕ 登別漁港 [登別市] ……………… 62
㉖ アヨロ川河口海岸 [白老町] …… 64
㉗ 竹浦海岸 [白老町] ……………… 66
㉘ 北吉原・萩野海岸 [白老町] …… 68
㉙ 白老港・白老海岸 [白老町] …… 70
㉚ 錦多峰川河口海岸 [苫小牧市] … 72
㉛ 糸井海岸 [苫小牧市] …………… 74
㉜ 安平川河口海岸 [苫小牧市] …… 76
㉝ 静内川河口海岸 [新ひだか町] … 78
㉞ 三石川河口海岸 [新ひだか町] … 80
㉟ 様似川河口海岸 [様似町] ……… 82
㊱ 幌満川河口海岸 [様似町] ……… 84
㊲ 東栄海岸 [浦河町] ……………… 86
㊳ アベヤキ川河口海岸 [えりも町] … 88
㊴ 歌別漁港 [えりも町] …………… 90
㊵ 目黒漁港 [えりも町] …………… 92

道南エリア

㊶ 瀬棚港 [せたな町] ……………… 96
㊷ 良瑠石川河口海岸 [せたな町] … 98
㊸ 鵜泊漁港鵜泊地区 [せたな町] … 100
㊹ 相沼内川河口海岸 [八雲町]
　（事実上サケ釣り不能） ……… 102
㊺ 突符川河口海岸 [乙部町] ……… 104
㊻ 江差追分漁港泊地区・江差追分漁港
　五勝手地区 [江差町] …………… 106
㊼ 知内海岸 [知内町] ……………… 108
㊽ 大当別川河口海岸 [北斗市] …… 110
㊾ 茂辺地川左海岸 [北斗市] ……… 112
㊿ 志海苔漁港銭亀地区・新湊海岸 [函館市]
　………………………………………… 114
51 古川海岸・石崎(銭亀沢)漁港 [函館市] 116
52 オツケの浜 [函館市] …………… 118

53 原木川河口海岸 [函館市] ……… 120
54 日浦海岸 [函館市] ……………… 122
55 女那川海岸 [函館市] …………… 124
56 恵山海岸 [函館市] ……………… 126
57 大舟川河口海岸 [函館市] ……… 128
58 磯谷川河口海岸 [函館市] ……… 130
59 常路川河口海岸 [鹿部町] ……… 132
60 国縫川河口海岸 [長万部町] …… 134
61 長万部川河口海岸 [長万部町] … 136
62 静狩漁港 [長万部町] …………… 138

道北エリア

63 紋別港・藻鼈川河口海岸 [紋別市] … 142
64 興部漁港 [興部町] ……………… 144
65 沢木漁港 [雄武町] ……………… 146
66 元稲府漁港 [雄武町] …………… 148
67 オホーツク枝幸漁港音標地区 [枝幸町]
　………………………………………… 150
68 音標川河口海岸 [枝幸町] ……… 152
69 フーレップ川河口海岸 [枝幸町] … 154
70 オホーツク枝幸漁港乙忠部地区 [枝幸町]
　………………………………………… 156
71 オホーツク枝幸漁港山臼地区と
　周辺海岸 [枝幸町] ……………… 158
72 オッチャラベツ川河口海岸 [枝幸町]
　………………………………………… 160
73 北見幌別川河口海岸 [枝幸町] … 162
74 枝幸港 [枝幸町] (当面サケ釣り不能) … 164
75 問牧川河口海岸・オホーツク枝幸北漁港
　問牧地区 [枝幸町] ……………… 166
76 浜猿払漁港と周辺海岸 [猿払村] … 168
77 芦野海岸 [猿払村] ……………… 170
78 鬼志別川河口海岸 [猿払村] …… 172

北海道 サケ釣り場ガイド [目次]

contents

- ⑦⑨ シネシンコ海岸 [猿払村]……………174
- ⑧⓪ 知来別川河口海岸 [猿払村]………176
- ⑧① 増幌川河口海岸 [稚内市]…………178
- ⑧② 声問漁港 [稚内市]………………180
- ⑧③ 稚内港北船だまり [稚内市]………182
- ⑧④ 恵山泊漁港 [稚内市]………………184
- ⑧⑤ 西稚内漁港 [稚内市]………………186
- ⑧⑥ 抜海漁港 [稚内市]…………………188
- ⑧⑦ 稚咲内漁港 [豊富町]………………190
- ⑧⑧ 風連別川河口海岸 [初山別村]……192
- ⑧⑨ 初山別川河口海岸 [初山別村]……194
- ⑨⓪ 羽幌川河口海岸・羽幌港 [羽幌町]…196
- ⑨① 苫前漁港 [苫前町]…………………198

道東エリア

- ⑨② 音調津漁港 [広尾町]………………202
- ⑨③ 十勝港 [広尾町]……………………204
- ⑨④ 楽古川河口海岸 [広尾町]…………206
- ⑨⑤ 旭浜(大樹)漁港と周辺海岸 [大樹町]208
- ⑨⑥ 晩成海岸 [大樹町]…………………210
- ⑨⑦ 湧洞浜 [豊頃町]……………………212
- ⑨⑧ 長節海岸 [豊頃町]…………………214
- ⑨⑨ 大津漁港と周辺海岸 [豊頃町]……216
- ⑩⓪ 厚内漁港・厚内川河口海岸 [浦幌町]
   ………………………………………218
- ⑩① 白糠漁港 [白糠町]…………………220
- ⑩② 釧路西港 [釧路市]…………………222
- ⑩③ 釧路東港 [釧路市]…………………224
- ⑩④ 昆布森漁港 [釧路町]………………226
- ⑩⑤ 老者舞漁港 [釧路町]………………228
- ⑩⑥ 厚岸漁港 [厚岸町]…………………230
- ⑩⑦ 散布漁港藻散布地区と周辺海岸 [浜中町]
   ………………………………………232

⑩⑧	トーサムポロ漁港 [根室市]	234
⑩⑨	穂香海岸 [根室市]	236
⑪⓪	走古丹漁港 [別海町]	238
⑪①	西別川河口右海岸 [別海町]	240
⑪②	尾岱沼漁港 [別海町]	242
⑪③	植別川河口海岸 [標津町・羅臼町]	244
⑪④	オンネベツ川河口海岸 [斜里町]	246
⑪⑤	知布泊漁港 [斜里町] (当面サケ釣り不能)	248
⑪⑥	斜里海岸 [斜里町]	250
⑪⑦	止別川河口海岸 [小清水町]	252
⑪⑧	浜小清水前浜キャンプ場裏 [小清水町]	254
⑪⑨	藻琴〜北浜海岸 [網走市]	256
⑫⓪	藻琴川河口海岸 [網走市] (事実上サケ釣り不能)	258
⑫①	網走港 [網走市]	260
⑫②	二ツ岩海岸 [網走市]	262
⑫③	能取漁港〈湖口地区〉[網走市]	264
⑫④	常呂漁港 [北見市]	266
	サケ 船釣り場① 噴火湾沖	268
	サケ 船釣り場② 枝幸沖	270
	サケ 船釣り場③ 大津沖・白糠沖	272

カラフトマスエリアマップ

⑩②	釧路西港 [釧路市]	276
ⓐ	浜中(釧路)漁港貰人地区 [浜中町]	277
ⓑ	恵茶人海岸 [浜中町]	278
ⓒ	知徒来川河口海岸 [羅臼町]	279
ⓓ	天狗岩・オッカバケ漁港 [羅臼町]	280
ⓔ	知円別漁港 [羅臼町]	281
ⓕ	カモイウンベ川河口海岸 [羅臼町]	282
ⓖ	ホロベツ川河口海岸 [斜里町]	283
ⓗ	ウトロ漁港ウトロ地区・ペレケ川河口 [斜里町]	284
ⓘ	フンベ川河口海岸 [斜里町]	285
ⓙ	オンネベツ川河口海岸 [斜里町] (事実上カラフトマス釣り不能)	286
ⓚ	オチカバケ川河口海岸 [斜里町]	287
⑪⑤	オライネコタン川河口海岸・知布泊漁港 [斜里町] (当面カラフトマス釣り不能)	288
ⓛ	糠真布川河口海岸 [斜里町]	289
⑥③	藻鼈川河口海岸 [紋別市]	290
ⓜ	元沢木川河口海岸 [雄武町]	291
ⓝ	雄武川河口海岸 [雄武町]	292
⑥⑧	音標川河口海岸 [枝幸町]	293
⑦⓪	オホーツク枝幸漁港乙忠部地区 [枝幸町]	294
ⓞ	北見神威岬公園下 [枝幸町]	295
ⓟ	ベニヤ原生花園 [浜頓別町]	296
⑦⑦	芦野海岸 [猿払村]	297
ⓠ	東浦海岸 [稚内市]	298
ⓡ	時前川河口海岸 [稚内市]	299
ⓢ	目梨川河口海岸 [稚内市]	300
ⓣ	泊内川河口海岸 [稚内市]	301
ⓤ	豊岩海岸 [稚内市]	302
ⓥ	大岬漁港 [稚内市]	303

基本釣り方ガイド……304
河口規制……310

この本の使い方

サケ・マス河口規制

　サケやカラフトマス、サクラマスは、河川内での採捕は禁止されており、川によっては海面漁業調整規則や海区漁業調整委員会指示によって、河口付近に規制が掛かっている。本書ではイラストマップ中に、サケ・マス河口規制を赤線と矢印で表示。また釣り場名称の右に記した河口規制欄に表示の期間内は、赤線範囲内ではサケ、カラフトマス、サクラマス釣りはできないので要注意。

　また、巻末にはサケ・マス河口規制が一部に掛かるが規制区域が複雑で分かりにくい港湾や漁港をまとめて掲載したので参照してほしい。

釣り場説明文

　釣り場の説明欄は、読みやすさを優先して「左海岸」「右海岸」「ポイント紹介」「入釣ルート」など、さまざまな小見出しをたてて、全文を段落分けしてある。統一した小見出しとしなかったのは、できるだけ各釣り場の状況に即して、その特徴を具体的に紹介するためだ。

イラストマップ

　本書では、イラストマップと豊富な写真を用いて好ポイントや釣り場の詳細を説明している。マップ中には、釣りをする上で障害となる消波ブロックや護岸などさまざまな図形などが登場するが、これは、見やすさや分かりやすさを優先したもので、正式な地図記号とは異なり本書独自のものなので注意。原則、陸地を下側、海を上側に示した。

　また、マップは、釣り場の広さにかかわらず同じ大きさで表記しているため統一された縮尺ではなく、釣り場の様子やポイントが分かりやすいように、道路や海岸線の形状などを一部簡略化してある。詳細は現地で確認すること。

単位

●オモリの号　オモリの重さを表す「号」は1号が3.75g。30号のオモリは112.5gとなるが、メーカーや形によって多少異なるので、おおよその目安とすること。

●ラインの号　ラインの太さを表す「号」は、ナイロンライン1号の標準直径が0.165mmだが、PEラインやフロロカーボンラインなど、ラインの種類によってかなりばらつきがある。特にPEラインの場合は、細い素材を編み込んで1本のラインにしているので、ナイロンラインに比べると太めの物が多い。

●ウキの号　ウキに付けられた「号」は、おおむね適合オモリの重さを指す。1号のウキには1号程度までのオモリが適正で、それを超えると浮力を保持できない場合が多いので注意。

●ハリの号　ハリにはさまざまな形の物があるが、ハリの大きさを表す「号」は、それぞれの形状によってまったく大きさが異なる。サケやカラフトマス釣りでよく使われるソイバリ、フカセバリはほぼ同じ大きさだが、スズキバリや海津は大きさや表記が異なるので注意すること。

●サオの長さ　ルアーロッドの長さは、メートル表示ではなくフィートで表した物がほとんど。1フィートは0.3048m。

注目ポイント
地元の釣り人が通い詰めるポイント、マニアックな釣り人に人気があるポイントなどをピックアップ。

穴場ポイント
主要なポイントではないものの、ときには好釣果が期待できる場所、見落としがちなポイントなどを取り上げた。

注意
釣り方やマナーなど、それぞれの釣り場固有の特徴の中から、特に注意が必要、または問題となりそうな事柄。

メモ
釣り場近くのトイレ、コンビニ、ガソリンスタンドなど、役立つ情報を箇条書きで紹介。

道央エリア

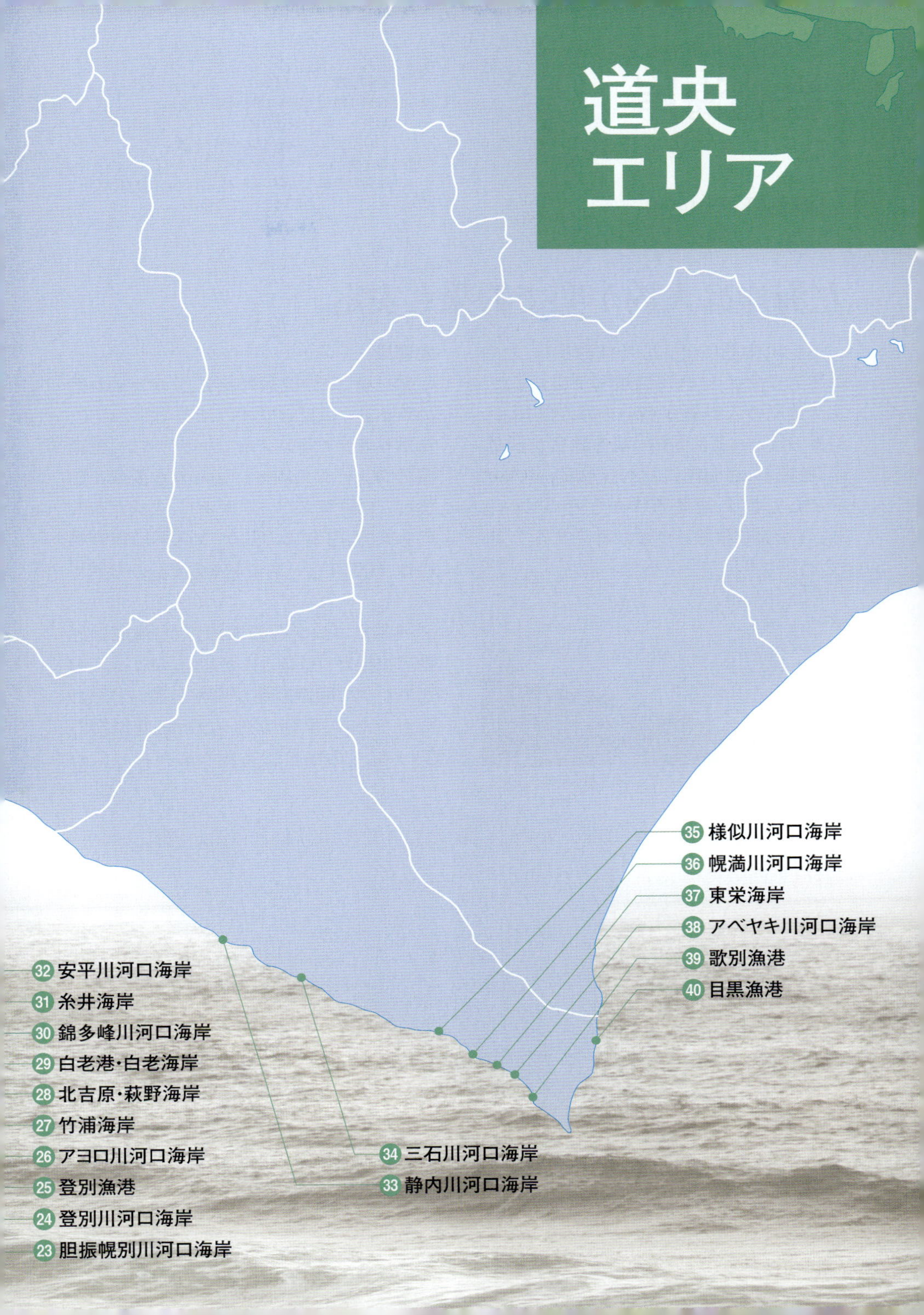

㉟ 様似川河口海岸
㊱ 幌満川河口海岸
㊲ 東栄海岸
㊳ アベヤキ川河口海岸
㊴ 歌別漁港
㊵ 目黒漁港

㉜ 安平川河口海岸
㉛ 糸井海岸
㉚ 錦多峰川河口海岸
㉙ 白老港・白老海岸
㉘ 北吉原・萩野海岸
㉗ 竹浦海岸
㉖ アヨロ川河口海岸
㉕ 登別漁港
㉔ 登別川河口海岸
㉓ 胆振幌別川河口海岸

㉞ 三石川河口海岸
㉝ 静内川河口海岸

道央

舎熊海岸

① 014

[増毛町] しゃぐまかいがん

● 釣り方　投げ釣り
● 釣り期　9月中旬〜10月下旬
● タックル　投げザオ
　　　　　　タモ、ウエーダー不要
● エサ　サンマ、ソウダガツオなど
● 河口規制　信砂川（左海岸500m、右海岸500m
　　　　　　5月1日〜11月30日）

左海岸は入釣が楽で釣果も安定

　増毛町舎熊に流入する信砂川(のぶしゃがわ)は、左右両海岸にサケ・マス河口規制が掛かるが、サケ釣りの入釣者が多いのは左海岸。入釣者のほとんどは同釣り場を地名から「舎熊」と呼ぶ。右海岸に比べ比較的、釣果が安定しており、留萌市街から近いせいもあって盛期には投げザオが林立する。

ゴロタ石の海岸では1本物サオ立ては石を積んで押さえる

左海岸……………………………

　釣り場は国道231号脇で、サケが釣れ始めるとすぐに投げザオの列ができるので、岸寄りのタイミングをつかみやすい。国道脇のコンビニの向かい辺りから海岸に出ると広い駐車スペースがあり、入釣が楽なのも魅力。左海岸のサケ・マス河口規制標柱は、駐車スペースにあるので分かりやすい。

　一帯はゴロタ石の海岸だが、海底は砂地で根掛かりはほとんどない。海は遠浅のためサケの回遊経路が岸から遠いと思われがちだが、早朝は30〜50m先を回遊している。その場合に有効なのがハリスが

盛期には投げザオが林立する信砂川河口左海岸

70cmほどの仕掛けで、日が高くなりサケが沖を回遊するようになると、ハリスが1mほどの仕掛けを遠投するといい。サケ・マス河口規制標柱に近いほど釣果が期待できる。

右海岸

左海岸に比べると圧倒的に入釣者が少ないが、タイミング次第では好釣果に恵まれることもある。ただし、釣果の安定感は左海岸が上で、頻繁に釣行できる人以外にはあまりお薦めできない。

　河口から約1km付近までは海岸の護岸近くまで車の乗り入れが可能だが、波打ち際から護岸までの幅が狭く、波のある日は入釣できない。また、場所によって根掛かりするので対策を怠らないこと。

信砂川河口左海岸のサケ・マス河口規制標柱は駐車スペースにある

注意
サケ釣りではサケの強い当たりや引きでサオが取られないように、サオ尻を押さえられる1本物のサオ立てが使われるケースがほとんど。しかし、同海岸はゴロタ石がびっしりで1本物サオ立てが立てにくいので注意。足の部分に石を積んで囲んでしまうなどの方法で対処すること。

MEMO
ガソリンスタンドは留萌市街にある。国道を挟んで釣り場向かいには入釣の目印となるコンビニがあり、初級者やファミリーにもお薦め。

道央

箸別川河口海岸

[増毛町] はしべつがわかこうかいがん

- 釣り方　投げ釣り、ウキルアー、ウキ
- 釣り期　9月中旬～10月下旬
- タックル　ウキ、ウキルアーはタモ、ウエーダー必要
- エサ　ソウダガツオ、紅イカ、サンマなど
- 河口規制　なし

投げ釣り主体の釣り場で根掛かり対策必要

　増毛、留萌周辺でウキルアー、ウキ釣りが楽しめる数少ない釣り場の1つ。ゴロタ石の海岸で左右両海岸とも投げ釣りがメインだが、河口前付近ではウキルアー釣りやウキ釣りが可能。ただし、いずれも釣り場が狭く混み合うため譲り合って楽しむこと。

投げ釣り

　最も人気が高いのは河口のすぐ右側のA点。箸別川に遡上（そじょう）するサケは意外に岸近くも回遊するので、ちょい投げや中投げでも釣果が得られる。ただし、海底はゴロタ石で根掛かりが多いので、オモリに捨て糸を付けるなど根掛かり対策を万全に。

　B点の左海岸は、魚影が濃い年には河口から500～600mほど離れても釣果が得られる。しかし、こちらも海底はゴロタ石で、ちょい投げや中投げは根掛かりが頻発するので、オモリに捨て糸を付けて対処すること。

B点の左海岸でサケの当たりを待つ

A点のさらに右側ではウキルアー釣りも楽しめる

ウキルアー、ウキ釣り

　C点の箸別川の河口付近の川幅は5、6m程度しかない。従って、魚影が濃い年の週末は、入釣者が肩を寄せ合ってサオを出すような状態になることもある。オマツリやヒット後の取り込みには十分注意すること。

　また、左右両海岸に投げ釣りの入釣者がいることがほとんどなので、箸別川の流れ出しに立ち込んで釣りをすることになるのでウエーダー必携。それほど水深がなく海底はゴロタ石で、所々に大きな隠れ岩があるのでウキルアーのタナは60cm程度。タナが浅い上に箸別川の川水の流れと逆方向にウキルアーを引くので、ルアーが浮き上がりやすく、リトリーブはできる限りゆっくり。

　D点は、右海岸の投げ釣りの入釣者が切れる辺りだが、あくまでも投げ釣り優先のポイントなので注意すること。さらに右側の海岸から消波ブロックの波よけが突き出す付近も、跳ねがあるときはチャンス。E点は多少のしけでも波の立ちにくいポイント。サケもたまることがあり、他のポイントに入れなかったときには頼りになる。ウキルアー釣りでの入釣が多い。

> **注意**
> 左右両海岸とも、周辺は私有地がほとんどなので釣り場へは川伝いに入ること。駐車スペースは河口近くにはほとんどないので注意。民家前には決して駐車しないこと。

> **MEMO**
> 周辺にトイレはない。ガソリンスタンド、コンビニは増毛市街にある。増毛市街には「国稀酒造」など見所いっぱい。

箸別川河口海岸で釣れた雌ザケ

道央

別苅漁港と周辺海岸

③

018

[増毛町] べつかりぎょこうとしゅうへんかいがん

- ●釣り方　ウキルアー、ウキ、投げ釣り
- ●釣り期　9月中旬～10月中旬
- ●タックル　ルアーロッド10フィート前後、投げザオ
　　　　　　タモ必要、ウエーダー不要
- ●エサ　ソウダガツオ、サンマ、エビ、紅イカなど
- ●河口規制　なし

B、C点は取り込みが楽な人気ポイント

　国道231号から奥まった所に位置する漁港で目立たないが、増毛町にあるサケ釣り場の中でも数釣りが期待できる所として人気を集める。東防波堤外海側に大別苅川が流れ込んでいるせいか港内を含めた周辺にはウグイが多いが、エサ取りを我慢してサオを振れば釣果につながる。

北防波堤

　A点の北防波堤港内側は、大別苅川付近を回遊してから港内に入り込むサケや、沖から港内に入るサケが狙える好ポイント。周辺を回遊せずに沖から直接港内に入ってきたサケは、仕掛けを疑うことなくエサに食い付く傾向があるので数釣りができることもありウキルアー、ウキ釣りで狙ってみたい。海面から防波堤までの高さは2m程度で釣りやすいポイントといえる。

ちょい投げでサケを狙うC点の船揚げ場

大別苅川が流入するE点の砂浜とD点の東防波堤

船揚げ場

　西、東防波堤基部にあるB、C点の船揚げ場は、取り込みが楽な人気ポイント。B点は幅が狭く1、2人の釣り場だが、C点では6、7人がサオを出すことができる。ウキ釣り、ウキルアー釣り、投げ釣りのいずれでも狙えるが、海に向かって緩やかに下る斜路は途中で直角に切れており、サケはその壁伝いに港内を回遊する。従って、サケの回遊経路を効率良く狙うためのちょい投げが基本だ。また、近年は両船揚げ場間の岸壁もポイントとして人気があり釣果もまずまずであることを付け加えておく。

東防波堤

　港内に入ったサケは防波堤や岸壁沿いに広範囲を回遊。D点の東防波堤港内側付近でもサケの跳ねが見られることがよくある。早朝はウキルアーで狙い、日が昇ってからはウキ釣りのウキを浮かべてのんびり当たりを待つといいだろう。

　E点の砂浜は水深が浅いが、タイミング次第では大別苅川に遡上（そじょう）しようとするサケの回遊が見られる。河口付近はウキ下を60cm余りにしたウキルアー釣り、少し離れた右海岸は投げ釣りで狙う。E点の沖は東防波堤からもウキルアー釣りで狙える。

A点の北防波堤は数釣りに期待が持てるポイント

注意
2018年からサケの時期に釣り人用の臨時駐車場が設けられるようになった。釣り人の各所への駐車が漁業者の作業に支障を来すことを防ぐためなので、必ず臨時駐車場を利用して。

MEMO
港内にトイレはない。国道231号を増毛市街に向かって4.5kmほど行くと左手にコンビニがあり、その斜め向かい側の公園にトイレがある。釣具店はコンビニから道道増毛港線をさらに600mほど進むと右側にある。

道央

雄冬漁港

[増毛町] おふゆぎょこう

- 釣り方　ウキルアー、ウキ、投げ釣り
- 釣り期　9月中旬～10月中旬
- タックル　ルアーロッド10フィート前後、投げザオ
　　　　　タモ必要、ウエーダー不要
- エサ　ソウダガツオ、サンマ、エビ、紅イカなど
- 河口規制　なし

好ポイントのB、C、D点は混雑

　釣り場が国道231号脇にあって目立ち、足場がよく釣りやすいせいか、増毛町のサケ釣り場の中でも入釣者の数が多い人気釣り場として定着している。札幌から比較的近いこともあり、9月中旬から10月上旬の盛期には50～60人が入釣することもあり混雑することが多い。入釣者の多くがウキ下を1～2mにしたウキルアー釣りで、ウキ釣りはウキ下が1.5mほどの市販の仕掛けを使う人が多い。

西防波堤基部付近のA点はサケの通り道

好ポイント
　A点の西防波堤基部付近は外海から港内に入るサケの通り道となる所。船溜防波堤があるためサケは一気に港内奥まで入らずに周辺を回遊するため、釣果が期待できる。
　魚影が濃く比較的釣果の安定度が高い

C点から見たB点の船溜防波堤。盛期には混雑必至

のは、西防波護岸から港内に延びるB点の船溜防波堤と同護岸基部付近のC点、およびD点の船揚げ場前。盛期には夜中から入釣していないと釣り座が確保できないこともあり、魚影の濃い日には夜明けと同時にあちこちでサケがヒットする様子が見られる。ただし、どのポイントがよく釣れるかは日によって変わるので、天候や潮回り、前日の情報などを元に勘を働かせて入釣すること。

盛期の週末が好天と重なると特に混み合い、ポイントが近いB、C、D点はオマツリなどのトラブルが多発しやすい。お互いに譲り合って楽しむように心掛けること。

攻略法

サケ釣りは、日によって変わるサケの回遊層をとらえることで釣果を伸ばすことができる。早朝、近くの釣り人にヒットしたときはウキルアー、ウキ釣りのウキ下の長さをチェックし、素早く自分の仕掛けのウキ下を合わせること。

好釣果を上げる釣り人の多くはサケが釣れたルアーの色や仕掛けなどを常にチェックし、自分の仕掛けに応用する。釣果が集中する早朝に漫然とサオを出すのではなく、常に周辺の釣り人の様子を見るよう心掛けることで釣果を伸ばすことができる。

C点から見た人気ポイントのD点の船揚げ場

MEMO
港内に簡易トイレがあり、札幌方向に100mほど向かえば国道脇にもトイレがある。集落には商店がなくコンビニ、ガソリンスタンド、釣具店は約21km留萌方向に進んだ増毛市街。

道央

幌川河口海岸・浜益漁港幌地区

[石狩市] ほろがわかこうかいがん・はまますぎょこうほろちく

5
022

- 釣り方　　ウキルアー、ウキ
- 釣り期　　8月中旬～11月上旬
- タックル　ルアーロッド9～13フィート
　　　　　　ウエーダー必要、漁港はタモ必要
- エサ　　　サンマ、ソウダガツオ、紅イカなど
- 河口規制　なし

幌川河口海岸の1級ポイントはA点付近

　釣り場は幌川を中心とするゴロタ石の海岸で、魚影が濃く人気が高い。盛期には釣り場が混み合うため、オマツリを防ぐためにサケの取り込みが強引になりがちで、硬めのルアーロッドが要求される。ワンドの右端にあたる浜益漁港幌地区も、条件次第では好釣果が得られる。

幌川河口海岸

　こぶし大以上の玉石に大きな石が交じるゴロタ場で、河口付近ならどこでも釣果が見込めるが、安定してサケがヒットする1級ポイントは河口右側のA点付近。20～30m沖がかけ上がりだが、海底の岩に根掛かりしやすい所もあるので注意。波打ち際近くまで形の崩れない波があるときは、足元までリトリーブすると釣果アップにつながる。ルアーは40～45gでタナは1mほど。

　B点は右海岸の入釣ルートとなる幌川から50mほど右側の高台下、C点はさらに

浜益漁港幌地区南防波堤のD点付近は外海がしけたときが狙い目

右海岸の入釣ルート付近から見た幌川河口海岸

100mほど漁港寄りの消波ブロック群の左角付近。しけ気味のときにはB、C点付近にサケの群れがたまりやすく、岸から6、7mほどの近くでヒットすることが多い。

右海岸の入釣ルートは、急傾斜の坂で滑りやすいので、滑落に注意すること。また、駐車は近隣の住民の迷惑にならない場所を選択すること。

浜益漁港幌地区

サケが狙えるのは、北西風が強く外海が荒れて海岸に入釣できないとき、刺し網が入って河口海岸の釣果が落ちた日の2パターンで、D点の南防波堤外海側が狙い目だ。ウキルアーのタナは2mほどで、ウキ釣りは2～2.5mがベストだ。最近、注目されているのは、ハリにエッグボールを付けタコベイトをかぶせた仕掛けを使ったウキ釣りで、エサは小さめがいい。

外海が大しけの日は、E点の港内奥の船揚げ場付近にもサケが回遊してくることがある。港内のサケは極端に食いが渋く普段以上にテクニックを要するが、17g程度のルアー単体で、サケにとってルアーが邪魔物となるように鼻先近くをリトリーブするとヒット率が上がる。漁港内なのでウエーダーは不要だが、取り込みには柄の長さが3mほどのタモが必要だ。

1級ポイントのA点で釣れた幌川河口海岸のサケ

> **MEMO**
> 幌川左海岸には1日500円の有料駐車場がある。公衆トイレもあり、泊り込みでサケ釣りを楽しむ場合、テントを設置してバーベキューを楽しむ常連もいる。家族連れでも安心して入釣できるのが魅力だ。ガソリンスタンド、コンビニは浜益市街にある。

道央

群別川河口海岸

[石狩市] ぐんべつがわかこうかいがん

- ●釣り方　ウキルアー、ウキ
- ●釣り期　8月下旬～10月下旬
- ●タックル　ルアーロッド9～13フィート
　　　　　　ウエーダー必要、タモ不要
- ●エサ　サンマ、ソウダガツオなど
- ●河口規制　なし

魚影は薄めで過度の期待は禁物

　群別川河口海岸は、知名度が高くサケの遡上数も多い石狩市浜益川河口海岸と幌川河口海岸の中間に位置する穴場。両海岸に比べると魚影が薄いため釣り場はいつも空いており、盛期でも入釣者は少ない。それだけにサケがヒットしたときの喜びはひとしおで、強い引きを好きなだけ楽しめる。

期待のポイント

　群別川河口を中心とするワンドは、こぶし大の玉石によって形成されるゴロタ場。河口付近の川の形状は年によって若干の変化があるが、最も注目したいのは海への流れ込み方だ。同川には本線のほかに、河口の右側10mほどの岩のすき間から染み出るように流れる場所もあり、その影響で右海岸にサケがたまりやすい。この中間付近のA点のヒット率が高く、岸近くまでサケが寄ってくるので、ウキルアー釣りは最後まで気が抜けない。

好ポイントの群別川河口付近

群別川河口海岸は入釣者が少ない穴場

攻略方法

　1級ポイントは右海岸のA点付近だが、サケの回遊次第では海岸全体で釣果が期待できる。釣り場が空いていることがほとんどなので、数投してもヒットしない場合は広範囲を探りながら複数の釣り方を試すこと。

　同海岸はカジカの好釣り場としても知られ、釣り期が重なるため、根掛かりした状態のまま海底に放置されたイカゴロ仕掛けなどに注意したい。ウキルアー、ウキ釣りは、タナを深くするとこれらに引っ掛かりやすいので注意。いずれの方法でもタナは1m未満がベストだ。

　それほど魚影の濃い釣り場ではないので過度の期待は禁物で、周辺への釣行帰りに立ち寄ってみるなど気楽に構えるのがいい。

群別川河口海岸でウキルアーにヒットしたサケ

 注意
河口近くの右海岸にある駐車スペースは、最大でも4、5台程度しか駐車できない。それ以上は近隣住民の迷惑になるので漁港に駐車すること。ただし、前記のように魚影が濃い釣り場ではないので、漁港に駐車しなければならないほど混雑しているときは、釣り方の自由度が低くなるので同海岸の魅力は半減する。

MEMO
トイレは車で5分ほどの浜益市街の川下海水浴場の公衆トイレを利用する。コンビニ、ガソリンスタンドも浜益市街の国道231号沿いにある。

道央 7

浜益川河口海岸

[石狩市] はまますがわかこうかいがん

- ●釣り方　ウキルアー、投げ釣り
- ●釣り期　8月上旬～11月上旬
- ●タックル　ルアーロッド11～13フィート、投げザオ
  ウエーダー不要、場所によりタモ必要
- ●エサ　サンマ、ソウダガツオ、紅イカなど
- ●河口規制　浜益川(左海岸100m、右海岸200m
  9月3日～10月12日　変動あり)

右側導流堤は河口規制前と解除後に期待

浜益市街を流れる浜益川は、中流域に浜益温泉があり、右海岸の川下海浜公園ではキャンプが楽しめる。付近には食事どころやコンビニ、公衆トイレなどの施設が整っており、札幌近郊はもちろん留萌や旭川方面からも足繁く通うファンが多く、家族連れにも最適なサケ釣り場だ。

浜益川河口導流堤

サケ・マス河口規制前と解除後に活躍する釣り場。1級ポイントのA点の右側導流堤は、ウキルアー釣りが有利だが、入釣者が多いためキャスト精度の高さが要求される。タナは2m前後で、深みが対岸側にあるので遠投が重要となり45gほどのスプーンが有利。跳ねやもじりがあるときは、タナを50cmから1mほどにする。左側導流堤先端付近と並ぶ位置よりも基部側は、川として区切られているのでサケ釣り禁止。

C点の左海岸は投げ釣りのポイント

A点の浜益川右導流堤は河口規制前と解除後の釣り場

　B点の左側導流堤の右側は川なのでサケ釣り禁止。ポイントは先端部と左側に限られるが、左側は砂浜から投げ釣りを楽しむ人とのオマツリに注意。先端部には消波ブロックがあり、取り込みには柄の長さが5mほどのタモが必要。

浜益川左海岸

　浜益川導流堤が左向きに湾曲している

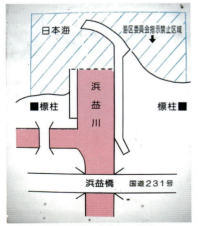

浜益川の河川海面境界は複雑なので注意

ことから、右海岸よりC点の左海岸の釣果が上回る。お薦めは、サケ・マス河口規制標柱から左に300m付近までで、数十メートル間隔で海岸から沖に向かって消波ブロックが突き出しており、その間から投げ釣りで狙う。仕掛けは一般的なサケ専用フロート付き胴突き仕掛けでいいが、フロート部に羽根が取り付けられたタイプが常連には定評がある。オモリは30〜40号の三角オモリ。

注意

浜益川はサケ有効利用調査の対象河川で、許可を得た人は決められた期間に河川内でサケ釣りが楽しめる。同川に設けられる河口規制には、同調査の区域となっている川と海とを区別する目的があり、調査の期間に応じて河口規制の期間も変動。調査が実施されない場合は河口規制が掛からない年もある。

MEMO

トイレは川下海浜公園にあり、コンビニ、ガソリンスタンド、食事どころなども近くにある。初心者や女性にも安心な釣り場。

毘砂別川河口海岸

[石狩市] びしゃべつがわかこうかいがん

- ●釣り方　ウキルアー、ウキ、投げ釣り
- ●釣り期　9月上旬〜10月中旬
- ●タックル　ルアーロッド10〜13フィート、投げザオ　ウエーダー必要
- ●エサ　ソウダガツオ、サンマ、エビ
- ●河口規制　なし

砂浜で西、北西風に弱いのが難点

　毘砂別川は石狩市浜益区の日本海に流入する小河川で、例年9月上旬からサケの岸寄りが始まる。年によって魚影のむらが激しいが、足場がよく、タモがなくても楽しめ初級者にもお薦めだ。約3km北には同市浜益川河口海岸があり、釣れなかった場合にも移動が楽だ。

ウキルアー、ウキ釣り

　周辺に岸寄りしたサケは活発に広範囲を回遊せず、比較的短期間で河口前に集まる傾向がある。従って河口前のA点付近がウキルアー、ウキ釣りの好ポイントだ。河口正面と右海岸が狙い目だが、潮流や川水の影響で河口の向きが変わるので、川水が多く流れ出る辺りに入釣するのがいい。

　サケの活性が高い早朝はウキ下を60〜80cm前後にしたウキルアー釣りで狙い、

波打ち際で激しく抵抗するサケを砂浜にずり上げる

ウキルアー、ウキ釣りの好ポイントのA点付近

食いが悪いようならウキ釣りに切り替えてじっくり当たりを待つ。ウキルアー釣りのルアーの色はシルバーに赤、青が交じった物がよく、タコベイトはピンク系。エサはソウダガツオやサンマ、紅イカで、それほど遠投の必要がないのでサオは10～11フィート程度でも間に合う。

最近は夜明け直後からウキ釣りで狙う釣り人も目立つようになり、ウキ釣りのタナは50～80cmでエサはサンマや紅イカ、マグロなど。

投げ釣り

右海岸のB点付近は投げ釣りのポイント。それほど魚影が濃くないため入釣者は少なめだが、タイミング次第では早朝の短時間で複数匹の釣果が得られる。仕掛けはシルバー系フロート付きの1、2本バリで、エサはソウダガツオやサンマなど。かけ上がりが近いので50mほどのキャストで釣果が期待できる。

投げ釣りでサケが狙えるB点付近

> **注意**
> 毘砂別川から浜益川までは約3km余り砂浜が続き西、北西風が吹くと波が立ってしけやすく、逃げ場がないのが難点。釣行の数日前から天気予報を確認し、波がない日を選んで出掛けることが肝心だ。

> **MEMO**
> コンビニは浜益市街、トイレは毘砂別川の右側にあり、車で数分の浜益市街の川下海水浴場にもある。釣り場の周辺には私有地が多く、道路も狭いので駐車場所には十分注意すること。

厚田川河口海岸

道央 ⑨
030

[石狩市] あつたがわかこうかいがん

- ●釣り方　ウキルアー、ウキ、投げ釣り
- ●釣り期　9月1日〜10月下旬
- ●タックル　ルアーロッド11〜13フィート、投げザオ
　　　　　　ウエーダー、タモ必要
- ●エサ　サンマ、ソウダガツオ、紅イカなど
- ●河口規制　厚田川(左海岸200m、右海岸100m
　　　　　　5月1日〜8月31日)

河口正面のA点が1級ポイント

　札幌市内から車で1時間足らずの釣り場。ドライブがてら気軽に出掛けられるため、サケ・マス河口規制解除以降の週末は多くの釣り人でにぎわい、ウエーダーを着用して海に立ち込むルアーマンの姿が見られる。入釣者の多さで魚に掛かるストレスが多く、好漁が少ないのが難点だ。

A点の河口正面は立ち込みのポイント

期待のポイント

　砂浜の海岸のため、毎年、河口付近の形状が変化することが特徴。川幅が狭い年もあれば、ウエーダーがないと川を渡れないほど川幅が広くなる年もある。従って、状況に応じた攻め方が必要となるが、どんな地形のときでも1級ポイントはA点の河口正面。ウエーダーを着用して海に立ち込みウキルアーをキャストするが、混雑する中での釣りとなるため、キャスティング精度が

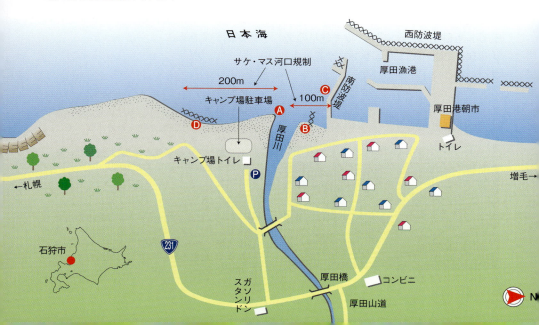

キャンプ場がある厚田川河口の左海岸

低い初級者には不向き。周囲の釣り人のウキルアーの位置を見ながら、自分のウキルアーを流すタイミングを計れる中級者以上にお薦めしたい。入釣者が少ない日はフライフィッシングを楽しむ姿も見られる。

B点は、河口の右側から厚田漁港南防波堤までの範囲。地形的にサケの群れがたまりやすく、朝まづめを過ぎてもぽつぽつとヒットすることが多い。同ポイントは、C点の南防波堤から狙うことも可能だが、海岸では無用のタモが必要になる。胸壁が高くなっている所もあるので、柄は4mほどの長さがあると取り込みやすい。

D点は、河口から左側へ150mほどの所にある消波ブロック群。盛期になると消波ブロック群の前にサケがたまることがあり、消波ブロックの上からウキルアーやウキ釣りで狙うと場合によってはA点より釣果が上がる。ただし、足場が悪いためスパイクブーツは必須で、ウエーダーの場合は滑りにくいソールの物がいい。消波ブロックの左側では投げ釣りで狙う人の姿が見られる。

厚田川は保護水面で河川内の釣りは一切禁止だが、それにもかかわらず河川内に遡上したサケを狙う姿や河口、河川内でのサケの引っ掛け行為も見られる。いずれも違法行為なので厳禁。

MEMO

左海岸のキャンプ場駐車場とトイレはキャンプ場利用者専用。釣りの駐車はキャンプ場駐車場手前にスペースあり。右海岸への入釣は、付近住民の迷惑になるので路上駐車禁止。厚田漁港には公衆トイレ、厚田港朝市があり、厚田市街にコンビニ、食事どころがありファミリーで楽しめる。

C点の南防波堤は柄が4mほどのタモが必要

道央 ⑩

古平川河口海岸

[古平町] ふるびらがわかこうかいがん

- 釣り方　ウキルアー釣り
- 釣り期　9月初旬〜10月末
- タックル　ルアーロッド10〜12フィート　ウエーダー必要
- エサ　ソウダガツオ、サンマ、紅イカ、エビ
- 河口規制　なし

道央日本海人気ナンバーワン

　道央日本海では人気ナンバーワンの釣り場。早い年だと8月末ごろから釣れ始めるが本格化するのは9月に入ってから。混み合うため投げ釣りは不向きで、ウキルアー釣りが基本。大きな群れが岸寄りするタイミングに当たれば数釣りも期待できるが、2022年4月、波打ち際から20mほど内陸側に位置していた河川海面境界柱が管理者により撤去され、河口の左右両岸の波打ち際を結ぶ線が新たな河川海面境界となった。これにより、波打ち際よりも内陸側にあったサケのたまり場、通称「プール」でのサケ釣りは不能となった。

流れ出し

　年により河口の形が変わり、川水が流れ出す方向にも変化がある。基本的には川水の流れ出す方向を狙える場所が好ポイントで、A点の流れ出しに入釣して正面を狙

C点の右海岸で釣れたサケ

遠投が有利の流れ出し

う場合は海がかなり浅いためウキ下を50cmほどに設定。その上で早朝などサケが岸寄りするタイミングを除いては遠投で狙う。海が浅いことからウエーダーを履いて海に立ち込みながら狙う人が多いが、沖に出すぎるとサケの岸寄りを妨げてしまい釣果ダウンにつながるので控えめに。

左右両海岸

B、C点に入釣する場合のウキ下は70cmほどで、やはりサケが岸寄りするタイミング以外は遠投。離岸堤付近に跳ねが見られる場合もあるため、よく観察して

2022年に立てられた川と海の境を示す看板

チャンスがあれば狙ってみたい。跳ねやもじりが見えた場合はそこへ直接仕掛けを投げ入れるのではなく、サケの進行方向を見定めてそちらへ投げると群れが散らずヒットにつながりやすい。

注目ポイント

河口の右400mほどにあるC点の船揚げ場周辺は、サケがたまることのある穴場。コンスタントに釣れるわけではないが、入釣者は少ない。跳ねやもじりが見えたら優先的に狙ってみると面白い。

MEMO

駐車スペースがあるのは右海岸のみ。左海岸は周辺に私有地が多く迷惑駐車は厳禁。コンビニやガソリンスタンドが近く、釣具店は余市町にある。トイレは古平漁港の公衆トイレを利用するといい。

美国漁港周辺

[積丹町] びくにぎょこうしゅうへん

- ●釣り方　ウキルアー、ウキ
- ●釣り期　9月上旬〜10月下旬
- ●タックル　ルアーロッド10〜11フィート、磯ザオ
  タモ必要、ウエーダー不要
- ●エサ　ソウダガツオ、サンマなど
- ●河口規制　なし

F点は砂浜から狙う

　人気の古平川河口海岸から最も近い釣り場で、混雑時などに逃げ場として訪れる人がいる。サケの群れは美国漁港内にも時折入り、足場のいい岸壁から釣りができるのが海岸とは違う点。単なる逃げ場にとどまらない利点がここにはある。しかし、港内のサケはすれやすく神経質で、魚影も濃くはなくいかに釣るかが腕の見せどころだ。

ポイント紹介

　南防波堤から製氷施設周辺にかけての一帯は群れが入ったときのポイント。漁船の往来が気になるが、釣り場は広く車のそばでサオが出せる。製氷施設右前のA点は、まれに魚影が濃いときがある。製氷施設の先のB点周辺もポイントのひとつだ。

　C点の船揚げ場前も魚影を確認できるときがある。ただし、港内奥のこの辺りに群れがたまりだすとシーズンも中盤過ぎ。すれた魚も多く、ウキルアーよりはウキ釣

手前に群れが寄ることもあるF点の砂浜

一帯がポイントの製氷施設周辺

りが有利。ハリも小さめの方が食いはいい。

D点は、岸壁に係留してある漁船の間からサオを出す。この辺りはウグイが多いため、まめにエサを点検する必要がある。ウキルアーよりはウキ釣りが有利で、ウキ下は1.5mほど。

北防波堤基部の護岸E点は群れを探して釣りをする場所。手前にいるサケより50mほど沖にいる魚の食いがいい。

南防波堤外海側のF点は、砂浜からウキルアーやウキ釣りで狙うポイント。遠浅だが手前に群れが寄ることもあり、そんなときはウキ釣りで狙うのが有利。

注目ポイント

美国川右側の導流堤でもサケが釣れる。魚影を確認しやすいのはG点周辺とH点で、釣りは導流堤の縁を取り囲む1mほどの高さのフェンス越しとなる。海面から高さがあるため7m以上のタモが必要。

MEMO

港内にトイレがあるので女性や家族連れも安心。コンビニやガソリンスタンドも近く、釣具店は余市町にある。

サケ釣りでにぎわう北防波堤基部の護岸

古宇川河口海岸

[神恵内村] ふるうがわかこうかいがん

- 釣り方　ウキルアー、ウキ
- 釣り期　9月上旬～11月中旬
- タックル　ルアーロッド10～13フィート
  ウエーダー必要、C、D点はタモ必要
- エサ　サンマ、ソウダガツオ
- 河口規制　古宇川(左海岸300m、右海岸300m
  4月1日～4月30日、5月1日～8月31日)

積丹半島で指折りの人気釣り場

日本海に注ぐ古宇川は、本支流が保護水面に指定されており、周年魚などの採捕が禁じられている自然豊かな川。そのためかサケは天然魚の割合が他に比べ高いといわれており、釣りは前半戦が放流魚、後半戦は本来の時期に岸寄りする天然魚が中心となる。積丹半島屈指の人気釣り場だ。

釣り場の特徴

河口付近は根掛かりするためウキ下は60～70cmが標準的。海藻類も目立ち、特に河口左側20～30m付近には帯状に密生しており、入釣は敬遠されがち。海底の岩や石の表面に海藻などが付着しており、滑りやすいので立ち込み時は注意が必要だ。河口付近は水量豊富な川の流れと波がぶつかり合って波が立ちやすいが、少し波があるくらいの方がよく釣れる場合が多い。

女性アングラーがウキルアーで釣ったシーズン序盤のサケ

なぎのときは古宇川河口前に立ち込んでサケを狙う

期待のポイント

　人気が高いのは、左海岸の護岸際にある駐車スペースが近いA点付近。サケは川の流れ出しの中で遡上（そじょう）のチャンスをうかがうため、ウキルアーは流れ出しを斜めに横切るようにキャスト。群れが近くに見当たらないときは遠投で沖を探る。ただし、河口前に立ち込み可能な場合はずらりと人が並ぶため、キャストは正面となる。

　日中まれに右海岸の消波ブロックの離岸堤沖にサケが群れることがあるが、陸からは狙えない。しかし、干潮で海がなぎなら離岸堤が地続きとなるため、C点から狙うことができる。ただし、滑りやすいので十分注意。日中に離岸堤周辺に群れが付くと日没と同時に遡上するケースが多く、短時間で爆発的な釣果が上がる。

　右海岸のB点は、前方が消波ブロックの離岸堤で遮られて釣り場が狭く3、4人が限界。左海岸の釣り人とオマツリするので、流れ出し方向ではなく正面へキャストする。

　竜神岬へ至る手前のD点の岩場は、河口付近からは届かない沖の群れを狙うポイント。足場の低い平盤は波をかぶりやすいので、入釣はなぎの日限定。足元が海藻で覆われ、途中にエンカマも多いので入釣に際しては十分な注意を。遠投できないと勝負にならないためルアーは45g以上、ロッドは12フィート以上が適している。

古宇川河口付近を遠望。周囲は山で囲まれ自然が豊か

> **MEMO**
> 神恵内市街に商店がある。夜間や早朝、防潮堤際の駐車スペースを利用する際はドアの開閉など騒音に注意。トイレは左海岸の護岸脇にある。

道央

泊(後志)漁港・モヘル川河口海岸

⑬ [泊村] とまり(しりべし)ぎょこう・もへるがわかこうかいがん

- 釣り方　ウキルアー、ウキ
- 釣り期　9月上旬〜10月上旬
- タックル　ルアーロッド10フィート程度、磯ザオ　ウエーダー不要、タモ必要
- エサ　ソウダガツオ、サンマなど
- 河口規制　なし

シーズン序盤が狙い目

　国道229号から見えにくいせいか訪れる人は少なめだが、岸寄りしたばかりの第1陣は食いがよく、開幕直後にタイミングが合えば釣れる。ただし、時期になると沖に網が入るため新しい群れの岸寄りは激減する。シーズン序盤が狙い目の釣り場だ。

泊(後志)漁港

　まず初めに足を運びたいのが西防波堤先端部のA点。周囲には消波ブロックが入っておらず、やや足場が高いというだけで比較的釣りやすい。周囲を取り巻くようにサケがたまることがあり、特に狙い目なのが外海側。岸寄り間もない群れに当たれば港内のサケに比べて食いはいい。また、港内に入った群れが姿を消したときもA点付近に集まっていることがあるのでチェッ

西防波堤基部と先端部の行き来は港内をチェックしながら

港内中央に突き出た岸壁の左のB点を漁協冷蔵庫前周辺から狙う

クしたい。ウキ釣り、ウキルアー釣りともに可能でウキ下は約1.5m。

A点の往復は、高さがある西防波堤の胸壁上となる。途中は視界がいいので、港内のどこにサケがたまっているかも見えやすい。まず初めにA点へ行くことを薦めるのは、こんなメリットもあるからだ。

港内で重点的に見るべき所は、港内中央に突き出た岸壁左側のB点と右側基部のC点。さらにD点と、北防波堤から船揚げ場前にかけてのE点だ。ほとんどの場合、ウキ下は1.5mで対応できるが、D点は2〜2.5mとタナが深いことがある。港内のすれ気味

のサケには、ウキルアー釣りよりもウキ釣りの方が有利だ。

南護岸の先端部外海側のF点は、モヘル川への遡上(そじょう)を控えてたまるサケが狙える。ただし、消波ブロックが足場で高さもあり、ウキルアー釣りは難しく上級者向き。50〜60m仕掛けをキャストするとポイントまで届くが、消波ブロックが足元に張り出しているため、取り込みはいくらか下に下りて6m以上のタモで。単独では難しい。

モヘル川河口海岸

足元は砂利とゴロタ石が混在している。沖には大小の岩が点在し、一帯を広く狙うことはできない。流れ出し周辺からキャストするか、右海岸の消波ブロック上から沖の岩の間へキャストするか、どちらかだ。

> **MEMO**
> 釣具店は岩内町まで行かないとない。トイレは港内に1カ所。国道229号を共和町方向へ向かうと車で2、3分の所にガソリンスタンド、5分ほどの所にコンビニがある。

モヘル川河口海岸は足元が砂利とゴロタ石

道央

堀株川河口海岸

14
040

[共和町] ほりかっぷがわかこうかいがん

- 釣り方　投げ釣り、ウキルアー
- 釣り期　9、10月
- タックル　投げザオ、ルアーロッド12、13フィート ウエーダー、タモ必要
- エサ　ソウダガツオ、サンマなど
- 河口規制　なし

左海岸は上級者向けのウキルアーポイント

　堀株川は、水量が多い割に河口の川幅が狭く水深が深い。水流も強くウエーディングで渡るのは不可能なので、川を挟んで左海岸と右海岸で異なる入釣ルートをおさえておくこと。河口周辺の水量が多いことから岸寄りしたサケの遡上（そじょう）が早く、チャンスは新しい群れが現れてから2、3日だ。

左海岸……………………………………
　国道229号を鎧橋（よろいばし）から岩内方向へ数分車で進むと、民家の脇に海側へ折れる道がある。この道はすぐに二股に分かれるが、進むのは左方向。途中分岐点はあるものの、道なりに直進すると左海岸のがけ上へとたどり着く。このがけ上からアプローチするのが、ウキルアーポイントのA点だ。
　下り口はほぼ垂直に切り立っているものの、かろうじて手足を掛ける場所がある

右端がA点の左海岸。奥はB点の右海岸

左海岸のがけ上から見下ろしたA点

護岸を下りる。下り切ったら、今度は波打ち際にうず高く積まれた消波ブロックをよじ登る。波が気になる日は消波ブロックの頂上付近で、なぎの日は取り込みに備えて海側へ少し下りた所で釣るが、その場合、キャスト時は後方の消波ブロックに注意。

サケは正面の手前側を回遊することもあるが、本命ポイントは川の流れ出しの沖。A点からは1〜2時方向への遠投で狙う。跳ねやもじりがあればウキ下は1m未満の浅めで、タモは柄の長さ3mほど。入釣の難しさ、足元の悪さなどから上級者向けのポイントで、単独での入釣は避けたい。

右海岸

B点の右海岸へは、発足川右岸沿いの道か、堀株海水浴場側から海岸沿いに進んで入釣する。前者は背の高い雑草が茂っていることがあり、そんなときは通行不能。後者も漁網が干してあって通れないことがあり、通れても途中からは通行止めのため、そこからは車を下りて海岸沿いに歩く。

遠浅の砂浜で投げ釣りの入釣者が多く、50m前後の中投げで狙う。ウエーディングすれば流れ出しの沖をウキルアーで狙えるが、ラインが投げ釣りと交差しやすいこと、過剰なウエーディングがサケの群れを遠ざけることなどから、ウキルアー釣りは投げ釣りの入釣者がいないときが望ましい。

発足川右岸沿いの道は右海岸への入釣ルートの1つ

MEMO
周辺にトイレはないが、国道229号沿いのコンビニとガソリンスタンドまではごく近い。最寄りの釣具店は岩内町市街地。

朱太川河口海岸

[寿都町] しゅぶとがわかこうかいがん

- ●釣り方　ウキルアー、投げ釣り
- ●釣り期　9月中旬〜10月中旬
- ●タックル　ルアーロッド10〜11フィート
- ●エサ　ソウダガツオ、フクラギ
- ●河口規制　朱太川（左海岸500m、右海岸500m 5月1日〜8月31日）

地元の釣り人に気のしけに強い釣り場

　年々、数は上がらなくなる傾向にあるが、仕事前の早朝、短時間サオを出す地元の釣り人も多く、地元では長く親しまれている。釣り場を囲うような地形の寿都湾があるため、正面から風を受ける北、北東風以外はサオが出せるしけに強い釣り場だ。

左海岸

　A点は多くのアングラーが集まる人気ポイント。水深は浅めだが、サケが寿都湾の左側から陸に沿って朱太川へ寄るため魚影が濃い。海中に立ち込まないで遠投で狙うのが一般的だが、40〜50m付近がヒットポイントとなることも多く、遠投が苦手な初級者でも勝負になる。

　川水の影響を強く受けるため、雨で濁りが入ると釣果は期待薄。雨量が多かったときは、雨後3、4日間の入釣は避けた方がい

河口から30〜40m離れた付近は両海岸とも投げ釣りも楽しめる

左海岸のウキルアー釣りでサケを狙う釣り人

い。また、北、北東風が強いときはごみなどが集まりやすい欠点もあるので、入釣前には数日前からの天気、当日の風向きをチェックすること。

右海岸

B点は遠浅で左海岸に比べると釣果が落ちるが、潮の流れが左から右で、流入する朱太川の川水が河口から右海岸側に流れているときにサケがつきやすい。遠投力がものをいうポイントで、最低でも60〜70mの飛距離が必要。タナは1mを目安にするが、遠投しても水深が1mに満たない所があるので、0.5〜1.5mまで状況を見ながら変える。着水後はスローリトリーブが基本で、食いが渋い日中は、リトリーブしないで仕掛けを漂わせると釣果が上がることもある。

両海岸とも河口から30〜40m離れた辺りでは投げ釣りもでき、ウキルアー釣りが減る10月後半には河口のすぐ横でもサオが出せる。

仕掛けとエサ

ウキルアーのスプーンの色は銀赤、銀青が人気で、重さは遠投と泳ぎのよさが両立する45g。タコベイトは定番の赤やピンクだ。エサは塩エビ粉で締めて水分を抜き、キャスト時のエサ落ち、鮮度の低下を防止する。また「エサ持ちがよく食いがいい」という理由でフクラギを使う釣り人もいるが、ソウダガツオと比べて釣果に大きな開きはない。一帯の水深が比較的浅めのせいか、釣果は日の出から午前8時ごろまでに集中し、夕方はあまり期待できない。

> **MEMO**
> 国道229号を約2.5km寿都市街に向かうとガソリンスタンド、コンビニがある。さらにその先には釣具を扱うホームセンターがあり、トイレは道の駅「みなとま〜れ寿都」が利用できる。

朱太川河口両岸にある海面・内水面境界標柱

道央

泊川河口海岸

⑯ [島牧村] とまりがわかこうかいがん

- ●釣り方　投げ釣り、ウキルアー、ウキ
- ●釣り期　9月1日～11月上旬
- ●タックル　ルアーロッド10～13フィート、投げザオ　ウエーダー必要
- ●エサ　サンマ、ソウダガツオ、紅イカ
- ●河口規制　泊川（左海岸300m、右海岸300m　5月1日～8月31日　9月1日～10月31日　海区）

混雑少なくゆったり気分で楽しめる

　基本的に混雑が少なく、のんびり釣りたい人にはぴったりの釣り場。2002年度以降、泊川のサケ稚魚の放流数が半分以下になり釣果が激減したが、2014年度から放流数が3倍近くに増加。現在は2000年代初頭と変わらぬ釣果が期待できるが、2018年からの河口規制の期間延長によりサケ釣りができるのは11月上旬のみ。

D点付近でウキルアーをキャストする釣り人

釣り場の様子

　周辺は小石程度の大きさのゴロタ場で、左海岸の根掛かりが激しく、ウキルアーのウキ下は70cm～1mが標準的。投げ釣りは根掛かり対策が必要となる。左海岸は水量豊富な同川の流れの影響が強いことから、地元では河口に近いC点付近が投げ釣り、D点付近から左が主にウキルアーの釣り

波のある日のB点には渡ることは不可能

場となっている。

ポイント別攻略法

　川は通常、左へ流れ出るので釣り場は左海岸が中心となるが、増水などでまれに河口が右側に向いたときは右海岸のA点の入釣者が増える。ただし、この状態のときはサケの群れが左右の海岸に分散するためか、釣果はあまりよくないことが多い。A点は右側に消波ブロックがあり釣り場が狭い。

　河口の流れ出しにある岩礁帯のB点へは渡ることができるが、途中、腰まで水に

岩礁帯のB点でサケを狙う釣り人。手前にぽつんとあるのが河口前の消波ブロック

つかるのでチェストハイウエーダーが必要。ここではウキルアー、ウキ釣りが適している。B点では9〜11時方向のみキャストが可能で、減水時以外はB点を洗うように川水が流れ、その先をサケが回遊する。

　遡上(そじょう)直前のサケはC点の近辺や、小さい方の隠れ根の裏側に付くことが多いが狙いにくい。大きい方の隠れ根周辺も好ポイントだが根掛かりに注意が必要となる。

　D点は川の流れ出しの影響が強く、ウキルアーなどがどんどん左側へ流される。そのため、キャストは正面ではなく若干右側へするのがよく、スローリトリーブしながら仕掛けを流れに乗せて当たりを待つ。遡上まで少し間があるサケは、B点とD点の間の沖を回遊するケースが多いが、ここを狙い撃つには70〜80m以上の飛距離が絶対条件だ。

> **MEMO**
> 岩礁帯のB点は足元が滑りやすいので、少しでも波のある日は渡らない方が無難。コンビニ、ガソリンスタンドは市街地にある。

道央

17 大岸漁港・小鉾岸川河口海岸

[豊浦町] おおきぎょこう・おふきしがわかこうかいがん

- 釣り方　ウキ、ウキルアー、投げ釣り
- 釣り期　9月上旬〜11月下旬
- タックル　ルアーロッド11フィート前後、磯ザオ、投げザオ、漁港のみタモ必要
- エサ　紅イカ、サンマ、ソウダガツオ
- 河口規制　なし

小鉾岸川河口海岸はのんびり派にお薦め

　噴火湾に面する釣り場で本格化は遅めだが、その分閉幕も遅く、年によっては11月下旬までサケが狙える。漁港は群れが寄れば狙え、ウキルアー、ウキ釣りが人気だ。河口海岸は釣れても2、3匹と数は望めないが、釣果を気にせずにのんびりとサオを出したい人に人気が高い。

大岸漁港

　1等地は西防波堤先端部のA点で、消波ブロック上から外海側を狙う。一帯は根掛かりが少ない砂地で、釣り方の割合はウキ、ウキルアー釣りが半々。年配者には遠投を必要としないウキ釣りが人気だ。タナはウキ釣りの場合1.5〜2m、ウキルアー釣りは1〜1.5m程度で、エサの種類による釣果の差はほとんど見られない。朝方は20〜40m、日中は50m以上の遠投が有利だ。

　群れが入った際に港内で期待できるのが、南防波堤基部の船揚げ場から曲がり角のB点まで。船揚げ場横はサケの通り道になっていて、時間帯に関係なく狙える。ま

港内は漁船の係留ロープが多いので注意

西防波堤外海側はウキルアーやウキ釣りの人気ポイント

た、曲がり角のB点周辺は港内に入ったサケがたまりやすく、回遊次第では足元の海に魚が見える。ただし、漁船の係留ロープが多いため強引な取り込みが必要で、強度の高いラインが必要。ミチ糸はPEライン2、3号、ナイロンラインなら5号以上が必要だ。盛期は9月中旬から下旬と短い。

小鉾岸川河口海岸 ....
　C点一帯は砂地が続き、河口正面、漁港寄りを除いて根掛かりはほとんどしない。仕掛けは1本フロートの銀色で、タコベイトはピンク、赤とあまり凝った物は使わな

い。跳ねやもじりが見られるときは、その付近に直接仕掛けを打ち込む方法が主流で、それ以外は30〜40m投げて狙う。しけ時以外は遠投での釣果は期待薄だ。
　一帯は水深が浅く、しけると海底に砂が舞って濁りやすいため、よく釣れるといわれるのは無風で波が穏やかな日。南西風の日が多くしけやすい9月より、10月に入って北寄りの風でなぎの日が多くなると安定した釣果が上がる。最も期待できるのは日の出から3時間程度だが、日中でも潮が活発に動く満干潮前後は期待できる。

のんびり派にお薦めの小鉾岸川河口海岸

> **MEMO**
> トイレは漁港入り口にある。コンビニ、ガソリンスタンドは豊浦市街の国道37号沿いにある。

道央

貫気別川河口海岸

⑱ [豊浦町] ぬきべつがわかこうかいがん

- ●釣り方　ウキルアー、投げ釣り
- ●釣り期　9月上旬〜12月下旬
- ●タックル　ルアーロッド10フィート以上、投げザオ　タモ必要
- ●エサ　ソウダガツオ、サンマなど
- ●河口規制　貫気別川(左海岸300m、右海岸700m　9月1日〜12月10日)

釣りデッキ陸側に群れが入れば大釣りも

　貫気別川左海岸は、釣りデッキを備えた海浜公園やマリーナ、漁港などの豊浦フィッシャリーナとなっている。一方の右

左端のデッキへ通じる通路は温泉の臨時駐車場付近に入り口がある

海岸は、砂浜と階段状護岸の浜高岡海岸。前者は主にウキルアー、後者が投げ釣りの釣り場とすみ分けができているので、比較的サオが出しやすいのも同河口海岸の魅力だ。

豊浦フィッシャリーナ

　海浜公園に三つある釣りデッキが釣り場だが、右端と中央のデッキには貫気別川のサケ・マス河口規制が掛かる。9月1日から12月10日までは、サケを釣っていいのは左端のデッキのみだ。釣り場が限られるため最盛期は混雑するが、それに見合う魚影があるのもまた事実だ。

　このデッキへは、天然豊浦温泉しおさい

最盛期ににぎわいを見せる豊浦フィッシャリーナ左端の釣りデッキ

の臨時駐車場付近に入り口のある幅の狭い通路を通る。1等地は中央のデッキを正面に見るA点付近だが、サケの群れは南防波堤の際に寄ったりデッキよりも陸側に入ることもあるので、釣り座選択は臨機応変に。陸側に群れが入ると大釣りもあり得る。

また、サケ・マス河口規制前と解除後も期待でき、この期間の1等地はC点の右端のデッキのカーブ付近。河口の流れ出しの沖目を狙うが、遠投が有利でタナは約1.5m。ほとんどが婚姻色の入ったサケだが、熟した雌の卵は粒が大きく魅力的だ。

浜高岡海岸のB点付近に流れだすちょろ川

浜高岡海岸　……………………………

サケ・マス河口規制の期間外なら、流れ出し周辺でのウキルアー釣りや投げ釣りも楽しめるが、一帯は遠浅で特筆すべき釣果は期待できない。

同海岸が真価を発揮するのはサケ・マス河口規制が掛かっている間で、規制標柱よりも右側でよく釣れる。階段状護岸のある辺りから砂浜のB点付近まで、釣果にそれほどの違いはなく、B点付近には4WD車の乗り入れが可能なため、足繁く通う常連も少なくない。付近にはちょろ川が流入し、ちょっとしたポイントが形成されている。

釣り場はほぼ南向きなので北風にはめっぽう強いが、南風の強い日は海がしける。しけ後は海底の地形が一変しやすいので、釣り始めはかけ上がりを探すこと。

> **MEMO**
> トイレは豊浦フィッシャリーナ内に2カ所ある。ただし、10月いっぱいをめどに閉鎖される。コンビニやガソリンスタンドは車で5分ほどの国道37号沿い。

道央
19
050

伊達漁港と周辺海岸
[伊達市] だてぎょこうとしゅうへんかいがん

- 釣り方　ウキルアー、ウキ
- 釣り期　9月上旬～11月中旬
- タックル　ルアーロッド10～13フィート、投げザオ
　　　　　漁港はタモ、海岸はウエーダー必要
- エサ　ソウダガツオ、紅イカなど
- 河口規制　長流川(左海岸500m、右海岸500m
　　　　　9月1日～12月10日)

入釣しやすいA点の東護岸は足元に注意

　近くに長流川があり東護岸基部付近には気門別川が流入する伊達漁港は、近年にわかに脚光を浴びるようになった釣り場の一つで、港のすぐ右にある障害物の少ない砂浜の同市西浜海岸もポイントだ。サケの母川である長流川の河口寄りの同市館山下海岸には消波ブロックによる突堤がほぼ等間隔に並んでいるが、その間もサケのポイントになっている。

伊達漁港
　A点の東護岸は入釣のしやすさから最も人気があるポイントだが、消波ブロック上の釣りとなるので十分な注意が必要となる。気門別川から流れ出る水がサケを引き付けるが、河口周辺は遠浅の砂浜のため群れがとどまることは少なく、回遊が頻繁な早朝を外すとヒット率は格段に低くなる。
　入釣人数は限られるが南防波堤先端部

D点の館山下海岸。先端に釣り人がいるのが製糖工場の配水管

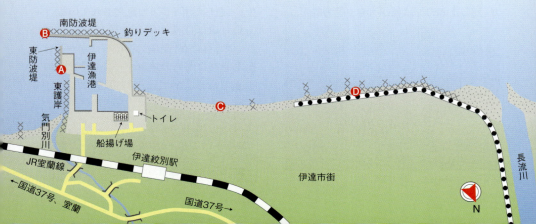

A点の東護岸は見逃せない好ポイント

のB点もポイントで、こちらも消波ブロック上から釣りをすることになるので足場のいい場所を確保するように心掛けること。さらに、キャストや取り込みには細心の注意を払う必要がある。

西浜海岸

伊達漁港から長流川河口までの間には、港に近い順にC点の西浜海岸とD点の館山下海岸の二つの釣り場がある。港のすぐ右の西浜海岸は、一部に埋没しかけたブロック群や沖に突き出た鉄骨の足場があるものの、基本的には砂浜主体のエリア。沖に突き出た鉄骨の先端部は広角的にキャストできるため人気がある。

館山下海岸

D点は通称「松林裏」と呼ばれ投げ釣りとウキルアー釣りが混在していたが、最近はウキルアー釣りがやや優勢。海岸にほぼ等間隔に並ぶ消波ブロックの突堤の間の砂浜が釣り場だ。突堤群の一つが製糖工場の配水管を兼ねており、サケの寄りがいいポイントとして知られる。なぎの日は配水管先端で釣りをする姿も見られるが、足場が悪く滑りやすいので細心の注意が必要だ。

B点の南防波堤先端部は足元に十分注意

> **MEMO**
> 漁港への入り口付近にトイレがある。コンビニ、ガソリンスタンド、釣具店は伊達市街。

道央

黄金漁港

[伊達市]こがねぎょこう

- 釣り方　ウキルアー、ウキ
- 釣り期　9月上旬～11月中旬
- タックル　10～12フィートルアーロッド、磯ザオ タモ必要
- エサ　ソウダガツオ、紅イカなど
- 河口規制　なし

西防波堤のA点は女性や子供もチャンス

　2012年ごろからサケ釣り場としての認知度が上がり始め、今では釣り人に広く知られるようになった比較的新しい釣り場。岸寄りして間もない群れに出合えれば、昔からよく知られる近隣の好釣り場に負けない釣果が上がる。港内で釣るときは遠投不要なことが多く、女性や子供でもサケゲットのチャンスがある。

西防波堤

　港内に関しては最も期待できる場所で、中間部から先端部にかけての港内側のA点がポイント。シーズン盛期に沖を大群が回遊しているときに海がしけると、一部が港内へ入り込んで大漁になることがある。釣り方はウキルアー釣りとウキ釣りで、大

B点の南防波堤は外海側を狙う

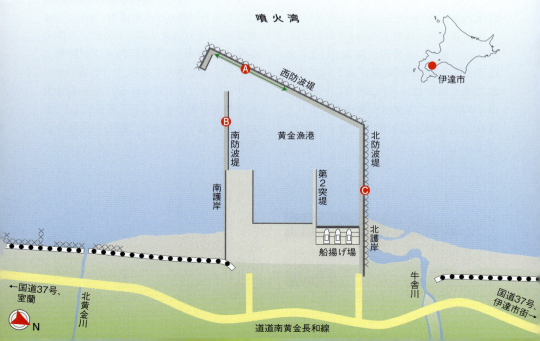

飛距離が不要な西防波堤港内側のA点周辺

勢の釣り人のキャストによるウキルアーの着水音が頻繁に繰り返されない限り、サケは西防波堤からそれほど遠くないルートを泳ぐ。従って、遠投は効率が悪いのであまり投げないようにしてサケと出合う確率を上げるのが肝心だ。

南防波堤

B点の南防波堤は、外海側を狙うのが基本。ウキルアーをキャストしてゆっくり引くが、相次いで近くでサケがヒットするときはむやみに遠投しない方がいい。ウキルアー、ウキ釣りともにウキ下は1m前後で、まれに防波堤際で釣れることもあるので、特にウキルアー釣りは最後の最後まで気が抜けない。

北防波堤

すぐ近くを流れる牛舎川がサケを引きつける北防波堤外海側のC点は、あまり知られていない穴場。若干乗りにくい消波ブロック上の釣りになるので、足元に十分な注意が必要だ。水深の浅い河口付近を群れが回遊しているときは、サケを驚かさないように群れを少し外した位置にキャストし、リトリーブしたときに群れの進行方向と交わる方向へ投げる。あらかじめ安全に取り込める場所を見定めておかないと、ヒットした後が大変なので注意。

北防波堤外海側のC点は足場が悪いので注意

> **MEMO**
> 港内にトイレはない。車で10分ほどの伊達市街に道の駅「だて歴史の杜」、コンビニ、ガソリンスタンド、釣具店がある。

道央

気仙川河口海岸

21

[伊達市] きせんがわかこうかいがん

- 釣り方　ウキルアー
- 釣り期　9月上旬～12月上旬
- タックル　ルアーロッド9～13フィート
　　　　　ウエーダー必要
- エサ　ソウダガツオ、サンマ
- 河口規制　なし

右海岸のA点は混雑必至の好ポイント

　近隣の釣り人に人気が高く、仕事前や仕事後にサオを振る光景が見られる。爆発的な釣果は上がらないが、最盛期の9月下旬から10月下旬には複数ゲットも可能だ。シーズン中は釣り人が絶えない人気釣り場だ。

右海岸……………………………………

　サケは伊達市街方向から寄るといわれ、川の流れ出しを中心とする右海岸のA点付近が好ポイント。海底は砂地と玉砂利で根掛かりしにくく、盛期の土日や祝日には両隣と肩がぶつかるほどの混雑を見せる。

　遠投自慢の釣り人に人気の釣り場で、ロッドは11～13フィートの長めが好まれているが、サケが岸に近いときは9～10フィート、沖にいるときは12～13フィートと状況によってサオを使い分ける地元釣り師もいる。ルアーはサケの群れが近いと

9月下旬に気仙川右海岸で釣れた銀ピカのサケ

A点の右海岸で開幕時に半袖姿でサオを振る釣り人

きは35～45gで踊り重視、遠投が必要なときは50～55gで飛距離重視と使い分けることで釣果アップにつながる。ルアーの色は銀赤、銀青系、タコベイトは赤、ピンク、黒に実績がある。エサは塩エビ粉や塩ニンニクで締めたソウダガツオを好む人が多く、サンマを使うのは1、2割程度と少数派。

最も期待できるのは日の出、日没前後の1時間ほど。早朝や夕方はそれほど投げなくてもよく釣れるが、群れが岸近くに長くとどまることが少ないため、大半の時間はロングキャストの釣りとなる。

また、ウエーダーを着用して海中に立ち込むと、サケが音や人影に警戒して岸近くに寄らないため、同釣り場では深く立ち込まないのが暗黙のルール。混雑必至の釣り場なのでキャスティングには十分注意。

左海岸

B点は水深が浅く隠れ根や海藻が多い。根掛かりが多いためウキ下は短めが基本で、混雑で右海岸に入釣できなかったときの逃げ場として利用する人も多い。サケの回遊数が少ないため、右海岸に比べ釣果は半減するが、台風の影響や大しけ後は川の流れ出しの方向が変わることがあり、左方向を向いているときはチャンス。そんなときはサケの付きがよく数も期待できる。

右海岸の混雑時はB点の左海岸で

MEMO
コンビニは国道37号の気仙川近く、ガソリンスタンドは伊達市街にある。周辺にトイレはない。

チマイベツ川河口海岸

[伊達市・室蘭市] ちまいべつがわかこうかいがん

- 釣り方　ウキルアー、投げ釣り
- 釣り期　9月上旬〜11月下旬
- タックル　ルアーロッド12〜13フィート　ウエーダー必要
- エサ　ソウダガツオ、サンマ、紅イカ
- 河口規制　なし

大群の岸寄り直後は跳ねが頻発

　伊達市と室蘭市の境界を流れるチマイベツ川周辺は砂地が中心。入りやすく広いA点の右海岸中心で、露頭岩を含めた根原が正面にあり根掛かりの危険性があるB点の左海岸は好んで入釣する人が少ない。ただし、川の流れ出す方向や河口付近の形状によっては左海岸が中心になることもある。

入釣ルート

　右海岸への入釣は、黄金駅寄りの駐車スペースから徒歩で民家付近を抜けて海岸へ出るか、河口の橋の右岸側のたもとにある階段を下りて川沿いに海岸へ出る2通りのルートがある。左海岸へは、右海岸から川を渡るか、護岸を伝ってダイレクトに海岸へ下りる。護岸は垂直で高さもあるので十分注意すること。

釣り場の様子

　入釣者の9割以上がウキルアー釣りで、投げ釣りは河口から離れた右海岸で細々と行われる。シーズン開幕は近隣の登別川河口海岸や白老方面でぽつぽつ釣れ始めてから1週間〜10日後というのが定説。大群の岸寄り直後は一帯で跳ねが頻発し、あ

最盛期の河口付近はこの混みよう。キャスティングに正確さが求められる

ちこちでロッドが弓なりに曲がるエキサイティングなシーンが展開される。それだけにシーズン盛期は立すいの余地もないほど混雑し、キャスティングには正確さが求められる。

攻略法

遠浅で遠投有利のため、ロッドは12〜13フィートの愛用者が多い。サケは初め「コツコツ、コツコツ」という小さな当たりが連続するが、ここで合わせてもすっぽ抜けることが多い。「ググッ」とロッドを押さえ込むような当たりが出るまで辛抱すると、フックががっちりサケのあごをとらえる。

リーリングはスローが基本。さらにストップモーションを入れたり、速巻きして動きに変化を与えるとヒット率が高まる。狙いは定石通り早朝。しかし、朝に釣れなくても日没直前や直後に群れが一気に遡上(そじょう)態勢に入ることがある。そんなとき、サケは水深の浅い場所を回遊するためビッグチャンスとなりやすい。

シーズン後半は食い渋りが目立ち始め釣りにくくなるが、そんなときは仕掛けが小さくリーリング不要のウキ釣りが有利。

夕まづめのビッグチャンスを待つ釣り人たち

> **MEMO**
> 釣具店や釣具を扱うホームセンターは室蘭市街や東室蘭エリアにある

胆振幌別川河口海岸

[登別市] いぶりほろべつがわかこうかいがん

- ●釣り方　ウキルアー、投げ釣り
- ●釣り期　9月上旬～10月下旬
- ●タックル　ルアーロッド12～13フィート、投げザオ　ウエーダー必要、導流堤はタモも
- ●エサ　ソウダガツオ、サンマなど
- ●河口規制　なし

入釣者や場所取りが少ない好釣り場

　入釣者はそれほど多くなく、場所取りなどもほとんどないため、気持ちよくサケ釣りを楽しむことができる。ポイントは大きく分けて胆振幌別川左海岸、同右海岸、左側の導流堤の3カ所。左右両海岸ともに、国道36号から車で川沿いに曲がって入釣できる。

左側の導流堤はC点の先端部が1等地

左海岸

　左海岸の砂浜は大きなワンドで投げ釣り主体。全体的に遠浅気味で導流堤寄りほど浅くなるため、好ポイントはほどほどに水深があるワンドの左寄りのA点付近で、50mほどの中投げでかけ上がりに届く。ただし、左寄りまで普通乗用車を乗り入れることは困難なので覚えておきたい。

　地元の常連は、同時期に釣れるマツカワも狙ってソイバリなど小さめのハリを使うこともある。しかし、狙いがサケならサーモンフックがベスト。ソイバリは掛かりが浅く、取り込みの際などにばれやすいからだ。

左海岸は大きなワンドで投げ釣りのポイント

右海岸

B点の右海岸の砂浜は小さなワンドになっている。ウキルアー釣りなど好みの釣り方でいいが、砂浜の幅が狭いため投げザオは出しにくい。入釣者は少ないものの、遡上前のサケがたまりやすいのでチェックしておくこと。

左側導流堤

好ポイントはC点の先端部で、消波ブロック上からウキルアー釣りで狙う。流れ出しの沖や正面に跳ねやもじりが見えることもあるが、距離が遠い場合があるため12～13フィートのロングロッドを持参すべき。スプーンは45g以上で50gの遠投タイプも携行し、ラインもPE2号などの細めを使って遠投に備える必要がある。取り込みには2mほどのタモが必要で、足元の消波ブロックがぬれていると滑りやすいのでピンフェルトウエーダーの着用が無難。しけのときは入釣不可。

D点の導流堤中間部付近から左側へウキルアーをキャストすると、左海岸のかけ上がりを横から狙える。付近の砂浜に入釣者がいない場合に限るが、跳ねやもじりがあればチャンス。

右側の小さな導流堤から望む右海岸。砂浜の幅は狭い

> **MEMO**
> 周辺にトイレはなく、コンビニやガソリンスタンドは幌別市街に複数あり。

道央

登別川河口海岸

[登別市] のぼりべつがわかこうかいがん

- ●釣り方　ウキルアー、投げ釣り
- ●釣り期　8月下旬～11月下旬
- ●タックル　ルアーロッド10フィート以上、投げザオ
  　　　　　タモ、ウエーダー必要
- ●エサ　ソウダガツオ、サンマなど
- ●河口規制　登別川(左海岸150m、右海岸300m
  　　　　　5月1日～6月30日　9月1日～12月10日)

胆振管内トップクラスの豊かな魚影

　サケ釣り場が多い胆振管内の中でも、豊かな魚影はトップクラス。序盤から複数釣果の実績も十分だ。釣り場は広いとはいえず足場の悪い所もあるが、ここを抜きに周辺釣り場のみに釣行するのはもったいない。よほど不調でない限りチェックが欠かせない好釣り場だ。

流れ出し周辺

　早い年なら登別川にサケ・マス河口規制が掛かる9月1日以前の8月中旬から釣れだすが、本格化は同月下旬。8月中は流れ出し周辺のA、B点が一番の好ポイントで、タイミングに恵まれれば波間に無数のサケを確認できる。ただし、この時期の混雑は必至。投げ釣りのスペースはなく、ウキル

河口左海岸の砂浜。スペースは広いが魚影が濃いのは右の河口寄り

左海岸のC点は砂地に大きな岩が点在する

アー釣りもオマツリを避けるため、狙った方向へまっすぐ投げる必要がある。

サケ・マス河口規制が解除される12月11日以降もぽつぽつ釣れるが、婚姻色の強いサケが多くなる。ウキ下は1〜1.5m。

左海岸

9月1日以降の狙い目は左海岸。特に、流れ出しが左方向を向いているときの魚影は濃い。C点は砂地に大きな岩が点在しており、沖にもいくつかある大きな岩に仕掛けを引っ掛けないようにして砂浜から狙う。ウキ下は1〜1.5m。

沖に点在する大小の岩の周囲はサケの群れがたまりやすく、根掛かりに注意しながら狙う。半面、露頭岩や沈み根が混在するため、キャスティングは正確性が求められる。ウキ下は、根掛かりを避けるために1〜1.2m。

右海岸

右海岸のD点は、高く積まれた消波ブロック上からキャストし、防潮堤に戻って防潮堤にサオを立て掛ける。取り込みの際は再び消波ブロックに乗り、柄の長いタモで取り込む。

消波ブロック上からキャストし防潮堤で当たりを待つD点

> **MEMO**
> 周辺にトイレはない。釣具店、コンビニ、ガソリンスタンドがそろう登別市街までは車で5分前後。

道央

登別漁港

25

[登別市] のぼりべつぎょこう

- 釣り方　ウキルアー、ウキ釣り
- 釣り期　8月下旬〜11月下旬
- タックル　ルアーロッド10〜13フィート、磯ザオ
　　　　　ウエーダー不要、漁港はタモ必要
- エサ　　ソウダガツオ、サンマ、紅イカ、エビ
- 河口規制　なし

新西防波堤外海側が人気ポイント

　例年は8月下旬からサケが狙える。以前は港内にも群れが入りよく釣れたが、近年は港内の魚影が薄く新西防波堤やその周辺から狙う外海側が主なポイントとなっている。釣れるサケのほとんどが近くを流れる同市登別川に遡上する個体。そのため婚姻色が目立つこともあるが、銀ピカが数釣りできることもある。

新西防波堤

　同港に来た釣り人の大半が入釣する人気ポイントで、消波ブロック上から外海側を狙うことでどこでもヒットのチャンスはある。ウキ下が1〜1.5mのウキルアー釣りが主流で、入釣者が少ない場合はウキ釣りも可能。ただし、足場が消波ブロックのためキャストや取り込みには十分な注意が

C点の砂浜から望むB点の西護岸

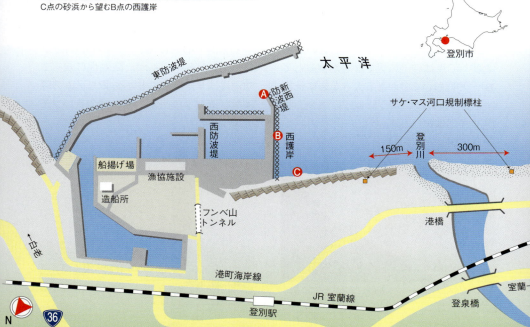

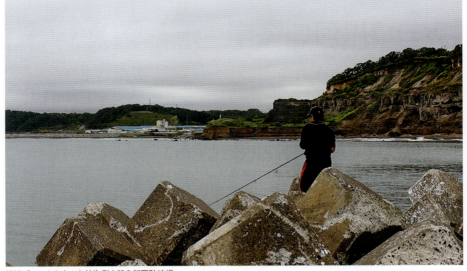

消波ブロックの上から外海側を狙う新西防波堤

欠かせず、タモの柄は5mほどの長さが必要となる。比較的釣果が良く人気も高いのは広範囲を探ることのできる同防波堤先端部のA点。長い東防波堤の陰にすっぽりと隠れ、多少のしけでも釣りができるメリットは大きい。

西護岸

B点の西護岸は新西防波堤同様に消波ブロック上から外海側を狙う。ただし、消波ブロックが積まれているのは非常に高い胸壁の外側のため、入釣に難があり慣れない人には向かない釣り場。ただ、日によって西護岸の釣果が新西防波堤の釣果を上回ることもあるから侮れない。ウキルアー釣り中心に空いていればウキ釣りも可。

西護岸右の砂浜

C点の砂浜は西護岸基部から徒歩で入釣する。A、B点と比較すると足場が良く、混雑も少なくて初心者にも向く。ただし、西護岸からキャストする人と糸が交わる可能性があるため、同護岸に釣り人がいる場合は配慮して仕掛けをキャストする必要がある。主にウキルアー釣りの釣り場。サケが岸寄りする早朝や夕方が狙い目で、ヒットしたらタモは使わず砂浜にずり上げる。水が濁りやすい大雨の後やしけ後は振るわない。

登別漁港で釣れた銀ピカのサケと婚姻色が目立つサケ

> **MEMO**
> コンビニ、ガソリンスタンド、釣具店は登別市街の国道36号沿いにある。

道央

アヨロ川河口海岸

26 [白老町] あよろがわかこうかいがん

- 釣り方　ウキルアー、ウキ、投げ釣り
- 釣り期　8月中旬～12月中旬
- タックル　ルアーロッド10～13フィート、投げザオ
　　　　　ウエーダー必要、導流堤はタモ必要
- エサ　ソウダガツオ、サンマなど
- 河口規制　アヨロ川（左海岸150m、右海岸150m
　　　　　9月1日～12月10日）

B点のワンドは「サケの巣」と呼ばれる好ポイント

　以前は投げ釣りが大半の釣り場だったが、このところはウキルアーやウキ釣りの人気が上回っている。アヨロ川にサケ・マス河口規制が掛かる前の8月中旬からサケが釣れだし、規制解除後も釣れ続ける。ポイントは大きく分けて3ヵ所。

左海岸は消波ブロックの前から遠投でサケを狙う

導流堤

　サケ・マス河口規制の期間外は、アヨロ川導流堤でウキルアーやウキ釣りができる。入釣者数は左右の導流堤先端部にそれぞれ3人程度だ。沖には60m付近に高根があり、この高根を越えてキャストすると根掛かりするので要注意。遠投はできないため、スプーンは35gほどの軽めでもいい。タモは柄の長さが3～4m。

　河口右側のA点のワンドも河口規制期間外の好ポイント。左側は導流堤、右側は海底の岩盤に挟まれおり、遡上前のサケのたまり場となっている。遠めでも釣れるが、まず狙うべきかけ上がりは30m付近。

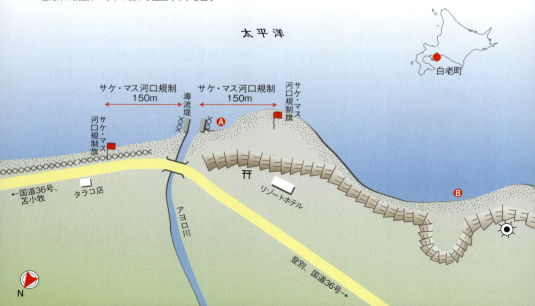

好漁が期待できる右海岸のB点のワンド

タナは波の穏やかな日は50cmほど、波の高い日は1.5m前後。

左海岸

海岸にはうず高く消波ブロックが積んであり、その前でサオを出す。河口寄りはウキルアーの釣り場で、複数のサオを使い場所を取る投げ釣りはさらに左側で。

このポイントは、干潮前後に沖でサケの跳ねが頻発するが、満潮前後は魚影が薄くなる。満潮前後にアヨロ川の汽水域が大幅に水位を増しサケの遡上が一気に進んでしまうため、最大のチャンスは干潮前後。群れが遠いため遠投が有利だ。

右海岸

一部の人に根強い人気があるのは、アヨロ川河口から徒歩10分余りのB点のワンド(河口周辺からは見えない)。がけ上のリゾートホテルを過ぎた紅白の灯台手前にあり「サケの巣」と呼ぶ人もいるほどで、タイミング次第で好漁可能。ただし、問題はアプローチ。満潮と高波なら途中の一部が波をかぶるため、入釣不可能だ。このワンドは登別寄りにあるポンアヨロ川の河口からも入釣でき、ウキルアーの釣り場だ。

アヨロ川導流堤沖の60m付近には高根がある

> **MEMO**
> 周辺にトイレはない。虎杖浜地区の国道36号沿いにコンビニがあり、車で10分ほどの登別市東町にはほかにガソリンスタンドや釣具店もある。駐車スペースが少ないのは難点だが、ポンアヨロ川河口付近には車を止められる。

道央

竹浦海岸

㉗ [白老町] たけうらかいがん

- ●釣り方　投げ釣り、ウキルアー釣り
- ●釣り期　8月中旬～12月上旬
- ●タックル　投げザオ4.2～4.5m
- ●エサ　サンマ、ソウダガツオ、紅イカ
- ●河口規制　敷生川（左海岸500m、右海岸500m　5月1日～6月30日　8月20日～12月10日）

サケ・マス河口規制位置の変動に要注意

　竹浦海岸には敷生川のサケ・マス河口規制が一部に掛かるが、大雨や増水で毎年河口の形状が変わり、境界の位置も一定しない。境界線は砂浜に設置される旗で示されるので、入釣の際は必ずチェック。ごく一部を除き投げ釣りの釣り場で、最盛期は遠くかすむほどずらりとサオが並ぶ。

敷生川のサケ・マス河口規制区域を示す旗（旗の仕様が変更されている可能性あり）

ポイント紹介

　例年、お盆ごろからぽつぽつ釣れだして開幕し、盛期は9月から11月。A、B、C点へは部分的に砂が深いため、無理な車の乗り入れは禁物だ。A点は、海がなぎているときがよく、できるだけ遠投することが釣果につながる。

　常連の多い中間部のB点は、A点に比べると河口が遠く、一見、不利に思えるが釣果は安定している。特に降雨後、川が濁るとサケが河口付近を避けて回遊するため、A点よりB点の釣果が上回ることもしばしば。大しけの一歩手前ぐらいの状況のときに、まれに驚くような釣果も上がる爆釣ポ

投げ釣りでヒットした大物を波に合わせて砂浜に引き上げる

イントだ。

　右端のC点付近は、A、B点の混雑を嫌う人がよく訪れるポイント。群れの回遊時にはA、B点と遜色なく釣れ数が2ケタに達することもあるが、コンスタントに回遊があるわけではない。

要チェック

　同海岸で以前からサオを出すベテランの多くが指摘するのは、遠投力による釣果の差。遠投によってサケの通り道のかけ上がりを探るのが定石で、できるだけ遠くへ投げ、そこからリールを巻いて、手元に重みを感じた所に仕掛けを止めるとヒット率がアップする。

　近年、同海岸で使われるフロート仕掛けのハリスは、踊りを重視するために以前に比べてロング化しており、長い人では60cmもある。ハリスはなるべくオモリに近い位置から出し、フロートが底をはうようにする。エサは塩で硬く締めるのは駄目。前日に軽く塩を振り、半生状態で使うといい。

最盛期の同海岸には遠くかすむほどサオが並ぶ

MEMO
コンビニやガソリンスタンドは釣り場近くの国道36号沿いにある。周辺にトイレはない。

道央 28 北吉原・萩野海岸

[白老町] きたよしはら・はぎのかいがん

- 釣り方　投げ釣り、ウキルアー、ウキ
- 釣り期　8月下旬～12月上旬
- タックル　投げザオ、ルアーロッド10～13フィート、磯ザオ
- エサ　ソウダガツオ、紅イカなど
- 河口規制　なし

投げ釣り主体にウキルアー、ウキ釣りも

フシコベツ川と旧フシコベツ川の二つの川があるので紛らわしいが、旧フシコベツ川を挟んで左側が萩野海岸、右側が北吉原海岸に分かれる。萩野海岸は白老港のすぐ右から始まり、フシコベツ川を挟んで左側が砂浜、右側がブロック護岸と対照的だ。どちらも基本的には投げ釣りの釣り場だが、ウキルアーやウキ釣りの入釣者も見られる。

萩野海岸

フシコベツ川と白老港の間にあるA点の砂浜は、一部、沖合に消波ブロック群や海面に頭を出すコンクリート構造物、海藻が繁茂する場所があるなどやや釣りにくい面がある。遠浅ということもあってサケの岸寄りも少なく、遠投が奏功することもあるが大きな期待はできない。

一方、フシコベツ川付近から右のB点のブロック護岸は、波打ち際からある程度水

水深がありサケの回遊が期待できるB点の萩野海岸

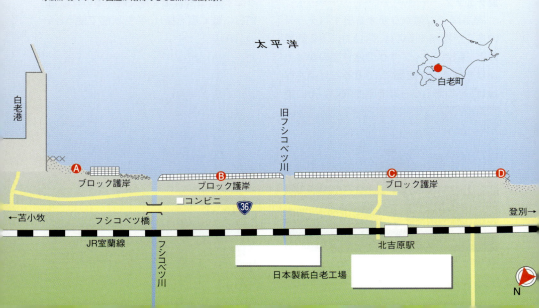

砂浜が残るA点付近は遠投力が鍵を握る

深がありサケの回遊が期待できる場所。人気も高く、盛期には護岸が途切れる北吉原地区まで投げザオが並ぶ。ただし、北吉原との境界に流れる旧フシコベツ川は製紙工場の排水が流れ出ていて刺激臭もあり、敬遠されがちなポイントだ。

サオは護岸の隙間にサオ立てをねじ込むなどして固定する。遠投は不要でおおむね30〜50m投げれば十分だ。

北吉原海岸

C点の北吉原海岸は全面がブロック護岸で環境、釣り方とも萩野海岸とほぼ同じだが、若干水深が深いのか釣果がいいケースが目立つ。右端に行くと護岸が途切れ、波打ち際には人工岩が敷き詰められて取り込みに難があるが、現在は砂で埋まりつつあり釣りやすさが向上した場所もある。

護岸が途切れる右端のD点は足場が悪いが、水深が深くサケの寄りがいい場所として知られる。投げ釣りよりもウキルアー、ウキ釣りが適しており、足元でヒットすることがあるのでリトリーブは最後まで気が抜けない。釣りは人工岩の上からになるが、滑りやすいので十分な注意が必要だ。

> **注意**
> 釣り場近くに民家が迫っているため、未明や早朝の騒音には十分注意すること。車のドア開閉は極力静かに行い、アイドリングも慎みたい。

> **MEMO**
> コンビニは白老港の入り口付近に、ガソリンスタンド、釣具店は白老市街。周辺にトイレはない。

足場の悪いD点のウキ釣りでサケ好漁

白老港・白老海岸

[白老町] しらおいこう・しらおいかいがん

- 釣り方　投げ釣り、ウキルアー
- 釣り期　8月下旬～12月中旬
- タックル　投げザオ、港はタモ必要
- エサ　ソウダガツオ、サンマ、フクラギなど
- 河口規制　白老川（左海岸500m、右海岸500m）
  5月1日～6月30日　8月20日～12月10日）

広大な砂浜はお盆ごろからシーズンイン

　胆振地方の中でも白老方面はサケの好釣り場が多いが、ここも要注目釣り場の1つ。シーズンには、白老港から白老川河口までの約2.5kmの長大な砂浜全域が釣り場となる。ただしサケマス河口規制が毎年8月20日から始まる関係で、同日以降は同川河口左右両海岸500m以内はサケ釣りが禁止される。最盛期は実質2kmの区間に投げザオがずらりと立ち並び、混雑で釣り場確保もままならない。

白老港

　以前、シーズンにはサケ釣りで盛況だった白老港は2022年6月現在、「港湾エリアへの関係者以外立ち入り禁止」の措置が取られており、釣りが実質禁止されている状態。むろんサケ釣りもできない。

白老海岸

　A点の白老海岸で初物が上がるのはお

白老川河口の左海岸。数は少ないが12月の河口規制解除後もサケが釣れる

白老川河口の右海岸。河口に近づくほど砂が深くなるので注意

盆ごろから。シーズン初期は魚影が薄いが、この時季に釣れればほぼ100％がフレッシュな銀ピカで、引きも強い。

釣り方は投げ釣り一択で、砂浜に4〜6本程度サオを立てるのが一般的。砂浜なので1本サオ立てが重宝する。仕掛けは一般的な胴突き仕掛けで問題ないが、フグが多いことがあるので、エサは予備を多めに持参した方がいい。基本的には白老川の河口に近いほど有利と言われるが、降雨などで川から濁り水が流れ出しているときは、逆に川から離れた方がよく釣れることがある。

岸寄りしたサケは基本的に底付近を回遊するため、胴突き仕掛けの下のハリスはオモリに近い位置から出すのがベスト。フロート仕掛けを海中で躍らせてアピールするため、ハリスを長めに取る人が多く、50cm以上はさらだ。ただエサが軽過ぎると海中でフロートが立ってしまい、重過ぎると垂れてしまうので、ちょうどいいエサの重さを事前に確認しておきたいところである。

白老海岸の投げ釣りで釣れたシーズン初期のサケ

> **注意**
> 海がしけたり、川の増水などによって毎年河口の位置が変わるのに伴い、河口規制の位置も変わるため、毎シーズンの始動時に境界の位置を確認しておく必要がある。砂浜は河口に近づくほど砂が深くなるので車のスタックに注意を。

> **MEMO**
> トイレは港内にある。コンビニ、ガソリンスタンドは港から近く、釣具は苫小牧市寄りの国道36号沿いにあるホームセンターで扱っている。

錦多峰川河口海岸

道央 30
072

[苫小牧市] にしたっぷがわかこうかいがん

- ●釣り方　投げ釣り、ウキルアー
- ●釣り期　8月下旬～12月中旬
- ●タックル　投げザオ、ルアーロッド10フィート以上　タモまたはハンドギャフ、ウエーダーまたはスパイクブーツ必要
- ●エサ　ソウダガツオ、サンマなど
- ●河口規制　錦多峰川（左海岸300m、右海岸200m　9月1日～12月10日）

左海岸は大人気の投げ釣り場

　錦多峰川左海岸も右海岸も、ともに苫小牧市錦岡地区に属する。しかし、一般的に錦岡海岸の名で通っていて人気が高いのは左海岸。右海岸は比較的入釣者の少ない穴場となっている。サケ・マス河口規制の期間以外は、河口の導流堤付近が大勢の入釣者でにぎわう。

右海岸は左海岸に比べれば混雑の少ない穴場

左海岸……………………………

　サケ・マス河口規制の範囲外は、河口に近い方から順に「ダイナム裏」「かに本舗裏」「旧温泉裏」と、背後の建物を参考にした通称が付いているので極めてわかりやすい。これら3カ所はすべて砂浜で投げ釣りのポイントだ。

　釣果がいいのは河口に最も近いダイナム裏だが、盛期には岸際の広範囲をサケの群れが回遊するため、かに本舗裏や旧温泉裏でも十分釣りになる。市街地から近いせいもあり、地元の人はもちろん札幌から訪れる人も多く、一帯にはサオが林立する。波打ち際から5mほど手前に消波ブロックが帯状に入っているが、しけていなければ

苫小牧市

ずらりと投げザオが並ぶ盛期の左海岸

この前にサオを立てても大丈夫だ。

右海岸……………………………………

　足場は穴の開いたスロープ状の護岸（緩傾斜護岸）と畳状の岩。波打ち際から10mほど沖までは海底に捨て石が入っており、その先の深みに沿ってサケが回遊するため、投げ、ウキルアー釣りともに捨て石の先を目掛けてちょい投げするといい。投げ釣りの1本サオ立ては、護岸や畳状の岩のすき間にねじ込んで固定する。

　ただし、仕掛けの回収やリトリーブ時は、捨て石に引っ掛けないように注意。波打ち際には海藻が付いて滑りやすいので、スパイクブーツ、ピンフェルトタイプのウエーダーを着用するのが無難で、取り込みはタモよりハンドギャフがスムーズ。

導流堤付近………………………………

　河口規制がかかる前の8月下旬のポイント。左右の導流堤間の砂浜が釣り場で、ウキルアーで狙う。混雑が激しいためヒット後は強引にサケを寄せる必要があり、ハードなタックルが向いている。

右海岸の投げ釣りは1本サオ立てを護岸や岩のすき間にねじ込む

> **MEMO**
> 周辺にトイレはない。釣具店は、国道36号を千歳方向に進んで5分ほどの複合商業施設の一角にある。コンビニとガソリンスタンドまでは10分前後。

糸井海岸

[苫小牧市] いといかいがん

●釣り方	ウキルアー、投げ釣り
●釣り期	8月下旬～10月末
●タックル	投げザオ、ルアーロッド10フィート以上 ハンドギャフ、ウエーダー必要
●エサ	ソウダガツオ、サンマなど
●河口規制	なし

混雑少ない穴場でA点の小ワンドに実績

　国道36号沿いにある100円ショップや釣具店などの複合商業施設の裏手一帯の海岸が釣り場。1級釣り場というわけではなく、大釣りはほとんどないものの、近郊のサケの人気釣り場、同市錦岡海岸に比べると混雑が少ないのがうれしい穴場。

小ワンド

　最も実績が高いのはA点の小ワンド。幅150m前後の一見、地味な砂浜だが、両サイドを消波ブロックや畳状の岩に挟まれていてサケがたまりやすく、いいときには5、6匹の好釣果に恵まれる。主に投げ釣りのポイントで、3人ほどが入釣可能だ。30m付近に投げるといいが、遠浅気味のため、下層狙いの仕掛けを使うなどの工夫が功を奏す。

　仕掛けを自作する場合はハリスをオモ

小ワンド右側に続く護岸。ここでの取り込みはハンドギャフがスムーズ

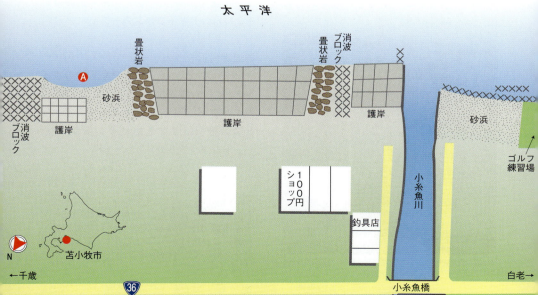

実績が高いA点の小ワンド

リのすぐ上から出すようにするのがよく、常連は、市販の1本バリ仕掛けを使うときは上下を逆にする。市販品はミキ糸の中間部よりも上からハリスが出ている物が多く、逆にして使うことで低いタナが狙えるからだ。ワンドの右側ほどコンブ根が目立つので、根掛かりには注意が必要だ。

護岸

小ワンドより右側は、足場が傾斜の緩い護岸主体となり、ウキルアー釣りで攻略する。しけ気味の日は波しぶきがかかりやすく、波打ち際には藻が生えて滑りやすいので、ピンフェルトタイプのウエーダー着用が望ましい。手前にコンブ根があるため、ウキ下を浅めに調節するなどして根掛かりを回避する。護岸上からの取り込みは、タモよりもハンドギャフの方がスムーズだ。

小糸魚川河口周辺

河口の右海岸は砂浜で、かつては投げ釣り、ウキルアーともに可能だった。しかし、近年、波打ち際に消波ブロックが入ってからは狙いにくい場所となり、現在は、河口の流れ出しに立ち込んでウキルアーをキャストするか、左海岸の護岸からウキルアーや投げ釣りで狙う。流れ出しの水位は深い所でもヒザ上程度で、水流にそれほど勢いもないため立ち込みに難はない。

小糸魚川の流れ出し。立ち込みは比較的容易

> **MEMO**
> 周辺にトイレはない。釣具店は複合商業施設の一角にあり、コンビニとガソリンスタンドは国道36号を千歳方向に5分ほど。

道央

安平川河口海岸

[苫小牧市] あびらがわかこうかいがん

- 釣り方　投げ釣り、ウキルアー
- 釣り期　10月上旬〜12月下旬
- タックル　投げザオ、ルアーロッド10フィート以上　ウエーダー必要
- エサ　ソウダガツオ、サンマなど
- 河口規制　安平川（左海岸1000m、右海岸1000m　5月1日〜9月30日）

12月いっぱい釣れ続ける管内きっての遅場

　1000mのサケ・マス河口規制が9月末まで左右両海岸に掛かっている。この期間中は規制範囲外でサケを狙う人はほとんどなく、また、狙ってもあまり釣れない。釣果が上向くのは規制解除後の河口周辺で、12月いっぱいはサケが釣れ続ける。胆振管内きってのサケの遅場だ。

入釣ルート

　釣り場までの道のりがややわかりにくいが、苫小牧市街からは国道36号から国道234号、さらに道道781号苫小牧環状線の順に進む。また、日高自動車道の厚真インターチェンジから苫小牧東港中央ふ頭基部周辺へ向かい、海岸沿いの道を西側へ走ってもいい。同市勇払マリーナが目印として重宝し、すぐ左側を流れるのが安平川だ。

西風を避けることができる勇払マリーナの左側

比較的広い範囲でサケが狙える安平川河口左海岸

同川は、下流の川幅の割に河口の間口が狭いので流れ出しの水勢が強く、深さもあってウエーディングで両海岸を行き来するのは危険。左海岸へは二つほどある悪路の入り口から、右海岸は勇払橋右側の未舗装路からアプローチする。なお、左海岸はオフロード車などでなければ車が砂に埋まりやすいので注意。右海岸は波打ち際までは進入できない。

投げ釣りポイント

ポイントは左右両海岸と流れ出し周辺で一等地は左海岸の河口寄り。投げ釣りで狙うが、遠浅のため飛距離は50m前後を目安に。河口寄りに先客がいても、左海岸は比較的広い範囲で狙える。

右海岸は幅約200mの狭い砂浜。釣果は左海岸に劣るが、勇払マリーナのすぐ左側に入釣すれば西風を避けることができ、投げ釣りで狙う。両海岸とも雨後は濁りが入りやすく、しけのときは底荒れする。コンディションが悪い日の入釣は避けること。

ウキルアーポイント

導流堤のように右海岸から沖に伸びるA点の消波ブロックの先端では、ウキルアー釣りが可能。入釣は波の穏やかな日に限られるが、いいときなら複数のサケが釣れる。ただし、盛期を迎えるころは寒さが厳しい時期だけに短時間勝負が強いられる。

右海岸の消波ブロックは先端部のウキルアー釣りに期待

MEMO
トイレは、勇払マリーナ内の勇払マリーナ公園にある（12月1日以降閉鎖）。コンビニへは車で数分、ガソリンスタンドは車で10分以上の沼ノ端市街にある。

道央

静内川河口海岸

33

[新ひだか町] しずないがわかこうかいがん

- 釣り方　投げ釣り
- 釣り期　12月1日～12月下旬
- タックル　投げザオ
- エサ　サンマ、ソウダガツオ、フクラギなど
- 河口規制　静内川(左海岸1000m、右海岸1000m　5月1日～11月30日)

期待が高いA点からB点間はちょい投げで

日高地方で最大級の川の一つ、静内川はサケ・マス河口規制によって11月30日まで規制が掛かる。従って、サケを狙ってサオが出せるようになるのは12月からで、釣り期は約1カ月と短め。しかも、寒さが厳しくなる中での釣りを強いられる。

釣り場の様子

釣り場は砂地中心で一部がゴロタ場。河口から右へしばらく行くと護岸地帯となり、波打ち際に消波ブロックが積まれた幅約300mほどの階段状護岸があるが、ここは取り込みが難しくベテラン向き。通常、潮は左から右へ流れるが、流れが強いとごみや藻が絡んで釣りにくくサケも沖へ離れる。

期待のポイント

解禁直後、最も期待が高いA点からB点間は、ヒットポイントが意外に近く30m程度のちょい投げで。人気ポイントのため解

D、E点間のワンド付近。車は海側に寄せて止めるのが慣例

規制解除直後、最も期待が高いA、B点付近

禁後はしばらく混雑する。

　C点付近は旧河口があった場所で、周囲より水深がありサケが回遊しやすい。旧河口両岸のかけ上がりを30〜35mのちょい投げで狙い、遠投すると逆に当たりが遠のく。

　砂浜から一転してゴロタ場となるD点付近は、遠投派が好んで入釣する場所。サケはゴロタ場付近の沖を通るため、ちょい投げや中投げは不利で、おおよそ50m以上投げると手前のゴロタ場を避けられる。ただし、カジカやアブラコのおまけを期待する人はあえてちょい投げや中投げで。

　河口から離れたE点は、好ポイントに入れなかった人がやむなく釣り座を構える緊急避難的なポイント。河口付近に比べ魚影は薄いが、状況次第ではここでも十分な釣果を上げることができる。

　河口規制境界付近にある階段状護岸のF点は、手前に消波ブロックがあるためヒット後のやり取りや取り込みに難があり、地元のベテランらが左寄りの一部で細々とサオを出す。河口から約1kmの距離があり、規制解除直後に釣り座を構える意義は薄い。

12月上旬に河口付近の投げ釣りで釣れた銀ピカのサケ

MEMO
車は護岸沿いの道路まで進入でき、駐車は海側に寄せて止めるのが慣例。釣具店は静内市街の国道沿いに2軒ある。周辺にトイレはないが、近くにコンビニが2軒ある。

三石川河口海岸

道央 34

[新ひだか町] みついしがわかこうかいがん

- 釣り方　投げ釣り
- 釣り期　8月中旬～1月初旬
- タックル　投げザオ
　　　　　タモ、ウエーダー不要
- エサ　サンマ、ソウダガツオ
- 河口規制　三石川（左海岸500m、右海岸500m）
　　　　　5月1日～6月30日　9月1日～11月30日）

A、B点は河口規制前と解除後が狙い目

「のんびりとサオが出せる」と定評がある日高沿岸の投げ釣りの人気ポイント。シーズン中、地元の釣り人中心ににぎわう。開幕が8月中旬で閉幕が1月初旬と釣り期がかなり長いのが特長。日高沿岸では珍しい正月にサケが狙える超遅場だ。

右海岸

A点は河口と河口右側に大量の砂が堆積して水深が浅くなったため、サケの寄りが悪く数は釣れなくなった。しかし、サケ・マス河口規制前の8月下旬と解除後の12月1日以降にサオが並ぶ。一帯は砂地に岩が点在し、その上、海藻が多く根掛かりが激しい。数も上がらず魅力に欠けるが、濁った川水が流れて左海岸が釣りにならないときが狙い目。硬めのサオを使い遠投で狙う。

左海岸の1等地のC点付近

A点の右海岸はサケ・マス河口規制前や解除後が狙い目

左海岸

B点からC点間は、同河口海岸の人気ポイント。河口のすぐ左側のB点は、A点同様、サケ・マス河口規制前の8月下旬と解除後の12月以降に大勢の人が入釣する。一帯は砂地、玉砂利場で根掛かりは少ないが、河口近くは遠浅のため、河口から100～200m離れた辺りの釣果が安定している。

左海岸の1等地は西浦里バス停前からC点にかけての海岸。10月初旬には数釣りも可能で、国道235号から海に向かって入る道が数本あり、車近くからサオが出せる。シーズンを通して比較的混雑が少なく、いつ訪れても入釣できるのが魅力だ。

左海岸のサケ・マス河口規制標柱は、国道235号沿いの胸壁付近にあるので、規制区域を守ること。

仕掛けとエサ

仕掛けのフロートは銀、赤、ピンクで、タコベイトは赤、ピンク。地元の釣り人の中には、引きが強い開幕から11月まではナイロンライン7号、引きが弱まる12月以降は5、6号を使う人もいる。夜明けから午前8時半ごろまでがよく釣れ、夕方は釣果が半減するが、気温、水温が下がる初冬は日中でも釣れる。エサはソウダガツオとサンマでソウダガツオに若干分がある。

左海岸の河口規制標柱

> **MEMO**
> コンビニ、ガソリンスタンドは三石市街の国道235号沿いにある。トイレは同国道を浦河方面へ車で5分ほど、道の駅「みついし」を利用する。

道央

様似川河口海岸

[様似町] さまにがわかこうかいがん

- ●釣り方　投げ釣り、ウキルアー
- ●釣り期　9月初旬～10月下旬
- ●タックル　投げザオ、ルアーロッド11～12フィート タモ、ウエーダー不要
- ●エサ　ソウダガツオ
- ●河口規制　なし

波がある日は右海岸、なぎの日は左海岸

ピークが短く大釣りのチャンスが少ないためやや魅力に欠けるが、地元で長年親しまれているサケ釣り場。広い海岸は遠浅の砂地で根掛かりがほとんどなく、最盛期の9月下旬～10月上旬にはちょい投げで釣果が上がるため、初級者や年配釣り師の人気も高い。

右海岸

河口右岸からエンルム岬間のA点は広範囲で釣果が上がるが、エンルム岬寄りはかなり遠浅のため、釣り場は河口右岸から約200m間と考えていい。仕掛けは1本フロートの銀、夜光を主に青、赤。エサのソウダガツオは、塩エビ粉や塩ニンニクで締め、幅1.5～2cm、長さ4cm程度の大きさに切ってちょん掛けで使う。投げる距離は50m以上が有利だが、盛期の9月下旬から10月初旬は10～30mのちょい投げでよく釣れる。釣果は夜明けから2時間ほどに集

消波ブロック周辺はウキルアー釣りも可能

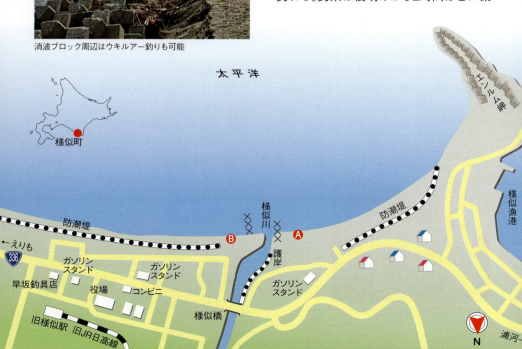

道央

083

広い砂浜が続く様似川右海岸のA点付近

中し、夕方に数が出ることはまれだ。

また、様似川河口両岸にある消波ブロックの周辺からは、ウキルアー釣りも可能だ。ルアーは40〜50gの銀青、銀赤系で、肉厚で遠投が利くタイプが人気。タナは1〜1.5mで、70〜80mの遠投が有利だ。

左海岸

左海岸のB点は、右海岸のA点に比べて水深があり、安定した釣果が見込めるためシーズンを通して地元釣り師に人気が高い。また、マツカワの大物ポイントとしても知られ、時折、サケ仕掛けに50cm超えが掛かるため、サケとマツカワの両魚種を期待してサオを出す人も多い。右海岸同様に投げ釣りが主体で、仕掛けは1本フロートタイプ。オモリは通常30、35号の三角型を使い、波が高い日は40、50号を使う。

注目ポイント

両海岸ともしけで濁ってもすぐに濁りが取れるが、ごみがたまりやすいため、しけ後は2、3日釣りにならないことも多い。両海岸の釣果は大差ないが、常連は波が高い日は波が立ちにくい右海岸、波の弱い日は潮がよく動く左海岸に好んで入釣する。

MEMO

様似市街の国道336号沿いにコンビニ、ガソリンスタンド、釣具店がある。トイレは様似漁港内のソビラ公園にある。

地元釣り師に人気が高いB点の様似川左海岸

道央

幌満川河口海岸

36 [様似町] ほろまんがわかこうかいがん

- 釣り方　ウキルアー、投げ釣り、ウキ釣り
- 釣り期　8月下旬～11月中旬
- タックル　ルアーロッド9～10フィート、投げザオ
　　　　　魚の取り込み用のひも付きタモ必要
- エサ　　ソウダガツオ
- 河口規制　なし

橋の上が釣り場のA点は落としダモ必須

　幌満トンネル開通後、人気が出てきたサケ釣りの穴場。橋の上からの釣りがメインとなるため、近隣の釣り場がしけで釣りにならない悪条件でも楽しめ、しけのときの逃げ場として利用できる。盛期の10月以外、数は望めないが、コンスタントに1、2匹の釣果が期待できる。

幌満橋(旧)の上

　橋の右岸寄りのA点付近から欄干越しにウキルアーで狙うスタイルが主流だが、ウキ釣りも可能。橋の上からちょい投げして川の流れに仕掛けを漂わせ、サオを上下にあおって糸を送りながら30～40m沖に移動させ、スローリトリーブで狙う方法に実績がある。また、沖に跳ねが見えるときは直接ルアーを打ち込み、スローリトリーブする方法が有効。ルアーは40g前後の銀

かつての左海岸。今では消波ブロックの一部が埋まり釣り場が少し広がった

幌満橋(旧)の上からサケを狙う幌満川河口海岸

赤、オレンジ、青、タコベイトはピンクでタナは1.5mほど。

橋から海面までは10mほどの高さがあるため、市販のタモでは取り込みができない。そのため、漁師が貝やカニなどを入れる網を改良し、長いひもを付けた通称「落としダモ」にサケを載せてクレーン方式でサケを取り込む。落としダモは必須アイテムだ。日の出から2、3時間が最も期待でき、満潮と重なれば日没間際に釣果が集中することもある。雨の影響で川水の濁りが強いときは釣果が激減するので、川水の色に目を配りたい。

サケを橋の上から取り込む通称「落としダモ」

左海岸・・・・・・・・・・・・・・・・・・・・・・・・・・・・・・・・

数人しか入れない狭い釣り場だが、投げ釣りで安定した釣果が見込める。仕掛けは1本フロートの銀、夜光、青、赤でオモリは25、30号。根掛かりが激しいのが難点だが、仕掛けとオモリの間に捨て糸を10〜20cm付けて対処する。根掛かりしにくい棒オモリを使うのも効果的だ。

朝方は20〜30m、日中は30〜40m投げれば十分で、正面から2時方向を狙うのがベスト。橋の際から釣り場へ出るが、周辺のコンブ干し場へは絶対立ち入らないこと。波打ち際に消波ブロック群があるが、近年は砂で埋まり釣り場が広くなっている。

MEMO
近くにトイレはない。コンビニ、ガソリンスタンド、釣具店は車で15分余りの様似市街の国道336号沿いにある。

道央

東栄海岸

[浦河町] とうえいかいがん

- ●釣り方　投げ釣り
- ●釣り期　8月中旬～11月下旬
- ●タックル　投げザオ
　　　　　タモ、ウエーダー不要
- ●エサ　ソウダガツオ、サンマ
- ●河口規制　なし

短時間で数釣りも

　安定した釣果が期待でき、爆釣年が3、4年サイクルで訪れるのが特徴の釣り場だ。通常、シーズン終了は11月下旬だが1月上旬にサケが釣れた実績もある。地元や近隣の釣り人に人気で過度な場所取りもなく、いつ訪れてもサオが出せるため最近は道央圏からの釣り人が急増している。

東栄海岸で開幕時にヒットした銀ピカのサケ

釣り場の様子

　国道235号沿いにあるガソリンスタンドを基点に、釣り場はA点の右海岸、正面にあるB点、C点の左海岸の三つに分けられる。

　サケの第1陣が周辺を回遊するのは例年8月15日前後で、岸寄りが遅い年でも8月中にシーズン1匹目のサケが釣れる。盛期の9月中旬には短時間で数が上がることも。最も釣果が期待できるのは早朝だが、日によっては午前10時ごろから正午ごろにかけて群れが回遊することも珍しくな

B点でサケがヒット

い。45〜50cm級の良型マツカワが交じることが多いのも特徴で、マツカワ専用の仕掛けも持参するとより楽しめる。

　一帯でよく使われるサケ専用仕掛けのフロートの色はシルバーや赤に黒点、レーザーカラーなどで、タコベイトは赤やピンクなどの定番色だ。

ポイント紹介 ……………………………

　A点の右海岸は入釣者が少なめで、シーズンを通して釣り場は空いている。爆釣に出くわすことは少ないが、数釣りを求めなければ期待通りの釣果が望める。

　B点はサケの回遊ルートが波打ち際から近いため遠投の必要性はなく、むしろちょい投げが有利だ。

　C点の左海岸へは、B点付近から砂浜を歩いて入釣する。砂浜を数百m歩かなければならないため入釣者は少ないが、釣果はB点と遜色なく、タイミング次第では早朝の短時間で好釣果が得られる。

ガソリンスタンド付近から見たC点付近

MEMO
コンビニ、ガソリンスタンド、釣具店は浦河市街地にそろっている。トイレは同市街地の浦河港にある。

道央

アベヤキ川河口海岸

38 [えりも町] あべやきがわかこうかいがん

- 釣り方　ウキルアー、投げ釣り
- 釣り期　9月初旬～10月中旬
- タックル　ルアーロッド12～13フィート、投げザオ
　　　　　　タモ、ウエーダー必要
- エサ　ソウダガツオ
- 河口規制　なし

B点は干潮時にチャンス到来

　人気、知名度は低いが、うまくサケの回遊に当たれば複数匹釣れる穴場。一帯の岩場には溝が多く、コンブや海藻が茂っているため、釣り場の形状や潮の動きを読み取らなければ頻繁に根掛かりが起こる。どちらかといえば中、上級者向けの釣り場だ。

右海岸

　岩と岩の間にある玉砂利場のA点は、しけに弱くしけ後の濁りが取れにくい。海藻やごみが多いなどの難点もあるが、天候の大崩れさえなければ釣果の安定感は高い。
　ウキルアー釣りの場合、ルアーは銀青系45g前後にタコベイトはピンク、赤を主に黒、青。50～60m投げてスローリトリーブで狙い、タナは1～1.5mほどだ。エサは落ちにくさを優先し、塩で締めて使うのがベス

ウキルアー釣りの1等地は左右の導流堤の先のB点

左右両岸から導流堤が延びるアベヤキ川河口海岸

トだ。ここは周辺で唯一の投げ釣りポイントでもあり15〜30mのちょい投げで狙うが、投げ釣りの入釣者は少ない。

導流堤周辺

以前の導流堤は平らで足場がよく、先端部からウキルアーを遠投してサケ釣りが楽しめたが、繰り返されるしけで先端部が崩れ、導流堤の先端部周辺のB点の海岸からサオを出す釣り場となった。

ウキルアーの仕掛けはA点と同じ物を用いるが、ここは潮が引いたときがチャンス。岸から20〜30m沖にあるコンブ根の手前まで海に立ち込み、コンブ根をかわした沖を遠投で狙うと数が出る。

サケの群れが遠いときは投げる距離に比例して釣果が上がるため、エサを硬く塩締めして幅1cm、長さ2、3cmにカット。タコベイトやウキも小さめにして空気抵抗を抑えて遠投する。タナは0.5〜1m。導流堤左側はコンブが多く根が荒い。干潮時のみ、立ち込んで遠投で狙える。

投げ釣りも楽しめる右海岸のA点

> **注意**
> 一帯のコンブ干し場への立ち入りは禁止。周囲に駐車スペースはない。

> **MEMO**
> コンビニ、ガソリンスタンド、トイレはえりも市街の国道336号沿いにある。釣具は市街寄りの同国道沿いのホームセンターにある。

道央

歌別漁港

39

[えりも町] うたべつぎょこう

- ●釣り方　ウキルアー、ウキ、垂らし釣り
- ●釣り期　8月初旬～11月下旬
- ●タックル　ルアーロッド10～11フィート、磯ザオ
  ウエーダー不要、タモ必要
- ●エサ　ソウダガツオ、サンマ、紅イカなど
- ●河口規制　歌別川(規制範囲はイラスト参照　5月1日～11月30日)

えりも以西太平洋では屈指の魚影を誇る好釣り場

　開幕は早く、7月末から8月初旬に第1号がヒットする年が多く、最盛期の9、10月には2ケタ釣果を手にする人も現れる。えりも以西の太平洋側では屈指の魚影を誇る好釣り場で、札幌や帯広などからの入釣者も絶えないため混雑覚悟で出掛けたい。

ポイント紹介

　1級ポイントは、西防波堤と南防波堤が交じわる角付近のA点。港内に入って来たサケがまず初めに突き当たる場所で、食いのいいフレッシュな群れを最初に狙える確率が高く、釣果は上々だ。垂らし釣りが多くタナは1.5～2.5m。タコベイトを使用し、エサはソウダガツオやサンマなどと、持ちのいい紅イカを相掛けしてエサ取りのウグイに備えたい。また、ムキエビやチカをエサに使う人もいる。

　日中、日が高くなると水面に自分の影が

船揚げ場前のB点でサケがヒット

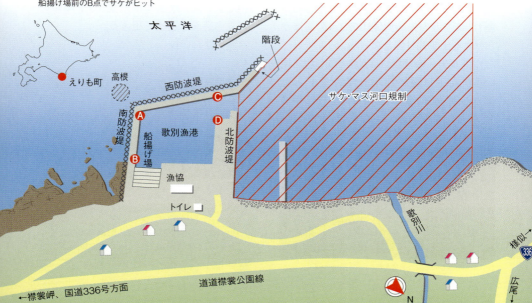

A点は垂らし釣りが盛ん

映り、サケが警戒する。近場狙いの垂らし釣りやウキ釣りには影響が出るので、日中はむやみに立ち上がったり周辺を行き来しないことだ。

　また、船揚げ場前を狙えるB点、港内に入ってくるサケを迎え撃つC、D点なども好ポイント。C点にはウキルアーやウキ釣りなどで対応できるが、港内にはロープなどの障害物が多いため、仕掛けを引っ掛けないよう注意が必要。遠投の必要がないため、コントロールにはさほど心配はいらない。D点は垂らし釣りの入釣者が多い。

日中は立ち歩いて水面に自分の影を映さないこと

西防波堤外海側 ………………………

　かつては港内より釣れたと、オールドファンが懐かしむのは西防波堤外海側。港内で十分な釣果が上がるせいか、外海側を狙う人は少なくなっているようだが、いったん群れが寄ったときの爆発力は健在だ。A点からC点までの間が有望で、高い胸壁には同防波堤先端部付近の階段を利用して上る。

　釣りは消波ブロック上からで、取り込みの際は5m以上のタモを使用する。A点付近の外海側には高根があり、この横には特にサケがたまりやすいが、周辺にはコンブ漁の漁船が集まる。また、サケ狙いのプレジャーボートも近いので注意。

> **MEMO**
> 近郊に釣具店はなく、トイレは歌別漁港港内に1カ所。コンビニとガソリンスタンドは国道336号を様似方面へ車で向かうと5分ほどのえりも市街にある。近年は駐車マナーやゴミ捨ての問題が取り沙汰されているので、マナーを守って釣りを楽しみたい。

目黒漁港

[えりも町] めぐろぎょこう

- 釣り方　ウキルアー
- 釣り期　8月下旬〜11月初旬
- タックル　ルアーロッド10〜11フィート タモ必要
- エサ　サンマ、ソウダガツオ
- 河口規制　猿留川(左海岸300m、右海岸300m 5月1日〜11月30日)

日高管内の超早場

　以前から一部のサケ釣りファンがサオを出していたが、数が釣れず本命視する人は少なかった。しかし、港内で好漁したのをきっかけに、好ポイントとして知られるようになった。早い年なら8月中旬に第1陣が釣れる日高管内の超早場で、道央圏からの釣り人も増加中だ。

目黒漁港港内には一部に猿留川のサケ・マス河口規制が掛かる

東防波堤

　港内の広い範囲で釣れるが、釣りやすく釣果もいいのが東防波堤先端寄りのA点。足場がよく防波堤が広くて安全に釣りが楽しめ、いいときなら複数ゲットが見込める。投げる距離は20〜40mと近いため、ウキルアー釣りのルアーは35〜40gの軽めが人気。タナは1.5mを基準に朝方は1m前後、日中は2m以上の深め。南防波堤付近に群れがたまったときは、突堤B点から遠投で狙うといい。

　岸壁に赤色のペンキで書かれたサケ・マス河口規制境界線を越えてすぐの外海側は数が期待できるが、消波ブロック上から

目黒漁港東防波堤のA点付近

の釣りで足場が悪いため注意。スパイクブーツ、ライフジャケット必携のポイントだ。

東防波堤は、サケの最盛期の10、11月はチカとコマイもよく釣れる。投げ釣り師もサオを出していることが多いので、キャスト時には必ず周りを確認すること。

トイレ前周辺 ………………………………

東防波堤の混雑時や釣果の上がらない日中に狙いたいのがC点周辺。車の近くでサオが出せ、雨の日や強風時にも重宝する。子供連れにもお薦めだ。数は東防波堤に比べると劣るが、港内に跳ねが頻繁にあるときや10月下旬以降に爆釣することもある。C点右前の突堤先端周辺も期待できる。先端部は広範囲が探れ、安定した釣果が見込める。

同漁港はシーズンを通して比較的、コンディションのいいサケが釣れるが、銀ピカの大型は10月中旬が絶好機。

東防波堤でお盆に釣れた良型のサケ

港内の一部に猿留川の河口規制が掛かるので注意。東防波堤の車の乗り入れは厳禁。

MEMO

近くにコンビニ、ガソリンスタンドはない。最寄りの釣具店は約20km離れた広尾市街地。トイレは港内入り口にある。

道南エリア

瀬棚港 ㊶
良瑠石川河口海岸 ㊷
鵜泊漁港鵜泊地区 ㊸

相沼内川河口海岸（事実上サケ釣り不能）㊹
突符川河口海岸 ㊺
江差追分漁港泊地区・江差追分漁港五勝手地区 ㊻

道南

瀬棚港

41

[せたな町] せたなこう

- 釣り方　　ウキルアー、ウキ釣り
- 釣り期　　9月初旬〜10月下旬
- タックル　ルアーロッド10フィート以上、磯ザオ
　　　　　　ウエーダー不要、タモ必要
- エサ　　　ソウダガツオ、サンマなど
- 河口規制　なし

旧フェリー埠頭とその周辺がポイント

　道南には港内にサケの群れが入る港が多く、せたな町の瀬棚港もその一つ。ポイントが複数あり、市街地に近く利便性が高いのもうれしい。

港内

　A点の厳島神社前の岸壁、B点の屋根付き岸壁、C点の旧フェリー埠頭右側などはサケがたまりやすい場所。足場がよく、スペースも広いので初級者や家族連れにもお薦めだ。ただし、港内最奥に当たるこの一帯は、港に入ってから時間が経過してすれたサケも少なくない。そんなすれたサケを狙うには、最も食いの立つ早朝が見逃せない時間帯。足元近くを頻繁に回遊するサケも多いが、やや沖目にいるサケの方が食いはいい。ウキルアー釣りも可能だが、食いが渋ければウキ釣りが有利。ウグイやフグなどのエサ取りが多いのでエサ替えは

B点の屋根付き岸壁もポイントの1つ

早朝に狙いたいA点の厳島神社前の岸壁

まめにすること。タモは柄の長さが4.5m前後。

　近年、最もにぎわっているポイントがある。それは旧フェリー埠頭から延びる防波堤の消波ブロック上、D点で、盛期にはサケがブロック際を悠々と泳ぐ姿が目撃できるが、そういったサケはあまり口を使わないので、狙うのはその下にいる魚。よってウキ釣りのウキ下はやや深めの2m前後。少し沖合に跳ねがあるときは、ウキルアーで狙ってもいい。基部寄りは埠頭から仕掛けを投げる人とラインが交錯する可能性があるので注意が必要だ。また、中空の三角ブロックが足場なのでその点も注意が必要。

 POINT

穴場ポイント

東防波堤周辺は、ウキルアー、ウキ釣りとも可能で、先端部と先端部から中間付近の外海側は、サケの回遊するタナが深くウキ下は2.5mほど。中間部から基部にかけての内海側はウキ下1.5mほどだ。

MEMO

トイレは港の中にあり。コンビニ、ガソリンスタンド、釣具店はすべてせたな市街にそろっている。

D点からウキ釣りでサケを狙うアングラー

道南

良瑠石川河口海岸

42 [せたな町] らるいしがわかこうかいがん

- ●釣り方　ウキ、ウキルアー
- ●釣り期　8月下旬～10月上旬
- ●タックル　磯ザオ、ルアーロッド10～12フィート　タモ不要、ウエーダー必要
- ●エサ　ソウダガツオ、紅イカなど
- ●河口規制　なし

根掛かり多いが安定感に秀でた釣り場

　良瑠石川河口周辺は基本的に小砂利の浜だが、周囲には大小の岩が点在し、海藻根も多い。河口前に大きな岩はないものの、根掛かりの危険性が十分にあるので注意が必要だ。周辺の釣り場の中では年ごとの資源量の変動が少なく、安定感に秀でた釣り場といえる。ただし、釣り場が狭いため入釣人数が限られるのが難点だ。

釣り方

　河口周辺に限らず周囲は根掛かりが激しく、ウキ下を長く取ると即座に根掛かりするのでウキ釣りは50cm前後、ウキルアー釣りは60～70cmほどにウキ下の長さを設定する。ただし、根掛かりを恐れてばかりいては釣果を上げるのは難しいので、ある程度覚悟の上で果敢に攻めればおのずと結果が付いてくる釣り場といえる。
　序盤を中心に前半戦はウキルアー釣りでも釣れるが、河口前にサケの群れがたま

良瑠石川河口付近でウキ釣りをする釣り人たち

道道北檜山大成線の良瑠石橋から見た河口付近

ることが多くなる後半戦はウキ釣りの独壇場となる。河口前の流れ出しのウキ釣りでは、ときには驚くほどよく釣れることがある半面、遡上(そじょう)直前のサケは婚姻色が強く出ている場合がほとんどなのでそのあたりを承知の上で入釣しなければならない。

A、B点攻略法

シーズン序盤を除きA点の右海岸はウキルアー釣り、河口付近のB点はおおむねウキ釣りのポイント。左海岸は釣果が上がらないのか入釣者の姿は見られない。右海岸のウキルアー釣りはウエーダーを着用して安定した岩に乗るなどし、岸寄り間もない沖のサケを狙い撃つ。ただし、後半戦は河口付近にしか魚影が見えず、ウキルアー釣りでは釣果を上げにくいためウキ釣りで狙う。

川はチョロチョロと流れ出す程度だが、シーズン盛期の早朝には河口周辺を埋め尽くすほどのサケの群れが押し寄せることもある。海は適度にしけた方がよく釣れ、河口付近のウキ釣りはウエーダーを履かずに長靴で気軽に釣りができるのが利点だ。

9月中旬に釣れたサケ。シーズン後半のサケはだいたいこんな感じ

MEMO
周辺にトイレはない。コンビニ、ガソリンスタンドは北檜山市街。

鵜泊漁港鵜泊地区

道南 ㊸ ［せたな町］うどまりぎょこううどまりちく

- ●釣り方　ウキ、ウキルアー
- ●釣り期　9月上旬～10月下旬
- ●タックル　磯ザオ、ルアーロッド10フィート程度
  ウエーダー不要、タモ必要
- ●エサ　ソウダガツオ、サンマなど
- ●河口規制　なし

サケがたまるD点の岸壁が好ポイント

　初級者向きで足場のいい岸壁から、上級者向きの場所までポイントが豊富な釣り場。アプローチは、せたな町北檜山の国道229号から道道北檜山大成線へ入って道なりに進む。大成区側からも同線を利用する。

　あまりサケが釣れないのは、A点の船揚げ場前と足場の高い外西防波堤港内側のB点、C点の岸壁。この3カ所以外はほとんどがポイントと思ってよく、その時々で変化するサケの居場所を探してサオを出す。

　D点の岸壁は、同漁港で最もポピュラーなポイントで、サケのたまりやすい場所の筆頭だ。ウキ、ウキルアー釣りともにウキ下は1.5mを基準にし、50m以内にキャストして狙う。投げ過ぎると西防波堤から港内側を狙う人とオマツリする可能性があり、また、あまり投げても釣れない。タモは柄の長さが3mもあれば十分だ。

　E点の船揚げ場前もサケのたまり場で、

西風が吹くと狙い目となるJ点の外西防波堤先端部

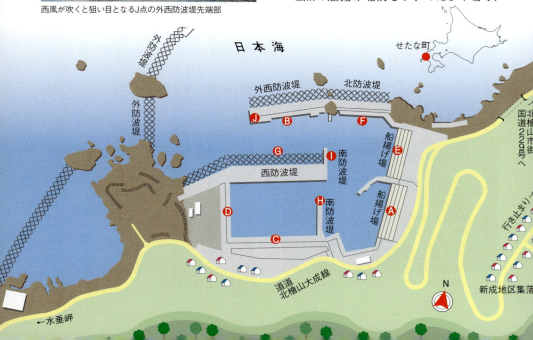

鵜泊漁港鵜泊地区で最もポピュラーなポイントはD点の岸壁

5m程度のキャストで簡単に狙える。また、北防波堤港内側のF点付近にもサケの回遊があるが、爆釣はあまり多くない。

西防波堤外海側のG点は、幅広く積まれた大きな消波ブロックが足場で上級者向きのポイント。消波ブロックの際から30m付近の間にサケがたまりやすく、爆釣の可能性もあるポイントだ。ウキルアー釣りの場合は多少、下の方まで下りて釣るが、ウキ釣りは消波ブロックの高い場所からでも可能だ。ただし、取り込みの際には下まで下りなければならないため、3mほどのタモを使い2人掛かりで。根掛かりやラインの根ずれに注意すること。

ほかには陸側の南防波堤先端部正面のH点、西防波堤に接続する南防波堤の右側のI点などもサケが期待できる。

消波ブロック上から釣るG点の西防波堤外海側は上級者向き

穴場ポイント

外防波堤中間付近の岩周辺にもサケがたまりやすく、この群れは西風が吹くと外西防波堤の沖に寄ることもある。先端部のJ点から狙えるが、足場が高いのでウキルアーよりウキ釣り向き。タモは7m。

MEMO

釣具店とガソリンスタンドは、道道北檜山大成線と交わる付近の国道229号沿いにある。コンビニは北檜山市街にある。

道南

相沼内川河口海岸

44

[八雲町] あいぬまないがわかこうかいがん

- ●釣り方　ウキルアー、ウキ、投げ釣り
- ●釣り期　9月中旬〜10月中旬
- ●タックル　ルアーロッド13フィート、投げザオ、ウエーダー、タモは場所により必要
- ●エサ　ソウダガツオ、紅イカなど
- ●河口規制　相沼内川（左海岸400m、右海岸400m 4月1日〜11月30日）

左海岸は魚影が濃いが混雑も激しい

　八雲町熊石相沼町地区で日本海に流入する相沼内川を中心とするワンドが釣り場。以前は右海岸で投げ釣りも行われたが、サケの群れが河口近くに集中すること、入釣できる人数が限られることなどから、最近は両海岸ともウキルアー釣りがメーン。

左海岸

　熊石相沼町市街の豊浜トンネル寄りにある手押し信号の横断歩道付近から海岸に向かい、突き当たりを右折すると駐車スペースがある。海岸へは近くの船揚げ場から出られるが、河口側へ向かうと消波ブロックにはしごが掛かっているので利用する。
　好ポイントは河口から左側に40m付近までのA点で、釣り場が狭く、早朝は混雑する。のでウキルアーのタナは80cm程度だ。A点を過ぎるとB点のゴロタ場となり足場が悪い。海岸が狭く波があるときは入釣できず、群れの厚い年以外は期待薄。

2018年以降、河口規制が11月末まで延長 事実上サケ釣りは不能に

釣り人の奥に見えるのが干潮時に露出するC点のゴロタ場

早朝は釣り場が込み合う左海岸のA点付近

右海岸

相沼内川は川筋が左側なので、サケの大～~~~~~~~~~~~~~~~~~~~~~~~~従って大きな期待はできないが、左海岸の激しい込み具合に比べ～~~~~~~~~級者でも釣りやすい。河口のすぐ右側のB点が最も期待でき、B点より右側では投げ釣りも楽しめる。左海岸に比べると群れは極端に薄いが、強めの南風が吹くと相沼内川の川水が右側に流れるため、右海岸の広範囲で釣れることもある。

2018年以降、河口規制が11月末まで延長 事実上サケ釣りは不能に

POINT 注目ポイント

~~~~~~~~~~~~~~~~~~~~C点のゴロタ場がある。満潮時は海中に立ち込まなければならず、波があるときは入釣できないが、なぎのときはチャンスだ。中間付近から先端までの右側が好ポイントだが、先端付近は相沼内川の川筋にあたるため、ウキルアーやウキはかなり左側に流されるので、隣の入釣者とのオマツリに注意。また、中間付近は手前側に潮が流れるため、やや速めのリトリーブで対処する。タナは80～90cmで、根掛かりに注意。

MEMO

相沼市街にガソリンスタンド、約2.5kmせたな寄りの熊石黒岩町の国道脇に公衆トイレがある。コンビニ、釣具店は車で10分ほどの熊石市街までない。

右海岸は群れが薄いがのんびり釣りが楽しめる

道南

突符川河口海岸

45
[乙部町] とっぷがわかこうかいがん

104

- ●釣り方　ウキ、ウキルアー、投げ釣り
- ●釣り期　9月上旬～11月上旬
- ●タックル　ルアーロッド10～13フィート、磯ザオ、投げザオ
　　　　　ウエーダー必要
- ●エサ　　ソウダガツオ、サンマ、紅イカなど
- ●河口規制　突符川(左海岸300m、右海岸300m
　　　　　4月1日～8月31日)

少し波があるとヒット確率アップ

　乙部町市街から約3km八雲町方向に河口がある突符川は、水産動物の採捕が全面禁止されている保護河川。サケの稚魚放流は行われていないため、遡上(そじょう)するサケはすべて天然物と思われる。サケ・マス河口規制が設定されているが、これは毎年稚魚放流が行われているサクラマスを主眼に置いたもので、サケ釣りシーズンには規制は解除されており釣りの障害とはならない。

ポイント紹介 ………………………………

　A点の河口周辺は、海中に張り出す岩盤の上に砂や小砂利が堆積して浅くなっており、遡上目前のサケは一段深くなった辺りに群れるケースが多い。ただし、一帯が

川の流れ出しが変わる影響で右海岸が人気になることもある

A点の突符川河口の先に立ち込んでサケを狙う釣り人

　十分に水深があるとはいえず、日中には沖の深場へ遠ざかる傾向が強いため、釣りは定石通り早朝や夕方が中心になる。

　全般に水深が浅いので岸寄りしたサケは警戒心が高くなる印象が否めないが、シーズンがピークに達する頃になると、まれに日中でも河口付近に群れがひしめき合うこともある。そうなるとサケの群れを見ながらの釣りとなり、より興奮度の高い釣りが楽しめる。海がなぎだと警戒心が高まって食い渋る傾向があるが、少し波があるとヒット確率がグンと上がる。釣りは少し波のある方がいいのは他の釣り場と同じだ。

　河口の形が毎年若干変わるので一概にはいえないが、例年は河口左海岸から入釣し、ひざ下まで立ち込んで釣るのが一般的。そのためウキ釣りやウキルアーの場合はウエーダーが必須アイテムだ。河口付近の海底はゴロタ場が広がっているため根掛かりに注意が必要で、ウキ釣りの場合、ウキ下は長くても1mまでにとどめたい。

　早朝は手前の浅場を回遊していることがあるので、いきなり立ち込まず状況確認を怠らないこと。魚影が見えたら極端にウキ下を短くした状態で、群れを直撃せずに群れの端を通すイメージでリーリングする。河口付近に投げ釣りを楽しむ釣り人が見られるときはウキ、ウキルアーのキャストが難しくなるので、すぐ左側に流入する同町小茂内川河口付近へ移動する人もいる。

釣れたサケを身体にロープなどでつなげばいちいち海岸に戻らなくて済む

MEMO

釣り場にトイレはないが、約2km八雲町寄りに道の駅「ルート229元和台」がある。コンビニ、ガソリンスタンドは乙部市街。

江差追分漁港泊地区・江差追分漁港五勝手地区

道南 46

[江差町] えさしおいわけぎょこうとまりちく・えさしおいわけぎょこうごかってちく

- ●釣り方　　ウキルアー、ウキ
- ●釣り期　　9月下旬～10月中旬
- ●タックル　ルアーロッド9～11フィート、磯ザオ タモ必要、ウエーダー不要
- ●エサ　　　サンマ、ソウダガツオ、紅イカ
- ●河口規制　なし

状況に応じた釣り方で釣果アップ

　江差町には江差港(マリーナ・津花漁港含む)をはじめとする港湾、漁港が3カ所にあり、いずれも港内からサケが放流される。数は多くないがほぼ同時期に釣れ、距離が近いことから移動が楽なメリットがある。ただし、港内の釣りなのでウキルアー、ウキ釣りの両方を用意して出掛けること。

江差追分漁港五勝手地区東防波堤のB点は港内、外海側の両方が狙える

江差追分漁港泊地区

　国道227号の道の駅「江差」近くにある小さめの漁港。期待のポイントは、北防波堤基部の船揚げ場左横のA点と、西防波堤基部の船揚げ場前周辺を狙いやすいB、C点。間口の狭い漁港なので外海の影響を受けにくく、多少しけ気味の日でも釣りになるが、港内が穏やかな場合が多い上に水深が浅いせいか、サケの警戒心は高めだ。

　従って、ウキルアーのキャストを繰り返すと着水音でさらに警戒心が高まり、食い渋る傾向があるので、夜明け直後以外はウキ釣りで回遊経路を狙うのが賢明だ。ウキルアーのタナは1～1.2m、ウキ釣りは1.5m

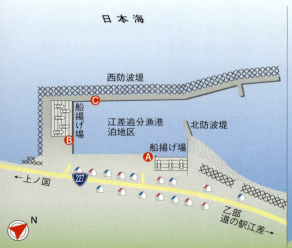

江差追分漁港泊地区の好ポイント、北防波堤基部の船揚げ場左横のA点

ほどだが、跳ねやもじりが見られないときはウキ釣りのタナを2m以上にする。

江差追分漁港五勝手地区

　国道228号を上ノ国町方向に向かい江差港から1km余り。小さめの漁港なので、ウキルアー釣りならどこに入釣してもほぼ港内全体が狙えるが、縦横無尽にキャストするとオマツリのもとになるので注意。

　好ポイントは、広範囲が探れる西防波堤基部の岸壁A点と東防波堤のB点。中でもB点付近は、港内はもちろん外海側に流入する五勝手川の沖も狙え、サケの群れが港内に見当たらないときにチャンスが広が

広範囲が探れる江差追分漁港五勝手地区のA点

る。全般的にウキ釣りがやや有利の傾向があり、活性が高い夜明け直後はウキルアー、食いが悪いようならすぐにウキ釣りに切り替えて2本立てで攻める。ウキルアーのタナは1〜1.2m、ウキ釣りは1.5mほど。

穴場ポイント

江差港マリーナの最も奥に位置する津花漁港は、回帰するサケの数は少ないが江差追分漁港の泊地区、五勝手地区に釣行する際はのぞいてみる価値あり。外防波堤にあたる津花防波堤外海側に群れが付く場合もあるので注意。

MEMO

泊地区は道の駅「江差」、五勝手地区と津花漁港は、かもめ島駐車場のトイレを利用する。ガソリンスタンドやコンビニは江差市街にある。

道南

47 知内海岸

[知内町] しりうちかいがん

- ●釣り方　投げ釣り、ルアー
- ●釣り期　9月下旬〜11月中旬
- ●タックル　投げザオ、ルアーロッド13フィート
　　　　　　重内川導流堤はタモ必要
- ●エサ　ソウダガツオ、紅イカなど
- ●河口規制　知内川（左海岸1000m、右海岸1000m）
　　　　　　9月1日〜12月10日）

投げ釣りは遠投、ルアーはシルバーが有効

　津軽海峡に面する木古内町から知内町までは、約15kmにわたって砂浜の海岸が続く。20年ほど前までは海岸一帯に投げザオが林立するサケの投げ釣りの人気釣り場だったが、最近は釣れる場所が限られるようになり、投げ釣りは以前のようなにぎわいは見られなくなった。

投げ釣り

　A点の右海岸は、北電知内火力発電所の前浜が主な釣り場。小砂利の砂浜にしては意外なほど水深があるが、同町知内漁港涌元地区付近から消波ブロックの離岸堤が点在するため釣り場が狭いのが難点。水深の割に波打ち際近くを回遊するサケは少なく、遠投が有利の傾向がある。

　知内川河口の左海岸は、サケ・マス河口規制区域の左側から重内川導流堤までの砂浜が釣り場だが、同海岸の1級ポイントとして知られ、混雑が激しく、釣り座を確保するのが難しい。従って、意外に釣れる割

B点は意外に入釣者が少ない

ウキは使わずにサケを狙う右側の重内川導流堤

に入釣者はそれほどでもない、B点に入るのがいいだろう。流入する小河川の左右が好ポイントで、やはり遠投が有利だ。

ルアー釣り

重内川河口には左右に導流堤があり、C点の右側導流堤先端付近が好ポイント。水深が深いためウキは使わず、ルアーとタコベイトの組み合わせのみでサケを狙うのが特徴で、銀ピカのサケが多いことで知られる。昔からシルバーのルアーにヒット率が高いといわれ、銀赤系、銀青系の定番ルアーはもちろんだが、シルバーのルアーを持参するのを忘れないこと。サケの回遊するタナが深いのでウキルアーはヒット率が極端に低く、左側の導流堤は、右側に比べると釣果がかなり落ちるので注意。

知内海岸のサケ専用投げ釣り仕掛け
- アキアジバリ(大)
- フロートは直径10mm 長さは5〜10cm
- スナップ付きサルカン
- タコベイト2号
- ミキ糸14号 1.5m以上
- ハリス 10,12号 1.2〜1.5m
- スナップ付きトリプルサルカン3号
- 三角オモリ30号

注意
同海岸の投げ釣りでは、スナップ付きトリプルサルカンを利用したサケ専用仕掛けを使う入釣者が目立つ。水深の深さと潮流の速さがその要因と考えられるが、市販品にはないものの思いのほかよく釣れる。オモリは三角30号。

MEMO
周辺にトイレはなくコンビニ、ガソリンスタンドは知内市街にある。釣行時には、道道小谷石渡島知内線の北電知内火力発電所近くにある「町営こもれび温泉」でゆっくりするのもいいだろう。

道南

大当別川河口海岸

48 [北斗市] だいとうべつがわかこうかいがん

- ●釣り方　ウキルアー、投げ釣り、ウキ
- ●釣り期　9月中旬〜10月中旬
- ●タックル　ルアーロッド13フィート、投げザオ　タモ、ウエーダー必要
- ●エサ　ソウダガツオ、紅イカなど
- ●河口規制　なし

A点は足場がよく初級者にもお薦め

人気釣り場の北斗市茂辺地川河口海岸に近いやや穴場的な釣り場だが、同河口海岸に比べると開幕が若干早めで9月中旬

船揚げ場から続くB点の消波ブロックは足元に注意。写真は満潮時。

には岸寄りが始まるため、早期には人気を集める。ポイントは、河口前付近と左海岸にある船揚げ場の周辺、右海岸の海中に張り出す岩盤上の3カ所に大別される。

河口周辺

A点の河口周辺は足場のいい砂浜で、初級者も安全にウキルアー釣りが楽しめる。河口前と右海岸が良く、水深が浅いせいか河口前に大群が寄ることはまれだが、タイミング次第では数釣りのチャンスもある。

左海岸の船揚げ場から見た大当別川河口海岸全景

それほど遠投しなくても釣果が得られ、早朝はタナが60cm前後のウキルアー釣り、日が昇ったらウキ釣りでのんびり当たりを待つのがいい。投げ釣りの入釣者は右海岸に少数みられる程度で、基本的にはウキルアー釣りメインの釣り場だ。

船揚げ場周辺

好ポイントは船揚げ場左端の突堤とその外海側から続くB点の消波ブロック上、外側の海中に広がるC点の岩盤。消波ブロック上はキャストや取り込みの際に足元に十分な注意が必要で、海中の岩盤は、波がない日の干潮に向かう潮回りのときがお薦めだ。全体的に水深は浅めだが、早朝に岩盤の近くで跳ねが見られるようなときには釣果の期待が大きい。B、C点ともウエーダーとタモが必要で、ウキルアーのタナは1m前後。

右海岸の岩盤

大当別川が流入するワンド右側の海中に張り出すD点の岩盤は、波などで浸食された溝や凹凸が多いベテラン向きのポイント。波のない日に海中に立ち込んで大当別川の沖を狙うが、左海岸に比べると水深があり、魚影が濃いことが多い。ただし、夜明け直後を狙うためには薄暗いうちから立ち込まなければならないので、キャップライトなどが必需品。もちろん海中でサケを取り込むことになるので、ウエーダーとタモは必携。ウキルアーのタナは1m前後。

> **MEMO**
> 国道228号の大当別橋付近から海岸に出られる。左海岸の船揚げ場へは、国道228号脇の当別駐在所付近から道なりに進むと出られるが、付近には民家が密集しているので夜間、早朝の入釣は騒音に十分注意。

大当別川河口海岸で釣れたサケ

茂辺地川左海岸

[北斗市] もへじがわひだりかいがん

- 釣り方　　ウキルアー
- 釣り期　　9月下旬〜11月中旬
- タックル　ルアーロッド13フィート
　　　　　　タモ、ウエーダー必要
- エサ　　　ソウダガツオ、紅イカなど
- 河口規制　茂辺地川(左海岸600m、右海岸700m
　　　　　　9月1日〜12月10日)

海中に立ち込んで釣るウキルアー釣り発祥の地

ウキルアー釣り発祥の地といわれる人気釣り場。左海岸はほぼ全域、海岸から30〜50m付近まで海中に岩盤が張り出しており、この岩盤の先に出て海中に立ち込んで釣る。また、近年は右海岸の魚影が極端に薄くなり、入釣者の姿がほとんど見られないので割愛する。

正面

左海岸のサケ・マス河口規制標柱は、国道228号が大きくカーブする付近のガードレールに取り付けられており、この標柱の左側に海岸に下りる鉄ばしごがある。通称「正面」のA点は、この鉄ばしごを使って海岸に下りた辺りから正面に見える函館山の中央付近まで。右側のワンド近くは比較的足場がよく、岩盤の切れ目やみぞが少ないが、ほかの場所より水深がある上に波が立ちやすいので注意。下り口から函館山の右

茂辺地川左海岸は全域立ち込みの釣り場

北斗市

Ⓐ 通称「正面」
Ⓑ 通称「ボンズ」
Ⓒ 通称「矢不来」
Ⓔ 通称「境界」

茂辺地川左海岸の通称「ボンズ」付近

端付近に向かって進むと、比較的安全に岩盤先端に出られる。この左側は、途中に岩盤の切れ目などがあるので慎重に進むこと。

ボンズ

下り口の鉄ばしごの左側には、海中にコンクリート製の構造物があり、この構造物を通称「ボンズ」と呼ぶ。海中の岩盤はボンズの右側付近からさらに沖まで続き、左側には水深のあるワンドを形成する。

B点は、溝や岩盤の切れ目が多く、水深が深いのでベテラン向き。また、ワンドの左先端付近のC点にも入釣可能だが、溝が左斜め向きで入釣ルートを左向きに取らなければならないので注意。ボンズからさらに500mほど北斗市街寄りにある国道の駐車帯下付近のD点も好ポイントだが、護岸の高さが5m以上あり縄ばしごなどを持参しなければ下りられないので注意。

境界

通称「正面」の右側で、海中の岩盤はいったん切れて小さなワンドを形成する。このワンドの右端から河口規制標柱までがE点の通称「境界」。茂辺地川に近い分、安定的に釣果が上がるが、岩盤先端付近は溝やゴロゴロした岩が多く全域足場が悪い。慣れるまでは、釣り場を熟知するベテランに同行すること。ウキ下は80cm〜1mで遠投有利。ワンド右端付近が好ポイント。

国道のガードレール脇にある左海岸のサケ・マス河口規制境界標柱

> **MEMO**
> 国道は駐車禁止で、付近には駐車場所が少ないので注意。ガソリンスタンドは北斗、茂辺地市街、コンビニは北斗市街にあるが、付近にトイレはない。

志海苔漁港銭亀地区・新湊海岸

[函館市] しのりぎょこうぜにがめちく・しんみなとかいがん

- ●釣り方　ウキルアー、ウキ
- ●釣り期　9月下旬〜10月下旬
- ●タックル　ルアーロッド13フィート
  　　　　　タモ、ウエーダー必要
- ●エサ　ソウダガツオなど
- ●河口規制　汐泊川(左海岸500m、右海岸500m
  　　　　　5月1日〜6月30日　9月1日〜12月10日)

離岸堤は意外に足場がよく遠投が有利

函館市汐泊川右海岸にあたるが、地元釣り師は、志海苔漁港銭亀地区内以外は新湊海岸と呼ぶ。釣り場は、同地区西護岸外海側と右側の海岸にある消波ブロックの離岸堤上。サケ・マス河口規制は同漁港東防波堤の港内側までで、F点の港内もサケが狙えるが、東防波堤上からのサケ釣りは禁止。

志海苔漁港銭亀地区西護岸

西護岸外海側の消波ブロックは、丸い形状で比較的新しいため滑りやすい。早めに入釣して足場のいい釣り座を確認すること。また、柄が4m以上の長めのタモを持参

離岸堤は志海苔漁港銭亀地区西護岸から2カ所目までが好ポイント

志海苔漁港銭亀地区西護岸外海側は足場が悪いので注意

すると取り込みが楽だ。

　周辺を回遊するサケは海岸と平行に移動し、西護岸に突き当たると護岸沿いに沖に進む。従って、サケが護岸に突き当たるA～B点付近が好ポイントで、なぎのときは中間付近、しけ気味のときはいくらか先端寄りがよく、足元まで気を抜かないこと。汐泊川左海岸が開幕してから7～10日ほどで群れが回ることが多く、ウキルアーのタナは1～1.2m。早朝はウキルアーで攻撃的に攻め、日が昇ったらウキを浮かべてのんびり当たりを待つ。車は漁業作業の邪魔にならない場所を選んで駐車すること。

離岸堤のウキ釣りでヒットした4kg級の雄ザケ

離岸堤

　志海苔漁港銭亀地区西護岸から函館市内側を見ると、海岸と平行に並ぶ消波ブロックの離岸堤が見える。この消波ブロック上が釣り場で、漁港側から数えて2カ所目までが好ポイント。特に、1カ所目の右端付近のC点と2カ所目の左端のD点から中間付近のE点までが好ポイント。足場は意外によく釣りやすい。

　1カ所目の離岸堤は、左側が海岸に続いており、波がなければウエーダーなしでも入釣可能。ただし、2カ所目の離岸堤は、海岸から4、5mほどしか離れていない割に水深が深いので注意。波があるときは危険なので入釣しないこと。ウキルアーのタナは1mほどで、遠投が有利だ。

　3カ所目の離岸堤は、海岸との間の水深が深く、大潮の干潮時以外は渡れない。サケの群れがたまることは少ないが、この前に跳ねがあるときは、2カ所目の離岸堤右端から攻略するといい。

MEMO
国道278号の汐泊川橋を渡ると車で1、2分の所に釣具店とコンビニがある。ガソリンスタンドは汐泊川橋のすぐそばにある。周辺に公衆トイレはなく、コンビニなどを利用する。

古川海岸・石崎（銭亀沢）漁港

[函館市] ふるかわかいがん・いしざきぜにがめざわぎょこう

- ●釣り方　ウキルアー、ウキ
- ●釣り期　9月下旬〜10月下旬
- ●タックル　ルアーロッド13フィート
　　　　　　タモ、ウエーダー必要
- ●エサ　ソウダガツオ、紅イカなど
- ●河口規制　汐泊川（左海岸500m、右海岸500m）
　　　　　　5月1日〜6月30日　9月1日〜12月10日

A点の離岸堤右側は水深が深く期待のポイント

釣り場は、下古川町バス停がある船揚げ場前の消波ブロックの離岸堤周辺と石崎（銭亀沢）漁港。河口から1.5kmほど離れた函館市汐泊川の左海岸にあたるが、地元の釣り人は、釣り場をピンポイントで指定するために「下古川町バス停前」「松田水産裏」「石崎漁港」など細分化して通称で呼ぶ。

下古川町バス停前

船揚げ場からA点の離岸堤までは3、4mの距離だが、波で海底がえぐられ意外に深さがある。船揚げ場から伸びる消波ブロック伝いに進むと渡りやすいが、右端付近は深さがあるので、いったん離岸堤に上がってから右側に移動する。

船道にあたる離岸堤右端付近は、水深が十分でサケが近くを回遊する期待のポイント。12時から1時方向に跳ねがあるときは、ほぼ確実に釣果が得られる。ウキルアーのタナは1m前後でルアーは銀赤系。海底には岩盤が張り出しており、遠投が有利。足場が悪いので柄の長いタモが扱いやすい。

遠投が有利なB点の松田水産裏の離岸堤

水深が十分で期待度が高いA点の下古川町バス停前の離岸堤

松田水産裏

　下古川町バス停前右隣のB点の離岸堤は、国道脇の松田水産の裏手にあたることから通称「松田水産裏」と呼ばれ、下古川町バス停前と区別される。砂浜の海岸とは4、5mほどしか離れていないが、腰の深さ程度まで水深があるので注意。右側が浅く、左に寄るほど水深が深い。

　好ポイントは、水深のある左端付近と離岸堤全体の中間付近のやや左側。海底に岩盤が張り出しているため、遠投が圧倒的に有利。足場が悪く、タモは長めの物が扱いやすい。ウキルアーのタナは1m前後。

石崎(銭亀沢)漁港

　南防波堤外海側が釣り場で、消波ブロック上からの釣りとなるので足元に十分注意すること。釣り場は広いが好ポイントは少なく、角付近のC点と曲がり角付近のD点がお薦め。いずれも海面から高さがあるため、タモは柄が長めの物を持参すること。

　同漁港の意外な穴場が、西防波堤先端付近の外海側のE点。安定感は南防波堤に劣るが、A、B点が好調なときは群れが岸近くを回遊しており、E点もチャンスが広がる。ウキルアーのタナは1～1.2m。

石崎(銭亀沢)漁港南防波堤のD点付近

> **MEMO**
> 下古川町バス停前は船揚げ場に数台駐車可能だが、漁業者に了解を得ること。ガソリンスタンド、コンビニ、釣具店は古川町市街にある。周辺の沖合では、一帯でウキルアーによる船釣りも行われる。

道南

オツケの浜

[函館市] おつけのはま

- ●釣り方　ウキルアー、ウキ、投げ釣り
- ●釣り期　9月中旬～10月下旬
- ●タックル　ルアーロッド13フィート、投げザオ　タモ、ウエーダー必要
- ●エサ　ソウダガツオ、サンマ、紅イカなど
- ●河口規制　なし

銀ピカ多く日が昇ってからもチャンスあり

戸井市街地前に広がる砂浜で、中間付近に熊別川が流入するが、周辺を回遊するサケは同川には遡上しない。釣り人が通称で「オツケ」と呼ぶのは、ほとんどの場合、砂浜左端の消波ブロックの離岸堤付近を指す。足場が悪くキャストや取り込み時は不安定だが、銀ピカのサケが多いのが特徴だ。

離岸堤と砂浜

A点の離岸堤付近には、河川が流入するわけではないがなぜかサケの群れが集まる。期待のポイントは駐車スペース脇の船揚げ場から続く消波ブロックと、海岸と平行に高く積まれた消波ブロックが交わる角付近。朝一番は当然だが、一段落ついた時間帯に跳ねを見せることも多く、油断できない。以前はウキルアー釣り一辺倒だったが、最近は早朝、活発に回遊するサケをウキルアーで狙い、日が昇って食いが悪くなるとウキを浮かべて当たりを待つ入釣

9月下旬から10月上旬に好釣果が上がるB点の砂浜

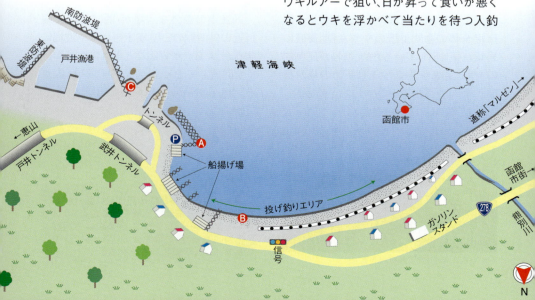

オツケの浜左端のA点の離岸堤は右角付近が好ポイント

者が多い。ウキルアーのタナは1〜1.2mで、ウキ釣りのタナは1.5mほど。

　B点の砂浜は、群れが濃い年以外は大きな期待ができないが、例年9月下旬から10月上旬に好釣果が上がる。武井トンネル入り口近くの国道脇の大きな船揚げ場から右側に50〜100m付近が好ポイントで、仕掛けは銀フロート1本バリで、ハリス、タナとも25〜30cm。オモリは三角30号。

　オツケの浜の右端付近にあたる旧マルゼンストア裏の平盤は、通称「マルゼン」と呼ばれ、小河川が流入するサケの回遊ルート。跳ねがあるときは、ウキルアー釣りで好釣果が得られる。

注目ポイント

オツケの浜はA点の離岸堤までで、さらに左側には岩場が続く。この付近にサケの付き場があり、好ポイントは、戸井漁港南防波堤基部と岩場が作り出す小さめのワンドであるC点。沖には定置網があり、サケがワンドに入ると好釣果が期待でき意外に爆発力がある。

ただし、毎年必ず釣れるポイントではなくA、B点でサケが釣れ始めたら、跳ねがあるかどうか常に注意すること。大潮のときに群れが入りやすい傾向がある。

注目ポイントの戸井漁港南防波堤基部付近

MEMO
戸井市街の国道278号沿いにガソリンスタンドがあるが、周辺にトイレ、コンビニはない。最寄りのコンビニは5km余り恵山寄りの函館市女那川町。

道南

原木川河口海岸

53 [函館市] はらきがわかこうかいがん

- ●釣り方　　ウキルアー
- ●釣り期　　9月初旬〜10月下旬
- ●タックル　ルアーロッド13フィート
　　　　　　タモ、ウエーダー必要
- ●エサ　　　ソウダガツオ、紅イカなど
- ●河口規制　原木川(左海岸500m、右海岸500m
　　　　　　5月1日〜6月30日)

好ポイント点在で幅広い層が楽しめる

　函館市街から恵山方面に向かう国道278号沿いにはサケの好釣り場が点在するが、中でも早場として知られるのが原木川河口海岸。船揚げ場や岩場、消波ブロック上など釣り場が変化に富み、初級者からベテランまで幅広い層が楽しめる。

船揚げ場 ……………………………………

　原木川河口のすぐ左側にあるA点の船揚げ場は、ウエーダーなしでも釣りが可能。ただし、への字形状の船揚げ場の頂点付近から岸側2、3m間は、20mほど沖に隠れ根があり根掛かりするので要注意。ウキ下は80cm〜1m程度で、取り込みは船揚げ場の傾斜が急なためタモを使うのが無難だ。

　船揚げ場左側の防波堤は、細長く積まれた消波ブロックにつながっており、先端部のB点が好ポイント。釣り場が狭く3、4人が限度で入釣のチャンスは少ないが、沖から河口に向かうサケの群れの通り道にあたり、安定的な釣果が得られる。遠投が有利で、ウキ下は1〜1.2m。

C点の岩盤は原木川河口海岸の1級ポイント

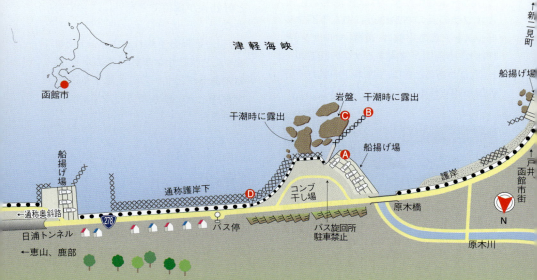

原木川河口の船揚げ場A点と外側の消波ブロックのB点

岩盤

離岸堤外側には干潮時に露出する比較的、足場のいいC点の岩盤があり、同河口海岸の1級ポイントとして知られる。船揚げ場との間は岩場が切れており、ウエーダー着用で渡らなければならない。早朝の釣り場はかなり混み合うが、銀ピカのサケが多く、先端付近の沖合に跳ねが見られるときは日中でもヒットが期待できる。早朝は驚くほど近くでもヒットするが、日が昇ると遠投が有利。ウキ下は1～1.2m。

護岸下と奥斜路

原木川河口から250mほど恵山寄りの護岸下に積まれたD点の消波ブロック上が釣り場。ワンドの中央から右側の釣果が安定しており、ウキ下は1～1.2m。足元が悪いので、キャストや取り込みに注意。

ここから日浦トンネルの裏側の道を250mほど進むと船揚げ場があり、左側の防波堤や右側の海岸が好ポイント。南東風が強い日、雨降りの翌日などに釣果が上がる傾向があり通称「奥斜路」と呼ばれる。

また、原木川右海岸の船揚げ場周辺や新二見町付近も跳ねがあれば期待できる。

護岸下は消波ブロック上からの釣りなので足元に注意

> **MEMO**
> 周辺には駐車場所が少なく、コンブ干し場などへの無断駐車は厳禁。原木市街にキャンプ場「函館市戸井ウォーターパーク」、温泉施設「ふれあい湯遊館」がある。

道南

日浦海岸

54 [函館市] ひうらかいがん

- ●釣り方　　ウキルアー
- ●釣り期　　9月下旬～10月下旬
- ●タックル　ルアーロッド13フィート
  　　　　　　タモ、ウエーダー必要
- ●エサ　　　ソウダガツオ、紅イカなど
- ●河口規制　なし

低気圧接近や南寄りの風に注意

　日浦市街を流れる日浦川は、国道278号を走行中には見逃してしまいそうなほどの小河川だが、日浦岬とサンタロナカセ岬が作り出すワンドに流入し、サケの立ち寄る場所として知られる。周辺を回遊するサケは日浦川に遡上（そじょう）するわけではなく数はそれほど多くないが、銀ピカが釣れることから意外に人気が高い。

日浦川河口付近

　好ポイントは、A点の日浦川河口左側に張り出す岩盤。満潮時は海中に没するため干潮時の釣り場だが、先端の右角付近のヒット率が最も高い。ルアーは早朝は45gがメインで、跳ねが遠いときには50gで飛距離が出るタイプを使う。銀赤系が定番だが、昔からシルバーがいいといわれる釣り場なので必ず持参すること。特に日中、跳ねがあるのに当たりがないときは、シルバーのルアーに黒のタコベイトの組み合わせが有効といわれる。釣り場へは、日浦川橋の下を通って入釣する。

　日浦川右海岸の砂浜は、投げ釣りのポイント。入釣者が少なく、のんびりしたサケ釣りが楽しめる。

船揚げ場の防波堤先端のB点は足元に十分注意

函館市

日浦川河口付近のA点の岩場は干潮時に露出する

船揚げ場〜岩盤

　混み合う釣り場が苦手な人は、道道函館恵山線の入り口近くに向き合う形で二つある左側の船揚げ場B点がお薦め。防波堤先端部が好ポイントだが、消波ブロック上からの釣りとなるので足元には十分注意。

　B点の船揚げ場左側には、干潮時に露出するC点の岩盤が広がる。日中はこの付近の沖に跳ねが見られることが多く、遠投で攻めれば釣果が期待できる。

干潮時に露出するC点の岩盤から遠投でサケを狙う

日浦岬

　日浦海岸と原木川河口海岸を隔てるように突き出す穴場的ポイントの日浦岬は、原木川河口海岸が好調の年には沖合を回遊するサケが多く、期待度が高い。入釣は日浦漁港から日浦岬へ続く遊歩道を利用する。

注意
日浦海岸は、周辺で最も太平洋からのうねりが入りやすい地域。従って、低気圧が発達しながら接近中のとき、南寄りの風が強いときは注意すること。特に、河口左側の岩盤や船揚げ場左側の岩盤は要注意。

MEMO
周辺にトイレはなく、最寄りのコンビニ、ガソリンスタンドはサンタロトンネルを抜けた同市女那川町にある。

女那川海岸

[函館市] めながわかいがん

- ●釣り方　ウキルアー、投げ釣り
- ●釣り期　9月中旬〜11月初旬
- ●タックル　ルアーロッド13フィート、投げザオ
  左海岸はタモ、ウエーダー必要
- ●エサ　ソウダガツオ、サンマなど
- ●河口規制　尻岸内川(左海岸500m、右海岸500m)
  5月1日〜6月30日　9月1日〜12月10日

左海岸はウキルアー、右海岸は投げ釣りで

　女那川は地名で付近を流れるのは尻岸内川。同川は女那川漁港西防波堤に沿って津軽海峡に流入するため、漁港はサケ・マス河口規制区域内。左海岸は地名から通称「女那川」と呼ばれるが、釣り人は、右海岸の中浜地区も「女那川」と呼ぶため、本書では両海岸とも女那川海岸とした。

左海岸　ウキルアー釣り

　女那川漁港を過ぎて恵山方面に進むと、国道278号が大きく左にカーブする付近に漁業施設に向かう道がある。釣り場はこの漁業施設の右側に張り出すA点の岩盤。国道脇の護岸近くに左海岸のサケ・マス河口規制標柱がある。

　足元から水深が十分で早朝は磯際でもヒットするが、おおむね遠投有利の釣り場。ルアーは45〜50gが主流で色は銀赤主体に銀青、銀などだが、色による釣果の差が出やすい釣り場なのでいろいろ試してみること。タナは1〜1.2mで、釣り場が狭く混み合うのでオマツリに注意。例年10月10日ごろが爆釣デーの目安。

早朝、A点でヒットした銀ピカに笑顔が浮かぶ

釣り場が狭く混み合うのでオマツリに注意が必要なA点

　岩盤は海面からの高さが低く、太平洋からのうねりが入りやすい海域。満潮時や南寄りの風が吹いているときは、波の状態を見極めてから入釣すること。漁業施設入り口付近に数台駐車可能だが、周辺には駐車スペースが極端に少ないので注意。隣接する漁業施設は立ち入り禁止。

右海岸　投げ釣り

　中浜(旧尻岸内)市街を通る道道函館恵山線を戸井方向に進むと、道道脇に恵山西駐在所があり、近くの道路から海岸に出られる。場所によっては海岸まで車の乗り入れが可能だが、波打ち際に向かって砂地の下り坂となっているので、本格的な4輪駆動車以外は乗り入れない方が無難だ。

　一帯は遠浅の砂浜で70〜80m付近でいったん浅くなり、その先から徐々に水深が増す。従って、海岸寄りに見られる深みの50〜70m付近と、沖のかけ上がりにあたる90m以上が好ポイント。仕掛けはサケ専用フロートタイプ1本バリで、フロート色は銀主体に赤。タナ、ハリスとも35〜40cm。周辺には根がなく海底に変化が見られないことから、尻岸内川右海岸のサケ・マス河口規制標柱に近いほど期待できる。

左海岸のウキルアー釣りで釣れたサケ

> **MEMO**
> トイレは3kmほど恵山寄りの道の駅「なとわ・えさん」を利用する。コンビニ、ガソリンスタンドは女那川町市街にある。

道南

恵山海岸

56 [函館市] えさんかいがん

- 釣り方　ウキルアー
- 釣り期　9月下旬～10月下旬
- タックル　ルアーロッド13フィート
　　　　　タモ、ウエーダー必要
- エサ　ソウダガツオ
- 河口規制　なし

銀ピカ多いがうねりや気象情報に注意

　釣り場は旧日鉄桟橋跡、旧寄貝歌前、国道脇のドライブイン名から通称「あん太郎下」と呼ばれる岩場などが形成するワンド。水深が十分で付近に流入する河川がないことから比較的、銀ピカが多いのが特徴。周辺は、太平洋からのうねりが入りやすい地形なので気象情報に注意。

旧日鉄桟橋跡

　駐車は、旧寄貝歌近くから携帯電話の基地局がある高台に続く道路脇などを利用する。ただし、道幅が狭いので邪魔にならないように配慮すること。高台から岩場に下りる急な道があるが、危険なので旧寄貝歌付近から入釣するのが無難だ。

　岩場の規模は大きいが好ポイントは意外に狭く、岩場左端のA点から海中にある桟橋跡のコンクリートの構造ブロック付近のB点まで。釣り場は海面から2、3mの高さがあり、足場はそれほどよくない。水深は深いがウキルアーのタナは1～1.2m。

入釣に注意が必要なあん太郎下の通称「ステージ」

岩場の左寄りが好ポイントの旧日鉄桟橋跡。手前は旧寄貝歌前右側の平盤

旧寄貝歌前

　釣り場は集落前に広がる大きめの平盤だが、海面から高さがないため波やうねりがあると入釣できない。また、満潮時は釣り場が極端に狭まるのが難点。平均的に旧日鉄桟橋側のC点の釣果が安定しており、足場がいいので釣りやすい。

あん太郎下

　入釣は、旧ドライブインあん太郎の向かい側にある国道脇の駐車場の売店裏から。粘土地で滑りやすい険しい急斜面を下りなければならないので、雨後は十分注意。
　釣り場は海面から高さのない岩盤で満潮、波、うねりに注意すること。早朝はもちろんだが、売店裏の高台から海を見下ろし、跳ねがあれば日中でも期待十分。特に、D点の通称「ステージ」と呼ばれる右端の平盤左先端付近に跳ねがあるときは期待大。

注目ポイント

あん太郎下の左側には、日ノ浜海岸近くの通称「三角岩」まで小ワンドを形成する岩場が続く。時には岩場先端付近やワンドで頻繁に跳ねが見られることがあるので油断しないこと。

MEMO

トイレは、国道278号沿いの道の駅「なとわ・えさん」を利用する。コンビニは道の駅周辺や女那川町にあり、周辺にはガソリンスタンドもある。

足場がよく釣りやすい旧寄貝歌前の平盤

道南

大舟川河口海岸

57 [函館市] おおふながわかこうかいがん

- ●釣り方　ウキルアー
- ●釣り期　9月上旬～11月上旬
- ●タックル　ルアーロッド13フィート
  　　　　　タモ、ウエーダー必要
- ●エサ　ソウダガツオ、紅イカなど
- ●河口規制　大舟川(左海岸250m、右海岸250m
  　　　　　9月1日～12月10日)

魚影濃い左海岸は初級者も楽しめる

左海岸はゴロタ場、右海岸は岩場とゴロタ場で、周辺では最も魚影が濃い好釣り場。特に、大舟川の川筋にあたる左海岸はサケがたまりやすい傾向があり、初級者にも十分楽しめ、ヒットしたサケは海岸に引き上げるためタモがなくても取り込み可能。

左海岸……………………………………

旧大船小学校前付近の国道脇の護岸下が釣り場。海中に大小の離れ岩があり、サケ・マス河口規制区域は右側の小さな岩が目安。

好ポイントは、大きな離れ岩の左側から海岸にある岩の前付近までのA点。干潮時は大きめのゴロタ石が露出して足元が悪いが、盛期には高確率でサケを手にすることができる。ただし、取り込みのときは石のすき間にサケが挟まりやすく、無理な引き上げはロッド破損につながるので注意。

B点は、釣り場全体の中間付近よりやや左側。A点に比べるとヒットポイントが遠

北西風でチャンスが広がるC点の岩場

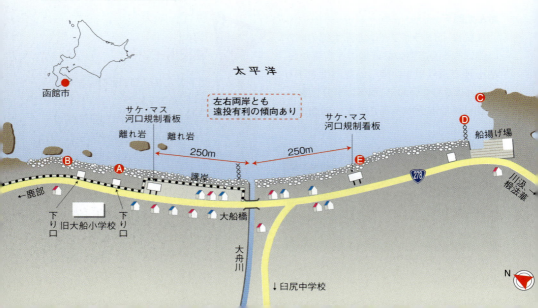

左海岸の好ポイントのA点付近

く、圧倒的に遠投が有利だ。ルアーは銀赤系主体に銀青などで、さらに左側にある縦長の離れ岩付近までが釣り場。

右海岸

　C点の国道に隣接する船揚げ場外側の岩場は、先端から中間付近までの左側がポイント。基本的には遠投有利だが、日によってはサケが岩場近くを回遊することもあり、ヒットポイントまでの距離に注意を払うこと。北西風が向かい風となるが、強めの北西風が吹くと大舟川の川水を大量に含んだ海水が流れ込むのでサケが回遊する傾向があり、チャンスが広がる。

　船揚げ場左側から突き出す消波ブロック先端のD点は、C点の入釣者が海岸と平行にキャストするので、斜め左側にキャストしてオマツリを避けること。

穴場ポイント

　右海岸のサケ・マス河口規制看板前のE点が穴場。ゴロタ石に大きめの岩が点在して足場が悪いが、時には大きな群れが回遊して跳ねを繰り返す。ただし、水深が浅く遠投が求められるので、できるだけ飛距離の出るルアーを使用すること。ウキルアーのタナは1mほどで、根掛かりに注意。

E点のゴロタ場からの遠投でヒットしたサケ

MEMO

トイレは大舟漁港大船地区にある。ガソリンスタンドやコンビニは臼尻市街地にある。大舟川上流には日帰り温泉施設の南かやべ保養センターがあるので、疲れた体を休めるには最適。

道南

磯谷川河口海岸

[函館市] いそやがわかこうかいがん

- ●釣り方　ウキルアー、ウキ
- ●釣り期　9月下旬～10月中旬
- ●タックル　ルアーロッド13フィート
  ウエーダー必要
- ●エサ　ソウダガツオなど
- ●河口規制　なし

期待のポイントは左海岸の河口近く

　サケの好釣り場として知られる函館市大舟川河口海岸と鹿部町常路川河口海岸のほぼ中間地点に位置するせいか、見逃しがちな釣り場。上流にあるダムで取水するため川の水量は少なく回帰するサケの数も少なめだが、入釣者の数も多くないため、タイミング次第では数釣りも可能だ。

左海岸…………………………………………
　磯谷川河口海岸は、海に流入した川水が流れる方向（川筋）が左向きであることから、主にA点の左海岸に好ポイントが形成される。魚影が濃いわけではないので河口に近いほど期待度が高く、入釣者のほとんどは左海岸に並ぶが、河口から30～40m以上離れると極端にヒット率が落ちるので注意すること。
　よく跳ねが見られるのは、河口正面沖のやや左側40～50m付近だが、ヒットポイントは意外に海岸近くの20～40m付近。沖の跳ねに気を取られて遠投を繰り返す

右海岸はできるだけ河口寄りのB点に入釣すること

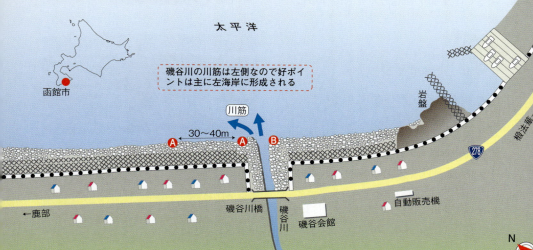

早朝に釣果が集中する磯谷川河口海岸のA点付近

と、効率が悪いのでできるだけ無視すること。ただし、河口前に遡上(そじょう)準備が整ったサケが群れ、次の新しい群れが沖を回遊している時は別問題。跳ねに向かって遠投する入釣者に銀ピカのサケがヒットした場合は、その状態の可能性が高いので、周囲の釣れ方には常に気を配ること。

　一帯は大きめのゴロタ石の海岸でそれほど足場はよくないが、ヒットしたサケは海岸に引きずり上げることが可能なので、タモは持参しなくても釣りが可能だ。ただし、無理な取り込みはロッドの破損につながるので要注意。

右海岸……………………………………

　左海岸が混み合っているとき以外はお薦めできないが、河口からかなり離れた左海岸に入釣するよりは、右海岸の河口ぎりぎりでサオを出す方が期待できる。ヒット後のサケは、本群れがいる左海岸方向に走ろうとすることが多いので、河口前の入釣者とのおまつりに注意すること。

　両海岸とも水深が浅くウキルアーのタナは80cm〜1mで、早朝に釣果が集中する傾向がある。両海岸とも、入釣者が極端に少ないときや日中はウキ釣りも可能だ。

ゴロタ石の海岸なので取り込みはロッド破損に注意

MEMO
駐車場は国道脇の山側の空きスペースを利用する。河口付近には民家があるので、夜間や早朝は車のドアの開け閉め、カーラジオなどの騒音に注意。周辺にトイレはない。コンビニは臼尻市街地または鹿部市街にある。

常路川河口海岸

[鹿部町] ところがわかこうかいがん

- ●釣り方　ウキルアー、ウキ、投げ釣り
- ●釣り期　9月上旬～10月下旬
- ●タックル　ルアーロッド13フィート、投げザオ
  ウエーダー必要
- ●エサ　ソウダガツオ、紅イカなど
- ●河口規制　なし

早場として知られ左海岸が好釣り場

　常路川は鹿部町大岩地区に流入するため、同川河口海岸を地区名で"大岩"と呼ぶ人も多いので注意すること。左海岸は大きめのゴロタ石が多いため足場が悪く、タモを使わない場合は、取り込みの際にサケが石の間に挟まり、ロッドの破損につながることも考えられるので要注意。

ウキルアー釣り

　同河口海岸のサケは、沖に設置された消波ブロックの離岸堤と海岸の間を回遊する。常路川の川筋が正面から左寄りのせいか魚影はA点の左海岸が濃く、釣果の安定度は圧倒的に左海岸。比較的、足場のいいC点の右海岸は、群れが右海岸に移動して跳ねが見られるようなとき以外は、河口近くに入ってもそれほど多くは望めない。

　同河口海岸は早場として知られるが、早期から婚姻色が強めの個体が多いのが特徴。従って、産卵期が近づくと反応が強く

常路川の流れ出しではウキ釣りも行われる

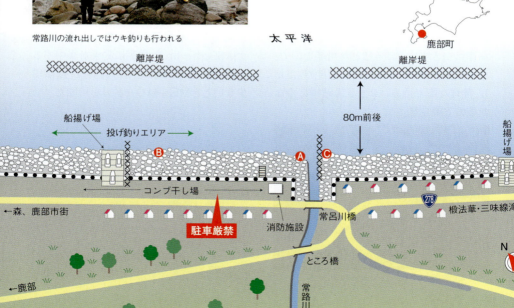

釣果が安定しているA点の常路川河口左海岸

なるといわれる赤系のルアー中心に選択する入釣者が多いが、実際には色による釣果の差はあまり見られない。ウキルアーのタナは1m前後。河口の流れ出し付近ではウキ釣りも行われ、タナは60〜80cm程度。

投げ釣り

左海岸は50mほどがウキルアーの釣り場で、その左側のB点が投げ釣りのポイント。2、3人程度と釣り場が狭いのが難点で、波があるときは濁りやすくあまり釣れないが、なぎのときに好釣果が得られる。仕掛けは1本バリ銀フロートで、水深が浅いためタナ、ハリスはともに30cmほど。

 注目ポイント

常路川の700mほど椴法華寄りの国道脇に三味線滝があり、釣り場はさらに300mほど椴法華寄りの大岩覆道付近。通称「三味線滝」「三味線」などと呼ばれ、干潮時に、大岩覆道前に露出する岩の付近の海中に立ち込んで釣りをする。サオやリール、ウエーダー、タモ、ベスト、たたき棒など、サケ釣りに必要な道具一切を身に付けて入釣しなければならないベテラン向きの釣り場で、跳ねが見られるときなど、タイミング次第では好釣果が得られる。

注目ポイントの通称三味線滝は大岩覆道前が釣り場

MEMO

周辺には駐車場所が少ない。迷惑駐車には注意。周辺にトイレはなく、コンビニ、ガソリンスタンドは鹿部市街にある。

国縫川河口海岸

[長万部町] くんぬいがわかこうかいがん

- ●釣り方　ウキルアー、投げ釣り
- ●釣り期　9月下旬～12月下旬
- ●タックル　ルアーロッド10フィート程度、投げザオ
  タモ必要、ウエーダーは場所によって必要
- ●エサ　ソウダガツオ、サンマ
- ●河口規制　なし

釣りやすい右導流堤のB点が好ポイント

　国縫川の流れ出し左右には導流堤があり、海岸は遠浅の砂浜。同じ長万部町内の長万部川河口海岸と似た部分が多いが、やや魚影が劣る分、入釣者も少なめ。釣れるサケに婚姻色の強い個体が多いのは、遅場の長万部周辺の特徴だが、一方で良型が目立ち、ときには90cm級の大型もヒットする。

国縫川導流堤

　海面からさほど高さがなく、タモの柄の長さは3mほどで十分だが、その分、しけの日は足元に波が乗るので注意が必要だ。狙うポイントはおおまかにA点周辺だが、ここを狙うには、先端周辺を囲むように消波ブロックがある左導流堤より右導流堤の方がキャストしやすい。そのため、右導流堤はB点を中心に入釣者が多く、投げ釣りは不向きでウキルアーの釣り場。

　ただし、足元に若干の消波ブロックが

国縫川右海岸の砂浜は遠投による遠浅の攻略が鍵

足元にいくらか消波ブロックがあるが釣りやすい右導流堤

入っており、取り込みの際は消波ブロックの先でタモ入れをする。左導流堤は多くの消波ブロックが入って釣りにくく、取り込みにも苦労するわりに魚影が薄いのでお薦めできるポイントではない。

砂浜……………………………………

　国縫川河口周辺は、左海岸よりも右海岸の方が魚影は濃い。ここでは、その右海岸の砂浜のC点に限って説明するが、一言でいうとかなりの遠浅。この遠浅の海を攻略するためには、キャストは最低でも50m以上必要だ。従って、海岸から投げてもポイントまで届かない場合は、ウエーダーを着用して海に入って投げる。

　また、仕掛けにも一工夫する必要があり、ハリスをオモリ近くから出して浅場仕様とする。仕掛けの上端からハリスまでよりも、下端からハリスまでの方が長い市販の1本バリ仕掛けは、逆さまにして使うとちょうどいい。

　エサ取りのフグやウグイは導流堤周辺にもいるものの、仕掛けを投げっぱなしにする砂浜の投げ釣りでは、特にこれらのエサ取りが気になる。エサのチェックはまめに行うこと。

右導流堤と右海岸へは国道5号からこの道へ入る

MEMO
国縫漁港に至る道路脇にトイレがある。ガソリンスタンドまでは車で5分以内、コンビニや釣具店は長万部市街にある。

道南

長万部川河口海岸

61 [長万部町] おしゃまんべがわかこうかいがん

- ●釣り方　ウキルアー、ウキ、投げ釣り
- ●釣り期　8月下旬～12月上旬
- ●タックル　ルアーロッド10～12フィート、磯ザオ、投げザオ 導流堤はタモ必要
- ●エサ　ソウダガツオ、サンマ、紅イカ、キビナゴ
- ●河口規制　なし

本格化は10月下旬の超遅場で大型に期待

　河口周辺に砂がたまってからサケの寄りが悪くなり、数が年々上がらなくなったが現在も人気は高い。8月下旬にはサケ情報が寄せられるが、本格化はかなり遅く、道内有数の遅場といえる。11月中旬～12月上旬には85cmを超える大型も狙え、多くのサケ釣りファンを魅了してやまない。

左導流堤の投げ釣りでサケを狙ってサオ先を眺める釣り人

導流堤

　1番人気の右導流堤のA点は、先端部から内側、沖側、1時方向へ投げる。ウキルアー釣り主体でウキ釣りはごく少数派だが、朝、日中はウキルアー、夕方以降はウキ釣りで狙う人が多い。ルアーは40～50gでタコベイトはピンク、赤、エサは塩ニンニクで締めた物が人気だ。タナは50cm～3mとまちまちで、潮位や波の高さによってタナを変える。ウキ釣りで狙うときは生のキビナゴを使うとヒット率が高い。

　B点の左導流堤付近は遠浅。ウキルアー釣りで狙えるが数は期待できないため、投げ釣りが主流だ。仕掛けは1本フロートの

右導流堤のA点付近がウキルアー釣りの好ポイント

銀、赤、青で、飛距離が出るほど釣果アップにつながるので、できるだけ遠投すること。エサはサンマやソウダガツオを塩ニンニク、塩エビ粉で締めたものが定番だ。長万部川河口海岸には8月下旬に第1陣のサケが来るが、本格的になるのは10月下旬以降。

左海岸

左導流堤から長万部漁港間の広範囲で釣れるが、全域砂浜の海岸で、左導流堤近くと長万部漁港寄りは遠浅でサケの寄りが悪い。好ポイントは水深がある中間部のC点周辺だ。最近はサケ釣りとシーズンが重なるマツカワが好調で、サケが不発に終わってもマツカワが数匹ヒットすることがある。

投げ釣りのポイントで仕掛け、エサは左導流堤と同じ。よく釣れるのは早朝から3時間ほどで、11月から12月の気温が低い日には、午前10時ごろに立て続けに釣れることもある。全体的に水深が浅いので、干潮時よりは満潮時がチャンス。30〜50mほど投げれば十分で、それ以上の遠投はかえって逆効果で数が出ない。

投げ釣りの好ポイントのC点の砂浜

> **MEMO**
> 周辺にトイレはない。コンビニ、ガソリンスタンドは長万部市街にあり、釣具店は長万部駅前の道路沿いにある。

道南

静狩漁港

62

[長万部町] しずかりぎょこう

- ●釣り方　　ウキルアー、ウキ
- ●釣り期　　10月中旬～12月上旬
- ●タックル　磯ザオ、ルアーロッド10～13フィート タモ必要
- ●エサ　　　ソウダガツオ、紅イカなど
- ●河口規制　なし

岸寄りに出くわすと好漁の可能性あり

　サケの遡上する静狩川が東防波堤基部付近で噴火湾に流入する好釣り場。決して魚影が濃いわけではないが、群れの岸寄りに出くわすと複数匹釣れることが多い。長万部町内のほかの釣り場同様、サケの岸寄りが遅く盛期は11月。そのため婚姻色を帯びた個体が目立つものの雄は90cm級の大物が姿を見せるなど型はいい。

サケを目視できることもある静狩川の流れ出しのA点

ポイント紹介 ....

　東防波堤基部のA点はスペースが狭く2人程度しか入釣できないが、静狩川の流れ出しを狙える好ポイント。ウキ釣り仕掛けを川からの流れに漂わせるのがこつで、日が昇ればサケがエサを取る瞬間を目視できることがあり、確認できたらしっかり合

消波ブロック上が足場となるB点は足元に要注意

わせる。ただし、エサに口を近付けるだけでなかなか食い付かないときは、サオ先を動かして仕掛けを移動させ、エサを口から遠ざけてやると反射的に食い付くことがあるので覚えておきたい。取り込みには柄の長さが4mほどのタモを使用する。辺りが暗いうちはウキにケミカルライトなどを付けると当たりが取りやすく、ウキ下は2mほどだ。

東防波堤の外海側には、静狩川への遡上待ちのサケの群れがたまる。東防波堤基部から数えて最初の曲がり角のB点周辺が有望なサケのたまる場所で、消波ブロック際ではもじりや跳ねを確認できることも。直接サケのいる辺りに仕掛けを投入するとサケの群れを散らすこともあるが、やや先にキャストした上でリトリーブによって群れの近くまで仕掛けを引き寄せると群れを散らす心配はない。ウキ釣りが有利でウキ下は1.5mほど、ウキルアー釣りで狙う場合のウキ下もウキ釣りと同じ長さでいい。

B点は消波ブロック上が足場となるため、キャストや取り込みの際のあせりや無理がとりわけ危険。ヒットしたサケとは意識的に長くやり取りし、十分に弱らせてから柄の長さ5mほどのタモですくうように心掛けること。

B点で釣れたサケ。婚姻色を帯びた個体が多いが型はいい

MEMO
港内にトイレはない。コンビニや釣具店のある長万部市街までは約10km。ガソリンスタンドは付近の国道37号沿いにある。

道北エリア

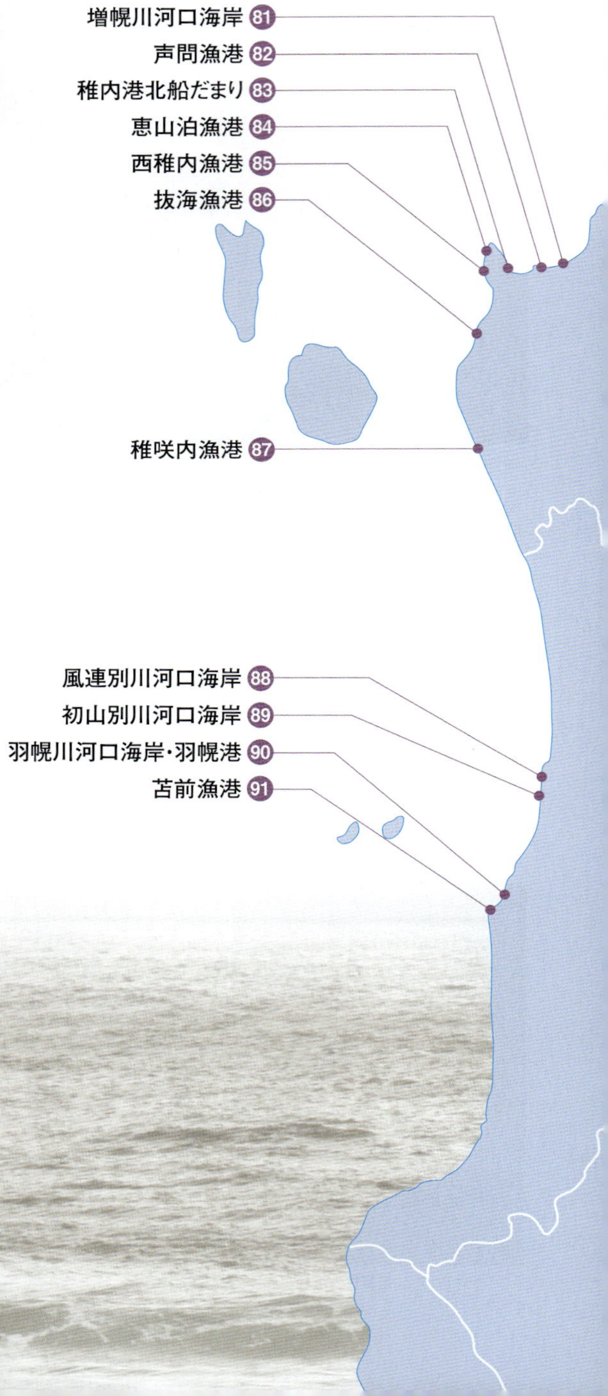

- 増幌川河口海岸 81
- 声問漁港 82
- 稚内港北船だまり 83
- 恵山泊漁港 84
- 西稚内漁港 85
- 抜海漁港 86
- 稚咲内漁港 87
- 風連別川河口海岸 88
- 初山別川河口海岸 89
- 羽幌川河口海岸・羽幌港 90
- 苫前漁港 91

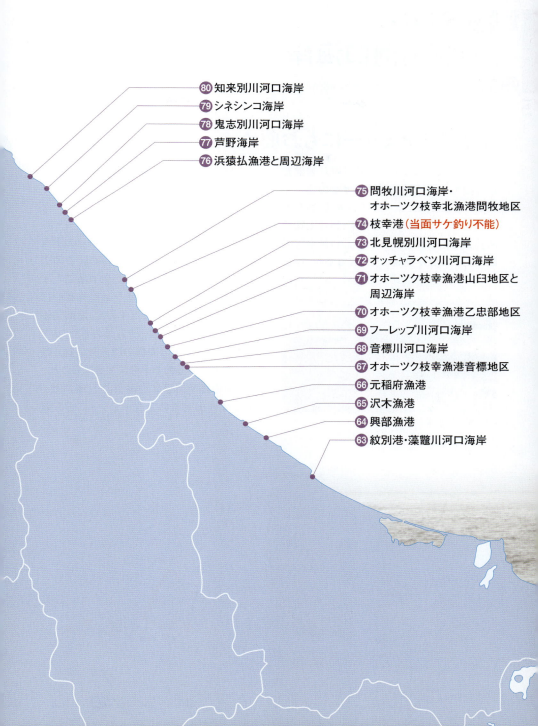

紋別港・藻鼈川河口海岸

[紋別市] もんべつこう・もべつがわかこうかいがん

- 釣り方　ウキ、ウキルアー、投げ釣り
- 釣り期　9月下旬〜12月上旬
- タックル　ルアーロッド10〜13フィート、投げザオ
- エサ　紅イカ、ソウダガツオ、サンマ、エビ
- 河口規制　なし

A点はファミリーにもお薦め

　道北北部の多くのサケ釣り場が終盤を迎え始める9月下旬ごろからサケの姿が見え始め、「まだ狙えるサケ」を求めて、釣り人が詰めかけるスポットと化す。11月上旬でも釣果を得られることがあり、11月中旬以降は釣れる数が極端に少なくなるが、12月上旬までサケを狙う釣り人の姿を見掛ける。

紋別港

　ガリンコ号が停泊する船だまりの出入り口に当たる港南防波堤は、毎年、この辺りからサケ稚魚の放流が行われることから比較的魚影が濃い。サケは船だまりに入ったり出たりを繰り返すので、港南防波堤先端部の足元を狙ってみるのも面白い。ただし、イラストの赤線の部分での釣りは禁止されているので十分に注意すること。
　A点の港南岸壁は足場がよく、車の近くでサオが出せるのでファミリーにもお薦

D点の藻鼈川河口導流堤

ファミリーにも向く港南岸壁

め。釣り方はウキ釣り、ウキルアー釣りでエサはサンマ、ソウダガツオ、エビ。身エサに紅イカの相掛けもいい。岸壁の水深は7.5mあるが、ウキ釣り、ウキルアー釣りともにウキ下は1.5〜2mが基準。日や時間帯によりタナが変動するので、近くで釣った人のウキ下を参考にしてウキ下の長さを変えるといい。日の出から午前8時ごろまでに釣果が集中し、夕方は朝に比べて釣果は半分から4分の1程度。シーズンは9月下旬〜10月下旬まで。

数はあまり期待できないが、B点の通称「石炭置き場裏」の砂浜が港内唯一の投げ釣りポイント。サケ専用フロート付き仕掛けを30m前後投げて狙う。

同港のウキルアー釣りのスプーンの色は銀、銀赤、銀青、アワビ張りが有効。

藻鼈川河口海岸

道の駅「オホーツク紋別」の右側に流入する藻鼈川の河口周辺は、右海岸のC点の河口付近でウキルアー釣り、それより右側の砂浜では投げ釣りが行われる。D点の河口左側の導流堤はウキルアー釣りで狙う。川水の一部が導流堤の下を抜けて左に流れ出るため、左側を狙う方が釣果はいい。

藻鼈川導流堤基部には駐車スペースあり

MEMO
港内各所に公衆トイレがある。ガリンコ号乗り場の海洋交流館には食堂、売店、トイレなどがあり便利。ガソリンスタンドや釣具店は紋別市街にある。

道北

興部漁港

(64)

[興部町] おこっぺぎょこう

- ●釣り方　ウキルアー、投げ釣り
- ●釣り期　9月上旬〜12月初旬
- ●タックル　ルアーロッド10フィート前後、投げザオ
  漁港はタモ必要、ウエーダー不要
- ●エサ　紅イカ、サンマ、ソウダガツオ
- ●河口規制　興部川(左海岸500m、右海岸500m
  5月1日〜12月10日)

12月初旬まで狙えるサケの遅場

一般的にサケ釣り場としてなじみは薄いが、地元や旭川周辺のサケ釣りファンに人気がある。最長12月初旬まで狙えるオホーツク海のサケの遅場としても有名で、港内にサケの大きな群れが入ったときは「一発大漁」も秘めた釣り場だ。

爆釣のチャンスがある西防波堤のB点付近

興部漁港内

北防波堤先端部のA点は、シーズン当初にサケが寄りやすいポイント。船道が狭いので漁船の往来に注意が必要だが、シーズンを通して安定した釣果が上がる。

港内で最も期待が高いのが、西防波堤基部の船揚げ場左側のB点。港内に入ったサケが集中的に回遊するため爆釣のチャンスが高く、盛期の10、11月には10匹前後の大漁もある。漁船の係留ロープがあるため、ヒット後は強引に寄せる必要があるが、同漁港で最初に探ってみたいポイントだ。

船揚げ場の右側岸壁のC点も期待が高

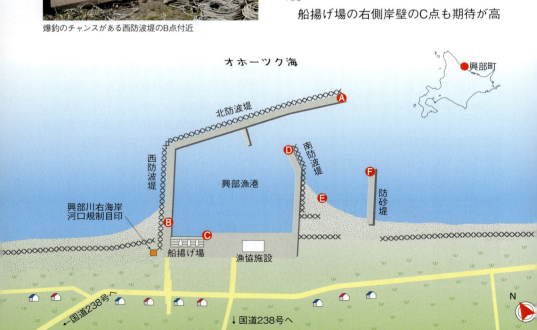

シーズン当初にサケが寄りやすい北防波堤のA点付近

い。角から10時〜2時方向を狙うが、B点の入釣者とのオマツリに注意。

D点の南防波堤先端部は、やや爆発力に欠けるが釣果の安定感は良好。ほかのポイントで釣果が上がらない日中に威力を発揮することがある。

同漁港はウキルアー釣りがメイン。遠投の必要がないためルアーは35g前後の軽めで、色は銀赤、銀青、アワビ貼りなど。タコベイトは赤、ピンクで、タナは1〜1.5m。

漁港右海岸

入釣者はあまり多くないが、漁港右横のE点は、ウキルアーや投げ釣りのポイント。

D点の南防波堤先端付近は釣果に安定感がある

爆釣はないが2、3匹なら狙える。ウキルアーのウキ下は1〜1.5m。投げ釣りの仕掛けは1本フロートの銀、赤、青。タコベイトはピンク、赤が定番だが、黒や緑を使う人もいる。朝方は20m前後の波打ち際近くでも釣れるが、日中はそれよりもヒットポイントが遠くなる。

防砂堤のF点はウキルアー釣りなどに人気のポイントで、盛期は釣り人で混雑するが、混雑に見合う釣果が上がる。

注意
興部川の右海岸の河口規制が西防波堤のすぐそばまで迫っている。港内のサケ釣りは問題ないが、同防波堤から外海側を狙ったり、同防波堤左の砂浜で狙ったりしてサケを釣ると河口規制の期間中は違反となる。

MEMO
興部市街の国道238号沿いにコンビニ、ガソリンスタンドがある。トイレは道の駅「おこっぺ」を利用する。

道北

沢木漁港

[雄武町] さわきぎょこう

65
146

- ●釣り方　ウキルアー、ウキ
- ●釣り期　9月上旬〜11月中旬
- ●タックル　ルアーロッド10〜13フィート、磯ザオ
- ●エサ　ソウダガツオ、紅イカなど
- ●河口規制　なし

爆発力を秘めたオホーツク海の穴場

　中央部の突堤によって港内が二分割されたような形状の沢木漁港は、タイミングが良ければ爆釣の可能性がある穴場。港内にサケが入り込んだ場合、回遊する船だまりが小さいためすぐに群れが出て行ってしまう恐れがある半面、サケを常に仕掛けの射程圏内に捉えることができ、岸寄り直後なら爆釣の可能性もある。サケは外海側を狙っても釣れる。

港内

　港の形状や回遊ルートから東防波堤に沿って進入すると思われるサケがたどりつく先は、主に東防波堤港内側。奥に船揚げ場がある船だまりは北防波堤側の船だまりより広いが、それでも規模は比較的小

サケの群れが入り込むと爆釣の期待が高いB点付近

東防波堤のA点付近からサケを狙う釣り人たち

さく、端から端までほぼ全面が仕掛けの射程圏内となる。入釣者の多くは東防波堤のA点付近へ入り、そこから陸向きにキャストする。

北防波堤側は、船だまりが狭いため入り込んだサケの群れがすぐに出て行ってしまうことが多く、東防波堤側よりも期待値は低い。しかし、狭いだけにひとたび群れが入り込むと爆釣の確率はかなり高くなる。

北防波堤外海側

港内にサケの群れが見えなくても北防波堤外海側でサケが釣れる。基部寄りは

北防波堤外海側のC点付近は根掛かりに注意

水深が浅く、中間部から先のC点付近へ入釣するのが無難だ。消波ブロック上で釣るので足元に十分注意が必要で、しけの日は入釣できない。港内よりもすれていないサケが狙えるため、魚影が濃ければ爆発力も秘める。ウキルアー釣り主体だがウキ釣りも可能だ。比較的小さな港なので、迷惑駐車には気をつけたい。

釣り方

同港では過去に、タコベイトやスプーンの色をサケが選り好みするケースが見られた。サケがいるのに釣れないときやほかの人が釣れているのに自分だけ釣れないようなときは、赤を中心とする暖色系の色を青中心の寒色系に、寒色系の色を暖色系に替えてみるのがお薦め。タナの設定もシビアにした方がよく釣れる。

> **MEMO**
> 港内にはトイレがない。漁港近くには観光名所の日の出岬があり、トイレやキャンプ場などがある。コンビニは雄武市街。

道北

元稲府漁港

[雄武町] もといねっぷぎょこう

- ●釣り方　ウキ、ウキルアー
- ●釣り期　9月上旬〜10月中旬
- ●タックル　磯ザオ、ルアーロッド10〜11フィート　タモ必要
- ●エサ　紅イカ、ソウダガツオなど
- ●河口規制　なし

西防波堤外海側のA点周辺は足元に注意

漁港がある地区の名から通称で「魚田(ぎょでん)」と呼ばれることが多い。連日コンスタントに釣れるわけではないが、サケの群れが寄ると比較的状態のいいサケが好漁できる場所として釣り人には注目されている。西防波堤の港内側と外海側がポイントで、どちらもサケの群れまでの距離が近いことが多くキャストの飛距離を必要としないことから、サオは遠投性能よりも取り回しの良さを重視して選ぶといい。

防波堤際をサケが回遊するB点付近

西防波堤外海側

サケの魚影があるのは西防波堤外海側がほとんどで、釣り座の一つがA点周辺の消波ブロック上。意外に近いもじりや跳ねからサケの群れの位置を割り出し、その周

西防波堤外海側を狙うA点付近は足元に注意

辺にウキ釣り仕掛けを浮かべて潮に乗せて自然に流して誘うが、消波ブロック際も見逃せない。周辺に岸寄りしたサケが消波ブロック際も回遊するからで、群れの進行方向の釣り人に1人、また1人と立て続けにヒットする様子はかなりエキサイティングだ。A点周辺の消波ブロックは滑りやすいためスパイクブーツは必須。

同防波堤外海側を狙えるもう一つの釣り座がB点周辺の胸壁上。消波ブロックがないことから釣りやすい上、防波堤際をサケの群れが回遊する。ただし、それほど幅が広くないので、足元には十分注意すること。

西防波堤港内側

同防波堤港内側にサケの群れが入ると大漁のチャンス。シーズンに1、2回しかないが、B点の港内側やC点から狙える。ただし、漁船の係留が多いのが難点で、早朝は出船にも配慮しなければならない。出船前は係留された漁船の間から係留ロープに注意しながらキャストし、次々に出船するときは釣りを一時中断。出船が一段落してスペースが増えてから釣りを再開する。

A、B、C点ともウキ釣りで狙うのがメジャーで、ウキ下は1.5mほど。ウキルアー釣りのウキ下は、リトリーブによるスプーンの浮き上がりを考慮して2mほど取る。

西防波堤港内側にサケの群れが入ったら大漁のチャンス

MEMO

港内にトイレはない。雄武市街にコンビニ、ガソリンスタンド、道の駅「おうむ」があり、釣具を扱うホームセンターもある。

道北 67
150

オホーツク枝幸漁港 音標地区

[枝幸町] おほーつくえさしぎょこうおとしべちく

- ●釣り方　ウキルアー、ウキ
- ●釣り期　8月中旬～10月中旬
- ●タックル　ルアーロッド10～12フィート
　　　　　タモ必要、ウエーダー不要
- ●エサ　紅イカ、ソウダガツオなど
- ●河口規制　なし

9、10月の立ち入り制限に注意

　枝幸町にある漁港の中で最も南に位置するオホーツク枝幸漁港音標地区は、音標岬を利用して造られており、海底はほとんどが岩盤と飛び根で砂地は少ない。サケの釣れるポイントは年によって変化するので、実績のある主なポイントを紹介する。

初級者でもサケ釣りが楽しめるA点付近

ポイントと釣り方

　サケの群れがたまることで知られているのが、漁港右側の最も奥にあたるA点の船揚げ場周辺。夜明け前からサケの跳ねやもじりが見られることがあり、新しい群れが入り込んだときは特にヒットの確率が高いポイントだ。ウキルアー釣りが主流で、10～15mほどのキャストでも釣果が期待できるため、初級者でもサケ釣りが楽しめる。

　北護岸付近から港内に斜めに突き出す

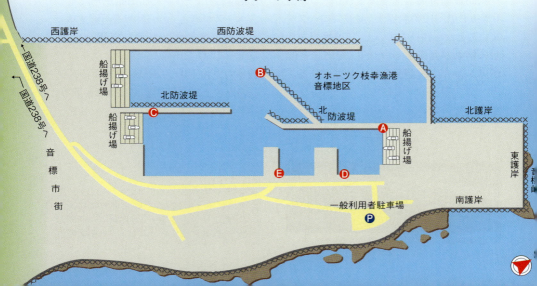

早朝以外でもヒットが期待できる国道側北防波堤基部の船揚げ場

　北防波堤は、B点の先端付近がポイント。サケは同防波堤の岸壁際を回遊するためウキルアー、ウキ釣りのいずれも有効。

　漁船が係留されているD点の岸壁もサケの群れがたまりやすい場所で、ウキルアーで狙う。ただし、この付近は岸壁近くを回遊するサケを見掛けることが多いので、それほど投げる必要がないことから、ウキ釣りでも釣果が期待できるはずだ。

　港内突堤基部のE点は、ウキ釣りで数が期待できるポイント。海水の濁りや干満などの条件でヒットするタナが変わるので、タナ調整はまめにすること。回遊次第では先端付近でも釣果が期待できる。

　C点の北防波堤は、基部の船揚げ場とともに早朝のゴールデンタイムを外してもヒットすることが多く、同漁港で入釣者の多いポイント。ウキルアー釣り主体で、先端部に近いほど釣果を手にできる確率が高まるが、意外にも基部から中間部付近で釣れることもあるので入釣場所に迷うポイントだ。

港内突堤は回遊次第で先端付近でも期待できる

> **注意**
> 漁業盛期の9、10月は、B点を除くほぼ全域が立ち入り禁止になる。港内への駐車も禁止されるので、駐車は一般利用者駐車場を利用すること。

> **MEMO**
> 周辺にトイレはない。コンビニは枝幸町乙忠部と雄武市街にある。釣具とエサは枝幸市街で購入できる。

音標川河口海岸

道北 68

[枝幸町] おとしべがわかこうかいがん

●釣り方	ウキルアー、ウキ、ルアー、フライ、投げ釣り
●釣り期	8月下旬〜10月下旬
●タックル	ルアーロッド11〜13フィート、投げザオ、フライロッド、ウエーダー必要
●エサ	ソウダガツオ、サンマ、紅イカ
●河口規制	なし

音標川流れ出しのA点付近は高実績

　以前はカラフトマス釣り場として脚光を浴びたが、最近はカラフトマスの岸寄りが減少し、代わってサケ釣り場としての人気が高まっている。いろいろな釣り方で狙え、中でも河口付近はフライフィッシャーがよく集まる釣り場として知られる。

根が荒いが釣果が見込める右海岸

音標川の流れ出し

　流れ出し周辺のA点は実績が高く、流れ出しの左右の海岸10m以内に釣果が集中する。釣り方はウキ下を80cm前後にしたウキルアー釣りが主体で、食いのいい早朝はウキルアー釣り、食いが悪くなる日中にはウキ釣りに変更して狙う釣り人もいる。ウキルアーのスプーンの色は青、紫、赤、ケイムラなどで、わずかでもピンク色が入っていると釣果アップにつながる。重さは45g前後で、サケが岸から離れる日中は70〜80mの遠投が有利。遠投時はエサ落ちを防ぐために、ソウダガツオやサンマなどのエサをハリに付けてから、紅イカを小さ

釣り人でにぎわう音標川の流れ出し周辺

く切ってエサ止めとして付けるといい。

右海岸……………………………………
　岩礁帯に砂や玉石が交じり、B点は根が荒く根掛かりしやすい。そのため入釣者は少ないが、流れ出し付近が混雑しているときに重宝する。ウキルアーのウキ下を50cm前後と浅く取り、根掛かりを避けるのがこつだ。エサを付けずにシングルフックのジグやスプーンを遠投し、サオを立てて表層近くを引いて数を釣る人も見掛ける。

左海岸……………………………………
　左海岸のC点へは、音標橋の200mほど枝幸市街寄りから砂浜近くまで車で入ることができる。流れ出しから遠く魚影は薄めだが、投げ釣りやウキルアー釣りで狙う。ウキルアー釣りは投げ釣りの入釣者が減る10月中旬以降にじっくり狙いたい。

河口から少し離れた左海岸は主に投げのエリア

注意
駐車スペースは、左岸側草むらの開けたスペースを利用する。国道238号などへの路上駐車は厳禁。

MEMO
海岸にトイレはない。枝幸町乙忠部にコンビニ、枝幸市街地と雄武市街地にコンビニ、ガソリンスタンド、釣具店、温泉がある。

フーレップ川河口海岸

[枝幸町] ふーれっぷがわかこうかいがん

- ●釣り方　ウキルアー、ルアー、フライ、投げ釣り
- ●釣り期　9月上旬〜10月中旬
- ●タックル　ルアーロッド11〜13フィート、投げザオ　ウエーダー必要、タモ不要
- ●エサ　紅イカ、ソウダガツオなど
- ●河口規制　フーレップ川(左海岸300m、右海岸200m　4月1日〜8月31日)

砂浜の海岸で足場がいい

　砂浜で足場がよく釣りやすい。フーレップ川を中心とする左右両海岸が釣り場だが、どちらかというと左海岸の方が数に期待が持てるため、右海岸に比べると入釣者の数が多い。地元をはじめ稚内や紋別方面の釣り人にも支持を受ける人気釣り場だが、札幌方面からの遠征組も多く、シーズン中は混雑していることが多い。

ポイント紹介

　左海岸のA点付近は、赤や銀、青、緑などのサケ専用フロート付き仕掛けを使用した投げ釣りポイント。投げる距離は30〜40m程度で十分だが、海底には飛び根が点在するため多少根掛かりが気になる。仕掛けやオモリなどは多めに持参すること。
　B点からC点は、ウキルアー釣りのポイント。通常は河口近くのC点付近で数が上がるためC点に釣り人が集中しがちだが、群れが濃いときはB点付近でも複数匹

フーレップ川河口海岸で上がった良型サケ

フーレップ川河口付近のC点は数釣りも

ゲットの可能性がある。盛期にはそれほど遠くに投げなくても釣果が期待できる。そのため初級者や女性でもサケゲットの可能性があるものの、意外に波打ち際近くでのヒットも多いため、ルアーのリトリーブは最後まで気を抜かないこと。また、海への立ち込みの必要性がない釣り場で長靴程度でも気軽に楽しめるが、さまざまな条件に対応するためにはウエーダーを用意することが望ましい。

右海岸の河口付近のD点はウキルアー釣りがメインのポイント。日中はのんびりとウキ仕掛けを浮かべる釣り人もおり、さらに右側では投げ釣りで狙う姿も見られる。潮流や川水の流れ具合など、条件次第では左海岸よりも数が上がることもあるが、通常はB点からC点が同河口海岸の1級ポイントといえる。

同河口海岸はサケの岸寄りが早い釣り場として知られ、サケ・マス河口規制が解除される9月1日から釣り人の姿が見られる。例年同月中旬には本格化するため釣り場は混み合うが、左海岸は川水の流れ出す勢いで仕掛けが大きく左側に流れやすい。隣の入釣者と仕掛けが絡みやすいので、譲り合って楽しむ必要がある。なお、付近の牧場へ大型集乳車が往来するので、脇道への迷惑駐車は慎むこと。

群れが濃いときには複数匹ゲットの可能性もあるB点付近

MEMO

周辺にトイレはない。コンビニは車で5分ほど枝幸市街寄りの乙忠部にある。ごみは必ず持ち帰ること。

道北

オホーツク枝幸漁港 乙忠部地区

70

[枝幸町] おほーつくえさしぎょこうおっちゅうべちく

- ●釣り方　ウキルアー、ウキ
- ●釣り期　8月中旬～10月中旬
- ●タックル　ルアーロッド10～13フィート
　　　　　　ウエーダー不要、タモ必要
- ●エサ　紅イカ、ソウダガツオなど
- ●河口規制　なし

船揚げ場前はサケのたまり場

　かつてはシーズン中に港内に何度も群れが入りそのたびによく釣れたが、このごろは魚影が減少傾向。各ポイントをチェックし、水中にサケの背が見えたり、跳ねがあったりしたら狙い時だが、そうしたサインがなければ釣果を得るには長期戦を覚悟しなければならない。

北防波堤港内側は係留ロープなどに注意が必要

ポイント紹介

　A点の船揚げ場前は、群れがたまることで知られるポイント。群れが入ると混雑していることが多いため、キャストには周囲に迷惑をかけないような正確さが要求される。ウキ、ウキルアー釣りのいずれも可能で、10～20mほどキャストして狙う。取り込みにはタモを使用する場合もあるが、船揚げ場にサケを引き上げる方法でもいい。

　船揚げ場付近から東防波堤のB点までの港内側もウキルアーとウキ釣りで狙う。

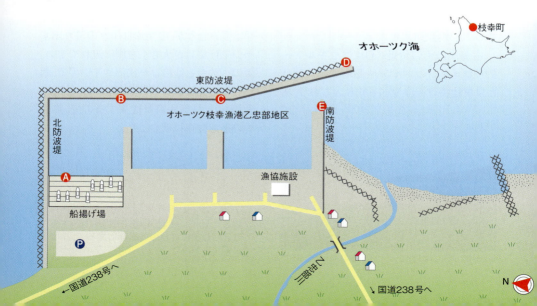

サケの群れがたまることのあるA点の船揚げ場前

ただし、係留されている漁船と漁船の間からの釣りとなるので、取り込みの際には、ロープなどにミチ糸や仕掛けが絡まる可能性があるので注意。

東防波堤のB点からC点間にも漁船が係留されており、係留ロープがあちこちに張られている。ウキルアー釣りでは仕掛けをロープに引っ掛けてしまう可能性が高いので、ウキ釣りで岸壁際付近を回遊するサケを狙うのが妥当だ。

C点から東防波堤先端にかけての港内側は、一部に漁船が係留されているものの、先端付近は船道狙いのウキルアー釣りが可能。ただし、漁船の往来には細心の注意が必要だ。もちろん、ウキ釣りも有効だ。

外海側狙いは東防波堤先端付近がポイントだが、先端部のD点が比較的有望。20mほどのキャストでも十分釣れるが、消波ブロック上からの釣りとなるので、キャストや取り込みには十分注意すること。ライフジャケット必須のポイントだ。

南防波堤のE点は、外海側と港内側のどちらもウキルアー、ウキ釣りのポイント。ほかのポイントに比べると釣果はあまり望めないことが多いため入釣者が少ない。

足元に注意が必要な東防波堤のD点付近

注意
盛漁期の9、10月は南防波堤と船揚げ場が立ち入り禁止となることも。駐車は指定の場所(マップ参照)を利用すること。

MEMO
港内にトイレはない。国道238号から南防波堤に向かう入り口交差点角にコンビニがある。釣具店、ガソリンスタンドは枝幸市街。

道北

オホーツク枝幸漁港 山臼地区と周辺海岸

71

[枝幸町] おほーつくえさしぎょこうやまうすちくとしゅうへんかいがん

- ●釣り方　ウキルアー、ウキ、投げ釣り
- ●釣り期　9月上旬～11月中旬
- ●タックル　投げザオ、ルアーロッド10～11フィート、磯ザオ
- ●エサ　ソウダガツオ、紅イカなど
- ●河口規制　徳志別川(左海岸900m、右海岸1000m 4月1日～12月10日)

港内は右の北防波堤から右側エリアがポイント

　遠浅の砂浜が広がる枝幸町山臼周辺の投げ釣りは、ある程度遠投を要するベテラン向きの釣り場。日中はサケの群れが沖合へ遠ざかることが多く、釣りは朝や夕方が中心になる。2001年から海中飼育による稚魚の港内放流が実施され、注目度が上がっているのが同町オホーツク枝幸漁港山臼地区だ。

山臼海岸
　同町徳志別川に回帰するサケが回遊する場所として投げ釣り師に人気の砂浜。車からすぐの場所でサオが出せるA点付近の人気が高いが、盛期にはオホーツク枝幸漁

ウキ、ウキルアー釣りが楽しめる南防波堤のC点付近

半円球の消波ブロックが並ぶ山臼海岸はA点付近が人気ポイント

港山臼地区までの900mほどの間にびっしりと投げザオが並ぶ。全域が遠浅の砂浜で遠投を要し、海が荒れると波打ち際が広範囲に濁って釣りにならないことが多い。

A点付近には半球形の消波ブロックが並び、すぐ先が波打ち際になっている。満潮時や海がしけたときは消波ブロック群まで波が打ち寄せるので、砂浜に下りて釣ることができなくなり消波ブロック上やさらに手前からサオを出すが、取り込みの難易度が上がるのが難点だ。右に行けば行くほど波打ち際が沖へ後退して消波ブロックが砂に埋まるケースが多くなる。釣りやすさは向上するが、漁港に近付くほど水深が浅くなるので魚影も薄めになり、できるだけ遠投することで対処する。

オホーツク枝幸漁港山臼地区

港内でサケが釣れるのは東防波堤のB点や南防波堤のC点、車の近くにサオが出せるD点、北防波堤先端部のE点などで、F点の船揚げ場前も見逃せないポイントだ。港内は中央に突き出す北防波堤で左右に分断される形状だが、メインとなる右側のエリアは漁船の係留が多くやや釣りにくい。しかし、盛期にはこのエリアにサケが多く入り込むため、ロッドが振れるポイントを探してサケを狙う。

なお、同港では漁盛期の9、10月ごろに港内の大半で釣りが禁じられるか、立ち入りが制限される場合があるので注意を。

港内を二分する北防波堤先端のE点は広角的に狙えるのが魅力

MEMO
港内にはトイレがないが、車で10分ほど枝幸市街方向に進むと道の駅「マリーンアイランド岡島」がある。コンビニ、ガソリンスタンド、釣具店は枝幸市街。

道北

オッチャラベツ川河口海岸

[枝幸町] おっちゃらべつがわかこうかいがん

- ●釣り方　　ウキルアー
- ●釣り期　　9月初旬〜10月下旬
- ●タックル　ルアーロッド13フィート
  　　　　　　タモ、ウエーダー必要
- ●エサ　　　ソウダガツオ、紅イカなど
- ●河口規制　なし

本格派向きで海中に立ち込んで遠投で狙う

　オッチャラベツ川河口海岸は、銀ピカのサケが釣れることで知られ、海中に張り出す岩盤に立ち込んで遠投でサケを狙う。キャストから取り込みまで立ち込んだまま行うため初級者には敷居が高く、本格派向きの釣り場だ。沖ではプレジャーボートによる釣りも盛んに行われる。

入釣ルート

　オッチャラベツ川に架かる、国道238号の追茶呑辺橋の200mほど枝幸市街寄りに駐車スペースがあり、海岸に出られる。ただし、年によっては、密漁防止などの目的から進入禁止となっていることもあるので、現地で確認すること。この場合は、オホーツク枝幸漁港徳志別地区北護岸基部付近から海岸沿いに徒歩で入釣する。

B点でゲットしたサケに釣り人の顔がほころぶ

●枝幸町

オッチャラベツ川の流れ出しの沖にあたるA点付近

ポイント紹介

　オッチャラベツ川河口付近を中心に、海中に張り出す岩盤がワンドを形成している。従って、岩盤の先端付近に立ち込んで釣るのがここの釣り方で、ポントは河口前のA点、左側のB点、右側のC点の3カ所。いずれも膝から腰程度の水深がある。

　A点は、同川の流れ出しの沖にあたり、好ポイントはワンドの右側。頻繁にサケの跳ねが見られることが多いが、遡上（そじょう）目前の群れということもあり、意外に食いが渋く手強いので、早朝や夕まづめに狙うこと。岸から40〜50mの距離だが、思いのほか水深が深いので注意。

　B点は、同河口海岸のメインポイント。100mほど沖まで立ち込まなければならないが、銀ピカのサケの強烈な引きが入釣者を魅了する。ただし、周辺にはプレジャーボートも集まるので、オマツリなどのトラブルには十分注意すること。また、海底の形状から波が立ちやすいので、海の状況を把握してから入釣すること。

　C点はA、B点に比べると魚影が薄く、入釣者も少ない。A、B点が混み合っているときの逃げ場程度にとらえること。ウキルアーのタナはいずれも1〜1.5m。

注意
取り込みは海中に立ち込んだまま行う。ロッド、リール、ルアー、エサ、タモ、たたき棒など、すべてを身に付けて立ち込まなければならないので忘れ物に注意。

MEMO
トイレは近くの道の駅「マリーンアイランド岡島」を利用する。コンビニ、ガソリンスタンド、釣具店は枝幸市街にあり。

オッチャラベツ川河口海岸はプレジャーボートによるサケ釣りも盛ん

道北

北見幌別川河口海岸

[枝幸町] きたみほろべつがわかこうかいがん

73

- ●釣り方　投げ釣り、ウキルアー
- ●釣り期　8月中旬〜10月中旬
- ●タックル　投げザオ、ルアーロッド10〜13フィート
  ウキルアー釣りはウェーダー、タモ必要
- ●エサ　紅イカ、ソウダガツオなど
- ●河口規制　北見幌別川（左海岸1000m、右海岸1000m　4月1日〜8月31日）

A、B点はウキルアーのポイント

　枝幸町市街から約7km雄武町寄りに位置する北見幌別川河口海岸は以前、訪れる人の多いサケ釣り場だった。人気の秘密は魚影の濃さにあり、日によっては10匹以上釣る人もいた。群れに当たったときの爆発力は他の釣り場を圧倒したが、近年の釣果は下落傾向。

ウキルアー釣り

　右海岸のA点は、サケ・マス河口規制解除後のポイント。釣り場は比較的狭く入釣人数が限られるが、好釣果が期待できることから毎年多くの釣り人が訪れる。盛期には釣り場が混み合うので、キャストや取り込みの際は注意すること。川と海の境界を示す河川海面境界標柱に注意。

　左海岸のB点は足場の悪い消波ブロック上が釣り場。波が穏やかなとき限定のポイントで、A点同様に好釣果が期待できる。ただし、キャストや取り込みの際などには転落の危険性もあるので、必ずライフジャケットを装着すること。

右海岸のA点付近はウキルアーの釣り場

シーズン中は投げザオがずらりと並ぶD、E点の砂浜

投げ釣り

D点からE点間には、サケ・マス河口規制期間中の8月中旬から、投げザオがずらりと並ぶ。近年は遠投で狙う釣り人が多くなり、仕掛けは1本バリのサケ専用フロート付き遊動式が主流になりつつある。ただし、市販のサケ専用2本バリ胴突きタイプを使用した中投でも十分釣果が期待でき、複数匹を手にする釣り人も見られる。

サケ・マス河口規制解除後は、C点からD点間にも投げザオが並ぶ。過去には大漁の実績があるが、海底地形の変化などのせいか、近年は意外にもD点からE点の方が好釣果が得られる。また、E点からさらに左側でも条件次第では複数匹を手にすることが可能なことを付け加えておく。

同河口海岸は、過去には左海岸の場所取りが問題となっていたが、近年は、空いているスペースをほかの釣り人と譲り合って使う常連の姿も見られるようになった。シーズン中は常に混み合う人気釣り場なので、くれぐれもトラブルのない釣りを楽しんでほしい。また、国道238号から河口右海岸へアプローチする道はシーズン中、閉鎖されることがある。そんなときは左海岸に設置されている仮設トイレ付近に車を止めて徒歩で入釣しよう。

投げ釣りで狙うC、D点間とウキルアー釣りのB点付近

MEMO
国道238号の幌別橋から車で数分の所に道の駅「マリーンアイランド岡島」があり、食堂、売店、駐車場、トイレが完備されている。ガソリンスタンド、釣具店は枝幸市街にある。

道北

枝幸港

(74) [枝幸町] えさしこう

- ●釣り方　ウキルアー、ウキ、投げ釣り
- ●釣り期　8月下旬～10月中旬
- ●タックル　ルアーロッド10～13フィート、磯ザオ、投げザオ
　　　　　　タモ必要(海岸は不要)、ウエーダー必要(港は不要)
- ●エサ　ソウダガツオ、紅イカなど
- ●河口規制　なし

もろもろの規制に注意

　周辺の中では規模の大きな港で、足場のいい岸壁からサケが狙える。比較的すれたサケが目立つのもこの釣り場の特徴で、サケにとっては刺激の少ないウキ釣りが有利。ウキルアー釣りは岸寄りから時間のたっていない群れに対し試すといい。投げ釣りの砂浜に流れ出イ川の河口海岸がいい。海は遠浅ながら遠投で複数匹ゲットの可能性がある。

枝幸港

　港内のポイントはA点で、常時サケの姿があるわけではないが、いれば跳ねなどで存在を確認できることが多い。跳ねているサケが銀ピカで港内に入り間もないようならウキルアー釣りで、婚姻色が目立ち港いだろう。サケまでの距離が遠いことはまルアー釣り共にキャストは5～20mで。ウキ下はウキ釣りが1.5～3m。ウキルアー釣りが1.5～2m。海面から

近い距離でサケが釣れるA点

枝幸町による港内への立ち入り規制により当面サケ釣りは不能に

B点は遠浅で遠投が必要

枝幸町による港内への立ち入り規制により
当面サケ釣りは不能に

エサシウエンナイ川河口

　B点やその右側が主に投げ釣りポイント。同町内の北見幌別川河口海岸やフーレップ川河口海岸のような一級ポイントではないが、比較的釣り人の姿は多く、例年多くの投げザオが並ぶ。沖合数十メートルまで浅瀬が続くため、空気抵抗の少ない1本バリ仕掛けで80m以上飛ばすと良く、B点に限っては満潮時にウキルアー釣りも可能。ただし、ウキルアー釣りも遠投が必要なことに変わりはなく、ウエーダー着用で海に立ち込んでキャストする方がいい。

それほど高さがないため、柄の長さは4mほどで十分だがA点での取り込みにはタモが[...]だろう

注意
枝幸港ではサケ釣りを巡って過去にさまざまな問題が発生し、同港を管理する枝幸町は毎年、サケ釣りのシーズンにもろもろの規制を設けるようになった。マップの赤色部分は同町により近年、釣り禁止措置が取られたり、釣り自粛が求められたり、あるいは立ち入りを禁じられたりしている場所。南外防波堤については一般車両の通行も規制されているため十分な注意が必要だ。なお、規制の内容は年により変わる可能性がある。規制が減ることも考えられるし、これまで規制の対象になってこなかったイノコタンポ川河口の右側岸壁も、今後は規制が掛かる可能性があるため、釣りの際は事前に町へ確認するか、現地看板などで確かめることだ。

MEMO
南外防波堤基部付近の公園内にトイレがある。釣具店、ガソリンスタンド、コンビニは港から近い枝幸市街にある。

A点で上がったサケ

問牧川河口海岸・オホーツク枝幸北漁港問牧地区

[枝幸町] といまきがわかこうかいがん・おほーつくえさしきたぎょこうといまきちく

- ●釣り方　ウキルアー、ウキ、ルアー、投げ釣り
- ●釣り期　8月中旬～10月中旬
- ●タックル　ルアーロッド11～13フィート、投げザオ
河口海岸はウエーダー、漁港はタモ必要
- ●エサ　紅イカ、ソウダガツオなど
- ●河口規制　なし

タイミング次第で複数匹の釣果も

以前ほど安定して釣れなくなったが、それでも回帰が続く問牧川は河口周辺の海でサケが狙える状況にある。厚い群れが岸寄りするタイミングに合えば、複数匹の釣果も見込める。

問牧川河口海岸

問牧川河口左海岸のA点は、砂浜からのウキルアーポイント。10～30m沖合に飛び根がありやや根掛かりが気になるが、20～30m程度キャストしてリトリーブするのが有効。近年はジグやジグミノーで挑む釣り人も見掛けるが、大きめのトレブルフックは引っ掛け行為と見られることもあるのでシングルフックを推奨したい。

B点の河口付近はウキルアー、フライ釣りの入釣者が多いが、こちらも根掛かりがやや気になる。スペアのルアー、フライの準備が必要。波打ち際でのヒットもあるので、最後まで気を緩めないことが大切だ。

砂浜からサケを狙う問牧川河口海岸のA、B点

オホーツク枝幸北漁港問牧地区の人気ポイントのC点からD点付近

オホーツク枝幸北漁港問牧地区

　オホーツク枝幸北漁港問牧地区北防波堤のC点からD点にかけては、夜明けから2時間以内がよく、ウキルアーやウキ釣りの仕掛けを20〜30m前後キャストして狙う。D点付近に釣果が集中することが多く人気ポイントとなっているが、ロープなどによる場所取り行為は厳禁。

　東防波堤は北防波堤D点に近い基部が最も期待できる。北防波堤よりも数が上がることが多いため入釣者も多いが、群れの回遊次第ではさらに先端寄りにかけてもヒットの可能性がある。いずれのポイントも消波ブロック上の釣りなので足元には十分注意し、ライフジャケットは必ず着用すること。タモは柄が長めの物が必要。

　また、北防波堤港内側と船揚げ場付近をサケの群れが回遊することもある。入釣時にはチェックすること。

投げ釣り

　F点の海岸は、岩礁帯周辺をサケの群れが回遊することがある。銀や赤などのサケ専用フロート仕掛けにソウダガツオと紅イカの相掛けで狙うが、根掛かりするので仕掛けは多めに持参すること。

> **注意**
> 同港では盛漁期の8〜10月ごろに港内の一部で立ち入りが制限される場合があるので注意を。

> **MEMO**
> 枝幸町と漁協の好意で、毎シーズン、港内に簡易トイレが設営される。コンビニ、ガソリンスタンドは枝幸市街。

北防波堤港内側もサケが回遊することがあるので要チェック

道北

浜猿払漁港と周辺海岸

76

[猿払村] はまさるふつぎょこうとしゅうへんかいがん

- ●釣り方　投げ釣り、ウキルアー、ウキ
- ●釣り期　8月下旬～10月中旬
- ●タックル　投げザオ、ルアーロッド
  　　　　　浜猿払漁港はタモ必要、ウエーダー不要
- ●エサ　　ソウダガツオ、紅イカ、サンマ
- ●河口規制　なし

浜猿払漁港内は早めの釣行で好釣果

　浜猿払漁港と周辺に広がる砂浜の海岸は、北側に猿払村シネシンコ海岸、南側には浜頓別町ベニヤ原生花園など、道北屈指のサケ有名ポイントがある。国道238号からは少し離れているため目に付きにくく、意外に盲点となっている穴場的釣り場で、漁港右側の砂浜は地元では古くから親しまれているサケ釣り場だ。

浜猿払漁港

　漁船が係留されている岸壁のA、B、C点ではウキ釣り主体にウキルアー釣り、その他の岸壁や北防波堤基部のD点の船揚げ場ではウキルアー釣りが行われる。シーズン中は跳ねやもじりが港内で見られるが、港内に入って間もないサケほどヒット率が高く、日数経過とともに食いが悪くなる傾向がある。従って、数狙いなら早めの釣行がお薦めだ。ウキ釣りのタナは1～1.5mほ

浜猿払漁港右側のE点付近の砂浜

浜猿払漁港のA点付近はウキ、ウキルアー釣りが楽しめる

ど、ウキルアー釣りも1～1.5m前後が適当。

浜猿払漁港周辺

　一帯で最も釣果が期待できるのが、スロープ状の護岸右側にある砂浜のE点。入釣のベストタイミングは、しけが数日続いた後のなぎのときで、過去には同様の条件で2ケタ釣果が数日続いたこともある。

　続いて期待できるのはスロープ状の護岸があるF点で、E点に近いほど釣果が上がる。E、F点は30～40mほど投げればよく、初級者でもサケを手にできる確率が高い。また、サケの群れが波打ち際近くを回遊していることもあるため、投げ仕掛けを投入して当たりを待つ間、ウキルアー釣りを楽しむ姿も見られる。

　漁港のすぐ右側のG点の砂浜は、E、F点が混雑しているときに入釣者が増えるが、当たり外れが激しく、安定した釣果は期待できない。

　漁港の左側のH点の砂浜は、釣り場が道路から近いため入釣が容易だが、漁港右側の海岸と比較すると期待薄。同漁港北防波堤基部から30mほどの区間には、ウキルアー釣りの入釣者も見られる。これより左側は投げ釣りポイントだが、当たり外れが大きいので、サケの跳ねやもじりが見られないときは場所移動するのが無難。

D点の船揚げ場はウキルアーのポイント

> **MEMO**
> 周辺にトイレはない。ガソリンスタンド、コンビニは猿払村鬼志別地区と浜頓別町市街にあり、釣具とエサは浜頓別町市街で購入できる。

芦野海岸

[猿払村] あしのかいがん

●釣り方	投げ釣り、ウキルアー
●釣り期	8月中旬～10月中旬
●タックル	ルアーロッド10～13フィート、投げザオ タモ、ウエーダー不要
●エサ	紅イカ、ソウダガツオなど
●河口規制	なし

B点付近の砂浜は初級者にもお薦め

　猿払村にある多くのサケ釣り場は、いずれも盛期には釣り人で混み合うが、意外に入釣者が少なくのんびりとサオを出すことができるのが芦野海岸。釣り場が国道から近いため入釣が容易で、タイミング次第では複数匹ゲットの可能性もある。

芦野海岸は入釣者が少なくのんびりサケ釣りが楽しめる

釣り場の特徴

　海岸の広い範囲でサケが釣れる。それというのも北側には鬼志別川と知来別川、南側には猿骨川や猿払川があり、それらに遡上するサケの群れが沖合を回遊しているからだ。海の状況や潮回りによってはサケの群れが岸近くに寄り、跳ねやもじりが見られようになるとヒットの確率は一気に高まる。

　同海岸のサケは投げ釣りで狙うのが一般的だが、それほど遠投を必要としないのが特徴。従って、ウキルアーで狙うことも可能で、波打ち際近くを回遊しているサケをヒットさせた実例が数多くある。投げ釣

投げ釣りをしながらウキルアー釣りも楽しめる芦野海岸

りをしながらウキルアーをキャストしてみるのも面白いので、ウキルアーの道具もあると面白い。

ポイント紹介

A点は、道の駅「さるふつ公園」から数分の距離にある砂浜。仕掛けは銀や赤、緑などのサケ専用フロート付き胴突き仕掛けで、紅イカやソウダガツオを付けて20〜50m付近に投入する。海底には飛び根があるものの根掛かりは少なく、条件がよければ4、5匹手にすることも可能だ。夜明けから午前10時ごろまでが最も期待できる時間帯だ。

国道238号脇にあるライダーハウスと食堂の少し南側のB点付近も、数が期待できるポイント。後方に草原が広がっており、出し風となる西風や南西風のときは、風に乗せて仕掛けの飛距離を伸ばすことができる初級者にもお薦めのポイントだ。

猿骨川左海岸のC点付近は、群れの回遊次第で好不調の差が著しいため、入釣のタイミングが難しい。サオを出す釣り人の姿を見掛けることはあまり多くないが、うまく群れに当たれば釣れることもあるので念のためチェックしたいポイントだ。

芦野海岸でヒットしたサケ

MEMO
海岸にはトイレがないが、国道238号の猿払パーキングシェルターに公衆トイレがある。道の駅「さるふつ公園」には宿泊施設、日帰り入浴施設、レストランなどがあり便利。

道北

鬼志別川河口海岸

78 [猿払村] おにしべつがわかこうかいがん

- 釣り方　ウキルアー、ウキ、投げ釣り
- 釣り期　8月中旬～10月中旬
- タックル　ルアーロッド10～13フィート、投げザオ
　　　　　タモ、ウエーダー不要
- エサ　紅イカ、ソウダガツオなど
- 河口規制　鬼志別川（左海岸300m、右海岸300m
　　　　　6月1日～9月10日）

ウキルアー、ウキ釣りはE点の導流堤

浜鬼志別市街を流れる鬼志別川の河口の導流堤と左海岸の砂浜一帯が主な釣り場。爆発的な釣果はあまり期待できないが、ポイントによって投げ釣り、ウキルアー、ウキ釣りが楽しめ、地元のほかに遠征組の釣り人の姿もよく見掛ける。

鬼志別川の導流堤からウキルアーでサケを狙う

投げ釣り

浜鬼志別市街の稚内寄りにあるガソリンスタンド裏のA点からB点の砂浜は、鬼志別川のサケ・マス河口規制区域から外れているため、8月中旬にはサケ狙いの投げザオが並ぶ。開幕当初はカラフトマスが圧倒的に多く、サケの数がカラフトマスを上回るようになるのは8月下旬から。仕掛けは銀や赤のサケ専用フロート付きで、投げる距離は30m前後だ。

サケ・マス河口規制解除後は、C点から導流堤左側のD点間に入釣できれば数釣りの可能性が高い。ただし、E点の導流堤付近には、ウキルアーやウキ釣りの入釣者

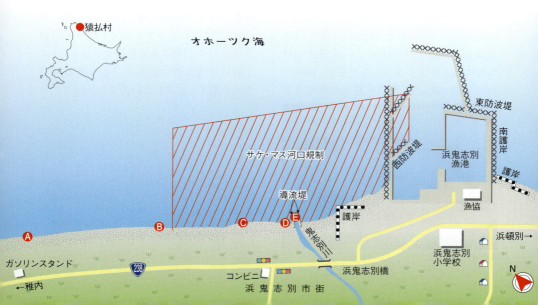

8月中旬からサケ狙いの投げザオが並ぶB点付近の砂浜

がいることが多いので、方向と距離に注意しながら仕掛けを投入すること。

ウキルアー、ウキ釣り ………………

　釣り場が狭くそれほど人数は入れないが、E点の導流堤がウキルアー、ウキ釣りのポイント。ウキルアーのスプーンの色は銀、銀赤、銀青がよく、ソウダガツオと紅イカの相掛けでヒット率が高い。なぎのときはウキ釣りでも狙えるが、しけ気味の日は危険なので入釣を控えること。

　右側の導流堤から浜鬼志別漁港までの海岸は、ウキルアーと投げ釣りのポイント。飛び根が点在して根掛かりの可能性があるため、ルアーや仕掛けは多めに持参。

穴場ポイント

浜鬼志別漁港は、サケ・マス河口規制解除後に港内にサケの群れが入り込むことが多い。ポイントは漁協前の岸壁一帯で、ウキルアーやウキ釣りで狙う。ただし、一部に鬼志別川のサケ・マス河口規制が掛かっているので、規制期間中は入釣場所に注意すること。

MEMO

海岸にトイレはないが、浜鬼志別市街にコンビニやガソリンスタンド、道の駅「さるふつ公園」にレストラン、日帰り入浴施設、宿泊施設、トイレがあり便利。

C点からD点間は数釣りの可能性が高い

道北

シネシンコ海岸

[猿払村] しねしんこかいがん

- ●釣り方　投げ釣り
- ●釣り期　8月下旬～10月中旬
- ●タックル　投げザオ
　　　　　　タモ、ウエーダー不要
- ●エサ　ソウダガツオ、紅イカ、サンマ
- ●河口規制　なし

砂浜の海岸だが場所によって根掛かりも

シネシンコ海岸は、国道238号のすぐ横に位置するため入釣が容易。両端には知来別川と鬼志別川が流入するため多くのサケが回遊し、魚影が濃く初級者でも釣果が期待できる。投げ釣りが主流で、休日には多くの釣り人が詰め掛け、サオが林立する。

ポイント紹介

ホタテ加工場付近のA点からB点間は、小砂利交じりの砂浜。日によってサケが回遊する距離にばらつきが多いため、複数本のサオを20～60m程度に投げ分け、1匹目がヒットした距離にほかのサオも合わせるのが数釣りのこつ。

B点からC点間は、波による砂浜の侵食が激しく国道脇から波打ち際までの距離が狭い。従って、波が穏やかなとき限定の釣り場となってしまったが、過去には朝まづめの短時間で20匹以上のサケが爆発的に釣れた実績もあり、毎シーズン通い詰める釣り人も少なくない。ここでは30～50m

サケの強い引きでサオが大きく弧を描く

盛期にはサオが林立するシネシンコ海岸

程度の距離に投入するといい。

C点から知来別側のD点までの間は、同海岸の中でも安定した釣果が期待できることから毎シーズン、入釣者を多く見掛ける。投げる距離は30〜50mほどで、サケのヒット率が高いといわれる朝まづめを逃しても、お昼ごろまではヒットを期待してサオを出し続けてもいいポイントだ。

仕掛けと攻略法

同海岸では2本バリのフロート仕掛けが使用される。フロートの色は銀、赤系が中心だが、レインボー、青、緑などの色を使用して釣果を上げる人もいる。海底はほとんどが砂地だが、場所によっては岩礁と飛び根が混在するので、初めての場合は仕掛けを多めに持参すること。オモリは通常30号の三角オモリだが、潮流が速いときもあるので35〜40号も用意しておくこと。サオは重いオモリに対応するため、30号以上の硬めが扱いやすい。

シネシンコ海岸で連続ヒットしたサケ

> **MEMO**
> トイレは浜鬼志別市街近くの道の駅「さるふつ公園」を利用する。浜鬼志別市街にコンビニ、食堂、日帰り入浴施設、ガソリンスタンド、宿泊施設などがある。

道北

知来別川河口海岸

80

[猿払村] ちらいべつがわかこうかいがん

- ●釣り方　ウキルアー、投げ釣り
- ●釣り期　8月下旬〜10月中旬
- ●タックル　ルアーロッド10〜13フィート
　　　　　　ウキルアー釣りはタモ必要
- ●エサ　ソウダガツオ、紅イカ、サンマ
- ●河口規制　知来別川（左海岸200m、右海岸300m
　　　　　　6月1日〜12月10日）

左右両海岸とも魚影濃く数釣りに期待

　知来別川は、知来別漁港西護岸基部付近の港内に流入する。従って、同漁港はサケ・マス河口規制区域内のため期間中のサケ、カラフトマス釣りは禁止。周辺は魚影が濃く数釣りのチャンスが多いことから、左右両海岸とも人気釣り場となっている。

右海岸

　知来別漁港の右側にある建設会社前のA点周辺の砂浜は、投げ釣りポイントとなっており、開幕と同時にずらりとサオが並ぶ。2本バリフロート仕掛けが基本で、フロートの色は銀、赤系が中心。20〜40mほど投げれば十分だが、場所によっては根掛かりするので注意が必要だ。初めての場合は、仕掛けやオモリを多めに持参すること。

　サケ・マス河口規制標柱から右側へ50mほどの区間のB点はウキルアーポイントで、規制標柱に近いほど数が期待できる。スローリトリーブが基本で、波打ち際でヒットすることもあるので気を緩めないこ

左海岸のC点付近は消波ブロック上が釣り場

右海岸のB点付近は足場がよく釣り場が混み合うのでトラブルに注意

と。足場のいい砂浜だが釣り場が非常に混み合うので、トラブルのないように譲り合って楽しむこと。

左海岸

消波ブロック上のC点が釣り場で、サケ・マス河口規制ラインの左側からウキルアーで狙う。足場が非常に悪く転落の危険もあるので、ライフジャケットは必ず着用すること。また、しけのときには波かぶりとなるので入釣を控えること。取り込みにはタモが必要。

左右両海岸ともルアーは35〜45gの銀、銀赤、銀青、赤に黒点などだが、アワビ張りなども準備しておくこと。タコベイトは夜光ピンクが人気。

良型サケヒットに緊張感が高まる

穴場ポイント

知来別市街の稚内寄りに流入する小川の河口周辺もまれにサケの群れが回遊する。条件次第では数釣りも可能だが、群れの移動が早いので短時間勝負。また、C点の消波ブロック左端後方部にあるD点の砂浜やE点の護岸からのウキルアー釣りでもヒットすることがある。C点が混雑して入釣できないときに狙ってみるといい。

MEMO

サケのシーズンになると知来別漁港内には駐車禁止場所が設けられるため現地で確認を。トイレは知来別漁港内にある。浜鬼志別市街にガソリンスタンド、コンビニ、日帰り入浴施設などがあり、道の駅「さるふつ公園」も近くにある。

道北

増幌川河口海岸

⑧¹ [稚内市] ますほろがわかこうかいがん

- ●釣り方　ウキルアー、投げ釣り
- ●釣り期　8月中旬～10月中旬
- ●タックル　ルアーロッド10～13フィート、投げザオ
　　　　　　タモ不要、ウエーダー必要
- ●エサ　ソウダガツオ、紅イカ、サンマ
- ●河口規制　増幌川(左海岸500m、右海岸500m
　　　　　　5月1日～8月31日)

サケ・マス河口規制解除直後から本格化

　稚内方面のサケ釣り発祥の地といわれる増幌川河口海岸は、稚内市街から車で国道238号を宗谷岬方面に向かって30分ほど。その近さのせいか、シーズンインすると平日でも多くの地元釣り人などが詰め掛ける人気スポットとなっている。

左海岸は砂浜から投げ釣りで狙う

釣り場の特徴

　サケの岸寄りはカラフトマスに交じって8月中旬から始まる。ただし、同月31日まではサケ・マス河口規制期間内なので、両海岸500m以内でのサケ釣りはできず、左海岸の規制区域外の投げ釣りで狙う。以前は規制区域外の右海岸が有利だったが、一帯に消波ブロックの離岸堤が敷設され釣果は落ちた。

　河口規制が解除される9月1日からの釣り方は左右の海岸で異なり、河口の左海岸は投げ釣り、右海岸はウキルアー釣りやウキ釣りのポイントとなる。規制の解除と同

右海岸のC点付近は導流堤に近いほどヒット率が高い

時に釣果は本格化するため、例年初日から多くの人が詰め掛ける。

ポイント紹介

左海岸はA点の河口規制標柱周辺がベストポイント。朝、夕まづめに短時間で好釣果が上がることも珍しくない。

右海岸は導流堤横のC点付近のヒット率が高く、D点に近づくほど釣果が落ちる傾向にある。しかし、河口付近に濁りや流れ藻などが多いとき、C点付近でヒットがないときは、群れがD点寄りを回遊していることも多々あり、好釣果につながる。

右海岸は波打ち際近くにもサケの姿が見られることが多く、沖に跳ねがあるときも立ち込まず、遠投タックルで挑んだ方がいい場合もある。ウキ下は30cm〜1m。B点の導流堤の間はヒット率が高いが、入釣人数が限られるのが難点。

右海岸のウキルアー釣り

穴場ポイント

左海岸は、同川から1km以上離れた場所でも条件次第で数釣りが可能で、ときには河口寄り以上に数が上がることもある。また、満潮時の波が穏やかなとき限定だが、右海岸の離岸堤と砂浜の間、離岸堤と離岸堤の間も試してみる価値十分だ。

MEMO

周辺にトイレはない。富磯地区にコンビニ、ガソリンスタンド、喫茶店、稚内市街には温泉、宿泊施設、釣具店などがあり便利。

道北

声問漁港

82

[稚内市] こえといぎょこう

- ●釣り方　　ウキ、ウキルアー
- ●釣り期　　8月中旬～10月上旬
- ●タックル　ルアーロッド10～12フィート
　　　　　　タモ必要、ウエーダー不要
- ●エサ　　　ソウダガツオ、イカ、エビなど
- ●河口規制　なし

港内のA、B点は数釣りに期待

　声問漁港は、声問川の左岸に造られた小規模な港。サケ稚魚放流事業の恩恵を受けて多くのサケが回帰するようになり、年々釣れるサケの数が増えるのと比例して訪れる釣り人の数も増加している。稚内市中心部から15分ほどの立地条件ということもあり、最近はシーズンインと同時に混雑するサケ釣り場だ。

釣り場の様子

　港内一帯で安定した釣果が期待できるが、中でもA点の港内突堤とB点の西護岸の岸壁では、2ケタに達する釣果を上げる釣り人をたびたび見掛ける。釣り方はウキ釣りで、ハリにかぶせるタコベイトの色はピンクやケイムラカラーが一般的だ。エサは短冊状に切ったソウダガツオと食紅で赤く染めたイカを一つのハリに付ける相

B点の西護岸でサケを大漁した釣り人

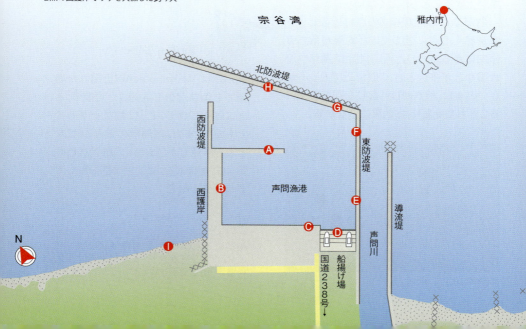

ウキ釣りで好釣果が期待できるA点の港内突堤

掛けで狙う釣り人が圧倒的に多い。

　船揚げ場左横のC点の岸壁は漁船と漁船の間からのキャストとなるので、キャスティングと取り込みの際には係留ロープに十分注意すること。

　D点の船揚げ場はウキ釣りやウキルアー釣りのポイントだが、コンブ漁などの繁忙期には立ち入り禁止となることがあるので、そのときは東防波堤のE点とF点の間でサオを出すといいだろう。ただし、防波堤の幅が狭いので、キャスティングや取り込み時は体勢を崩さないように動きに十分注意する必要がある。

　北防波堤のG点からH点の間は、岸壁際をサケが回遊することがあるため、ウキ釣りで狙ってみる価値がある。ただし、潮流が速いときや風向きによってはウキの流れが速過ぎて釣りにくいので、そんな状況のときにはウキルアー釣りに切り替えるといいだろう。

声問漁港で釣れたサケ

穴場ポイント

多くの釣り人は同漁港の港内にサオを出すが、時折、I点の西護岸外海側の砂浜近くでサケの跳ねやもじりが見られる。港内で釣りをしているときもI点に気を配り、跳ねやもじりがあるときはウキ釣りでチャレンジしたい。

MEMO

漁港内にはトイレがないため、国道238号を宗谷岬方面に5分ほど進んだ所にある声問緑地公園の公衆トイレを利用するといい。コンビニ、ガソリンスタンドは稚内市街にある。

道北

稚内港北船だまり

[稚内市] わっかないこうきたふなだまり

- 釣り方　ウキ、ウキルアー
- 釣り期　8月上旬～10月上旬
- タックル　ルアーロッド10～11フィート
　　　　　タモ必要、ウエーダー不要
- エサ　ソウダガツオ、サンマ、エビ、紅イカ
- 河口規制　なし

数狙いは船だまり周辺が有利

　稚内市恵比須地区にあり、釣り人の間では「北船だまり漁港」の名で親しまれている。稚内市中心部に近く、フェリーターミナルや道の駅「わっかない」から車で5分ほどの場所にあり、住宅地もそばにあることからシーズンインと同時に大勢の釣り人が詰めかける釣り場だ。

　例年だと8月上旬ごろからサケの回遊が見られ、同月中旬から下旬にかけて数が期待できるようになる。9月に入るといよいよ複数匹釣れる可能性が高まることから混雑必至だ。ポイントは中央突堤の左側にある船だまりと右側の船揚げ場周辺に2分されるが、どちらかというと船だまり側で数が上がることが多い。

船だまり周辺

　ウキ釣りとウキルアー釣りの釣り人が

北船だまり南防波堤のG点付近は要チェック

サケヒットの可能性が高い造船所前のA点付近

混在する釣り場で、ヒットの可能性が最も高いのがA点の造船所前の岸壁。特にサケの群れがたまりやすい左右の角付近では連続ヒットするシーンがたびたび見られ、シーズンを通して混雑必至だ。

漁船が係留されているB点の岸壁一帯も数が釣れるポイントとして知られているが、漁船と漁船の間のわずかなスペースからキャストしなければならないので、キャスティングテクニックが要求される。また、ヒット後のサケが思わぬ走りを見せた場合でも余裕を持ってドラグ調整などで対処できるベテラン向きのポイントだ。

船だまりに面した北船だまり北防波堤のC、D点も条件次第では数が期待できる。跳ねやもじりが見られた場合は積極的に攻めてみたい。

船揚げ場周辺

船揚げ場前のE〜F点の間はウキ釣りが主体で、条件次第では複数匹を狙える。海底には海藻が茂っているので根掛かりすることもあり、予備の仕掛けは多めに持参するのが無難だ。北船だまり南防波堤のG点や中央突堤先端部のH点付近は、まれにサケの群れがたまることがあるのでチェックを怠らないこと。

思わぬサケの走りにドラグ調整をして対処

> **MEMO**
> 港内にはトイレがないので、稚内港北防波堤ドーム前にある公園や道の駅「わっかない」などの公衆トイレを利用する。コンビニは近くにある。

道北

恵山泊漁港

[稚内市] えさんどまりぎょこう

- ●釣り方　ウキ、ウキルアー
- ●釣り期　8月上旬〜10月上旬
- ●タックル　ルアーロッド10〜11フィート
  　　　　　タモ必要、ウエーダー不要
- ●エサ　ソウダガツオ、サンマ、紅イカ、エビなど
- ●河口規制　なし

港内で最も早く釣れだすのはA点付近

　ノシャップ岬に造られた漁港のため、サケ釣りシーズンになると強風など気象条件が厳しいのが難点。稚内市の他のサケ釣り場に比べると釣りを楽しめる日が少なめだが、条件次第では複数匹のサケを手にすることもできる港だ。

釣り場の様子 …………………………

　船揚げ場右横のA点の岸壁は、港内で最も早い時期にウキ釣りでサケのヒットが見られるポイント。ここで釣果が上がるようになると、続いてB点の船揚げ場からのウキ釣りやウキルアー釣りでも狙えるようになり、南防波堤のC点付近でもウキ釣りなどでサケがヒットする様子が見られるようになる。B点の船揚げ場周辺の海底は海藻が茂っているためたびたび根掛かりするので、仕掛けは多めに準備して出掛けた

G点付近は跳ねやもじりがなくてもサケが釣れるポイント

港内で最も早くサケが釣れ始める恵山泊漁港のA点付近

方が無難だ。
　港内の中央突堤から左に伸びるD点の港内岸壁はサケの回遊経路の一つで、西防波堤に面した岸壁では、サケの群れが近くを回遊する様子を見ることもできる。同港では岸壁際を回遊するサケは食い気がないことが多く、岸壁際を狙ったウキ釣りは根気が必要となる。回遊するサケがいるのに釣果につながらない場合は、少し離れた所にキャストすると簡単にヒットすることが多いので試してほしい。

サケの回遊経路に当たるD点付近

MEMO
北、西護岸港内側の恵山泊漁港公園内に公衆トイレと駐車場がある。漁港周辺には食堂もあり、車で5分ほどの稚内市恵比須地区にはコンビニもある。女性や家族連れにも便利な釣り場だ。

POINT 穴場ポイント

中央突堤の右側にある船だまりを狙うE、F、G点は、サケの跳ねやもじりが見られない場合でもヒットすることがあるので試してみるといい。ウキ釣りは当たりが小さいことが多いので、偏光グラスなどを利用してしっかりとウキの動きを見ながら挑むといい。E、F、G点とH点の船揚げ場ではウキルアー釣りも有効だが、漁船の係留ロープやワイヤなどには十分注意すること。同港はウグイの宝庫といわれるほどエサ取りのウグイが多いので、ソウダガツオやサンマ、エビなどのエサは多めに持参する必要がある。

道北

西稚内漁港

85

[稚内市] にしわっかないぎょこう

- ●釣り方　ウキルアー、ウキ
- ●釣り期　8月上旬～10月上旬
- ●タックル　ルアーロッド10～11フィート
　　　　　タモ必要、ウエーダー不要
- ●エサ　ソウダガツオ、サンマ、エビなど
- ●河口規制　なし

北防波堤のA、B点は数釣りも

　西稚内漁港は小規模な港だが、稚魚放流事業の恩恵を受け、サケが釣れる釣り場として知られる。近年は道北の人気釣り場となり、シーズンに入ると稚内市内はもとより道内各地から釣り人が訪れるようになった。

南防波堤のC点付近は好ポイント

外海側

　同漁港に回帰したサケは外海から一気に港内へ入ることは少なく、北防波堤先端部付近や港口付近に2日間ほどとどまっていることが多い。そのタイミングのサケは警戒心が薄いせいか港内に入り込んだサケよりもヒット確率が高く、群れを見つけ

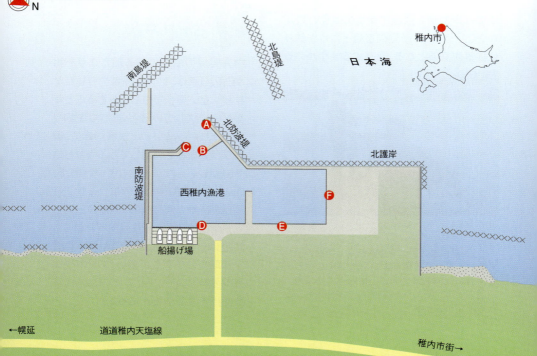

サケが複数匹釣れることもある北防波堤のA点付近

れば数時間で複数匹釣れることもある。A点の北防波堤先端部やB点の北防波堤から港内側に延びる突堤が好ポイントでウキルアー、ウキ釣りで攻める。

条件によっては北防波堤と北護岸の外海側にサケの群れがたまることもあるが、一帯は水深が浅めなのでウキ釣りが適している。外海側は足場が消波ブロック上となるため、スパイクブーツを着用するなど十分な注意が必要となる。C点の南防波堤先端部も外海側や港口を狙ったウキルアー、ウキ釣りで数が上がる傾向がある。

D点付近は港内に入り込んだサケが狙える好ポイント

港内側

港内に入り込んだサケは、中央突堤を境に船揚げ場側と船だまり側のどちらも回遊する。跳ねやもじりが頻繁に見られる場所でよく釣れる傾向があるので、薄明るくなると同時に入釣場所を素早く見極めることが重要だ。船揚げ場側はD点付近、船だまり側はE、F点が好実績ポイントとして知られている。

> **注意**
> D点などを含む船揚げ場側は漁船を引き上げるためのワイヤ、E、F点などの船だまり側は漁船の係留ロープにルアーやウキが引っ掛からないように十分注意を払う必要がある。北防波堤から港内側を狙う場合は、防波堤の幅が狭いのでキャストの体勢と足元にも注意すること。漁船の出入港時にも注意する必要がある。

> **MEMO**
> 港内にはトイレがないため、ノシャップ岬の恵山泊漁港公園や稚内市坂の下の夕日が丘パーキングの公衆トイレを利用する。

道北

抜海漁港

[稚内市] ばっかいぎょこう

- 釣り方　ウキ、ウキルアー、投げ釣り
- 釣り期　8月上旬～10月上旬
- タックル　ルアーロッド10～12フィート、投げザオ
　　　　　ウエーダー不要、タモ必要
- エサ　紅イカ、ソウダガツオ
- 河口規制　なし

道北日本海屈指のサケ釣り場

　抜海漁港は、サケ放流事業の成果によって港内に戻ってくるサケの数が多い。サケ釣り未経験者でもゲットできる可能性があり、道内はもとより道外からの釣り人も見掛ける道北日本海屈指のサケ釣り場。従って、シーズン中は混雑が多い。

南防波堤のH点付近はウキルアー釣りで狙う

ポイント紹介

　サケの群れは港内一帯を回遊するので、どこに入ってもヒットのチャンスがあるが、数釣りとなれば話は別。まず押さえておきたいのが各岸壁の角周辺のB、D、E、F点だ。ウキ釣りが有効でタナは2～3mだが、条件によって変動するので、最初に釣った人のタナに合わせるのが適当。これらのポイントに入釣できないときは、アザラシ観察所跡地前付近のA点、中央岸壁左基部から延びる突堤のC点周辺もウキ、ウキルアー釣りでヒットが期待できるポイントだ。
　盛期にはG点の船揚げ場付近も期待でき、跳ねやもじりが頻繁に見られるような

人気ポイントのD点付近は釣り場が混み合う

ら複数匹ヒットのチャンスもある。水深が浅く根掛かりも多少あるので、タナを20〜30cm程度にしたウキ、ウキルアー釣りが有効だ。

ポイントまでは距離があるが、南防波堤のH点から続く少し広いスペースがある岸壁一帯は、ウキルアー釣りで船道を狙う。ウキ下は1〜1.5mで、スローリトリーブが有効だ。外海に跳ねやもじりがあるときは消波ブロック上のI点からウキ、ウキルアー釣りをするが、消波ブロックの形状が三角形で滑りやすく、キャスト時の姿勢も不安定なので足元には十分注意。

港内での投げ釣りはウキ、ウキルアー釣りとオマツリが起きやすい。そのためJ点の砂浜への入釣をお薦めしたい。

注目ポイント

波が穏やかな干潮時限定だが、南防波堤基部付近の消波ブロック際から数十メートル沖の間にサケの群れがたまることがある。ウエーダーを着用し、ウキルアーで狙いたい。また、漁協前の岸壁は漁船が係留されているが、サケの群れが回遊することがある。船と船の間などからウキ、ウキルアー釣りで狙うと、条件次第では好釣果も可能だ。

MEMO

港内に水洗トイレや水道設備が完備されているが、魚をさばいたりすることは厳禁。毎年、釣り人によるごみの放置が問題視されるため、ごみは必ず各自持ち帰ること。

ウキ釣りが有利なF点付近

稚咲内漁港

[豊富町] わかさかないぎょこう

- ●釣り方　ウキ、ウキルアー
- ●釣り期　8月上旬〜10月上旬
- ●タックル　ルアーロッド10〜11フィート
　　　　　タモ必要、ウエーダー不要
- ●エサ　ソウダガツオ、紅イカ、エビなど
- ●河口規制　なし

A〜B点間が期待のポイント

　稚咲内漁港は砂浜に構築された漁港で、港口の沖に外防波堤が造られてからも港内への砂の流入が止まっていない。従って、砂の堆積によって浅い場所が多いのが難点だが、毎年のようにサケゲットの情報が聞こえる釣り場だ。年によっては8月上旬からサケの回遊が見られるが、例年、数が釣れだすのは同月中旬以降だ。東西南北のどちらから強風が吹いても風よけになる場所が少ないため、釣行前には天気予報などで風や波などの状況を確認してから出掛けた方がいいだろう。

お薦めポイント

　ウキ釣りとウキルアー釣りの人気ポイントは、船揚げ場左側のA点と南防波堤のB点間で、入釣者の大半がこの辺りでサオを出すと言っても過言ではない。どちらか

南防波堤のB点周辺も好釣果が期待できる

数釣りが狙える船揚げ場横のA点付近

といえば船揚げ場に近い所にサケの群れがとどまる傾向があるため、A点付近に入釣すると数が期待できることもある。

ただし、一帯に跳ねやもじりがあるような場合は南防波堤のB点周辺で数が上がることもあるので、サオを出す前の見極めが重要だ。通常、ウキ下は50cmから2m程度で、時折、岸壁際を回遊するサケの群れが見られるので垂らし釣りも試してみる価値がある。

港内のサケはときには広範囲を回遊するので、跳ねがあるときは中央突堤左側のC点からウキルアー釣りで狙う手もある

係留ロープなどに注意が必要なC点付近

が、漁船の係留ロープには十分注意が必要だ。中央突堤先端部のD点は釣り場が狭く入釣人数に限りがあるが、サケが港内の奥に入り込むときの通り道なので、ウキ釣りで試してみるといいだろう。

穴場ポイント

港内から延びる小突堤と北防波堤の間にあるE点の砂浜は、ごくまれにサケの群れがたまっていることがあり、そんなときには期待が高まる。同港を訪れたときには必ずチェックし、チャンスを逃さないように心掛けること。

MEMO

コンビニやガソリンスタンド、釣具を扱うホームセンターが豊富町市街地にある。同町にはアトピー性皮膚炎などに効果があるといわれる豊富温泉があるので釣行帰りに立ち寄ってみるのもいいだろう。

道北

風連別川河口海岸

[初山別村] ふうれんべつがわかこうかいがん

● 釣り方　ウキルアー、投げ釣り
● 釣り期　9月中旬～10月中旬
● タックル　ルアーロッド11～13フィート、投げザオ
　　　　　タモ、ウエーダー必要
● エサ　　ソウダガツオ、紅イカなど
● 河口規制　風連別川（左海岸300m、右海岸300m
　　　　　5月1日～8月31日）

好釣果が上がるXデーに期待

　留萌から国道232号を約70km北に向かった所にある初山別村豊岬地区。この海岸に流入する風連別川の左右両海岸がサケ釣り場となっている。毎年、1～2日間の短期間だが好釣果が上がるXデーがあり、

遠投有利のD、E点は12～13フィートの長めのロッドで

シーズン序盤から好漁を夢見て毎週通い詰める釣り人も少なくない。

右海岸

　砂地の海岸に流入するため、河口の形状は大雨や波などの気象条件で変化する。しかし、大雨で濁った川水が勢いよく流れ出したり、渇水で河口がふさがるようなことがない限り、それなりの釣果が期待できる。
　右海岸側にはコンクリート護岸があり、この護岸上のA点付近は投げ釣りのポイント。仕掛けは遊動式や胴突きタイプで

河口前に立ち込んでウキルアーで狙うC点

銀、赤、緑などのフロート付き1本、2本バリ。中投げや遠投で狙う。サオ立ては三脚タイプを使用する人が目立つが、ハリ掛かりしたサケにサオごと持って行かれる可能性があるので目を離さないこと。

　B点の護岸横から河口間の砂地ではウキルアー釣りも可能だが、護岸に近い場所では、投げ釣りのミチ糸とルアーが絡まるなどのトラブルが予想されるので細心の注意が必要だ。

左海岸

　河口前のC点からD点の消波堤、E点の消波ブロックまでがウキルアー釣りのポイント。C点は立ち込みで正面沖を狙い、D点からは3時方向を狙う。遠投が有利なのでルアーロッドは12〜13フィート、ルアーは45g以上の重めを選択する。ルアーの色は赤に黒点、銀赤、銀青、アワビ張りなどで、タナは80cm〜1m。E点の消波ブロックの沖に跳ねやもじりがあるときは数釣りのチャンスだが、足元に十分注意。

　夏季には海水浴場になっているF点からG点の砂浜は、河口付近に比べるとサケの回遊数は少ないものの条件次第では数釣りが可能だ。一帯は投げ釣りのポイントで、50m程度の飛距離があれば十分。水深が浅いので1本バリ仕掛けがお薦めで、1本サオ立てを使用する。

風連別川河口海岸では毎年、短期間だが好釣果が上がる

> **MEMO**
> 道幅が狭いので、駐車スペースや駐車場以外には駐車しないこと。近くにキャンプ場、温泉施設、道の駅「☆ロマン街道しょさんべつ」がある。釣具とエサは遠別町市街。

道北

初山別川河口海岸

89

[初山別村] しょさんべつがわかこうかいがん

- ●釣り方　ウキルアー、投げ釣り
- ●釣り期　9月中旬～10月中旬
- ●タックル　ルアーロッド11～13フィート、投げザオ
　　　　　タモ、ウエーダー不要
- ●エサ　ソウダガツオ、紅イカなど
- ●河口規制　なし

ウキルアー釣りはA点からB点間に実績あり

　初山別市街のすぐ南側の海岸に流入する初山別川は、河口の左右両海岸がサケ釣り場。小砂利交じりの砂浜で足場がよく、初級者や女性も安心して楽しめる。右海岸は河口から50mほど離れた場所から初浦漁港まで、砂浜の浸食を防止するための消波ブロックがあり釣り場は狭い。

入釣ルート

　右海岸への入釣は、国道232号の初山別村役場のある交差点から海側に向かい、行き止まりにある10台分ほどの駐車スペースから。海岸まではわずか1、2分の近さだ。左海岸は、国道付近から入釣すると私有地を通らなければならないため、右海岸からウエーダーを着用して初山別川を渡るのが適当。

釣り場の様子

　ウキルアー釣りは、過去の実績からする

初山別川左海岸は広々とした砂浜

初山別川河口海岸のA、C点付近

と右海岸への入釣が断然有利。A点からB点間が好ポイントで、特に、河口から20m以内に入釣できれば複数ゲットの確率は高くなる。釣り場が狭く、ウキルアーで狙う釣り人が大半を占めているため、投げ釣りの入釣は避けること。ルアーは40〜50gの赤に黒点や銀赤、銀青が主流だ。

左海岸のC点からD点間は、沖合に跳ねやもじりがたびたび見られる。こちらは広々とした砂浜で、河口から20m付近まではウキルアーの入釣者もいるが、それよりも離れた場所は投げ釣りで狙う。投げ釣りの仕掛けはサケ専用フロート付き2本バリで、フロートの色は銀や青、緑。仕掛けのタナは35cmほどで、ハリスは30〜35cm。50m以上の中投で狙うのがいい。

注目ポイント

河口付近に濁りがあるときは、左海岸の河口から離れた場所も見逃せない。投げサオを出しながらウキルアーでも狙う二刀流がお薦めだ。また、ごくまれにサケの群れが右海岸の消波ブロック付近を回遊することがある。跳ねやもじりがあるときは、消波ブロックの切れ目の外側を重めのルアーを使った遠投で狙ってみるのも手だ。

MEMO

海岸にはトイレが設置されていない。初山別市街にガソリンスタンド、食堂、食料品店などがある。釣具とエサは羽幌町、遠別町市街で購入できる。

初山別川河口海岸でヒットした雄ザケ

羽幌川河口海岸・羽幌港

道北 90

[羽幌町] はぼろがわかこうかいがん・はぼろこう

- ●釣り方　ウキルアー、投げ釣り
- ●釣り期　9月中旬～10月下旬
- ●タックル　ルアーロッド10～12フィート、投げザオ　タモ必要、ウエーダー不要
- ●エサ　ソウダガツオ、紅イカなど
- ●河口規制　なし

メインの釣り場は河口左海岸の砂浜

羽幌町の数少ないサケ釣り場の一つ。盛期には朝、夕まづめに複数匹の釣果が期待できるため混雑することが多い。メインの釣り場は河口左海岸の狭い砂浜だが、雨後やしけのとき、しけ後などは群れが羽幌港内に入ることもある。

河口左右の砂浜

国道232号の羽幌大橋近くの交差点から道なりに海側に進むと、羽幌港北防砂堤基部右側付近にたどり着く。A点の砂浜は目の前でアクセスは容易だが、A点は投げ釣りで4、5人しか入れない狭い場所のため、1人1人がサオ数を控えめにしてスペースを譲り合って釣りを楽しんでほしい。右海岸の砂浜B点は、同国道の羽幌大橋の右岸海側に車1台分の駐車スペースがある。悪路をたどって海岸沿いの護岸まで車で行けるが、スタックする可能性があるので徒歩入釣がお薦め。護岸は高さがあるので、護岸と共に設置されている消波ブロッ

羽幌川に濁りがあるときやしけ後は羽幌港内が狙い目

投げ釣りで4、5人が入釣できるA点の砂浜

クを利用して海岸へ下りる(転落注意)。海がしけていると砂浜が消失していることもあるが、通常は砂浜で投げ釣りができる。場合によっては沖に砂州が張り出していることがあり、岸寄りしたサケの群れを至近距離から狙うことができる。A点に比べて入釣者の少ない穴場で、状況次第でウキルアー釣りも可能。

羽幌港

大雨で羽幌川の川水が濁っているときやしけ、しけ直後などは、サケの群れが羽幌港に避難するような行動を取ることが多く、羽幌港内が狙い目となる。好ポイントは、旧フェリーターミナル裏側のC点と旧フェリー岸壁先端付近のD点、港内奥側の突堤先端のE点もサケの回遊ポイントだ。港内はウキルアー釣り主体で、ルアーの色は赤に黒点、銀赤、シルバー。岸壁は人や車の往来があるので、キャスト時は周囲に細心の注意を払うこと。

羽幌港内は海面から高さがある釣り場なので柄が長めのタモが便利

注目ポイント

港内奥の船揚げ場のF点は穴場ポイントで、最奥部にもかかわらずサケの跳ねやもじりが見られることがあるので注意すること。また、港内各所の排水口付近や各岸壁の角周辺も見逃せないポイント。海水の透明度が高いとき限定だが、肉眼でもサケの回遊を見られることがある。港内のサケの取り込みは柄の長いタモが必要。

MEMO

港内には公衆トイレがあり、羽幌市街にコンビニやガソリンスタンド、食堂がある。

道北

苫前漁港

91

[苫前町] とままえぎょこう

●釣り方	投げ釣り、ウキ、ウキルアー
●釣り期	9月下旬〜10月中旬
●タックル	投げザオ、ルアーロッド10フィート前後 タモ必要、ウエーダー不要 タモは2メートル以上
●エサ	ソウダガツオ、サンマ、エビ、フクラギ、紅イカ
●河口規制	なし

釣り方はサケの回遊するタナによって変更

2001年にサケの海中飼育の回帰率を調査する目的でサケ稚魚の飼育・放流が行われ、2005年からサケ釣りが始まったサケ釣り場。当初はかなり釣れたが最近は港内に入る前に網で捕獲されるサケが増え、港内を回遊するサケの数が少なくなった。しかし、日によっては全体で2ケタの釣果が上がることもあり、攻略のチャンスはある。苫前漁港には9月下旬からサケが回帰するといわれているが、年によっては9月上旬に群れが港内に入ることも。網が上がる10月中旬以降に狙うのも面白そうだ。

お薦めポイント

最近の傾向として人気なのは新しくできた北防波堤基部付近の沖合岸壁のA点からB点の間。いったん港内の奥深くまで入り込んだサケは周辺を離れずに回遊す

サケの回遊に期待が持てる沖合岸壁のB点付近

投げ釣りで好釣果が上がった実績があるC点の船揚げ場

る傾向があり、対岸から延びる突堤や中護岸、沖合岸壁の周辺を回遊するはずなのでチャンスが広がる。ウキ、ウキルアー釣りで狙いたい。

C点の船揚げ場は爆発力を秘めたポイントで、投げ釣りで2ケタのサケが上がった実績がある。

釣り方

同漁港は、大型のイカ釣り漁船などが出入港するため、水深が深めで4～5mほどある。当然、サケが回遊する深さは潮回りや天候、海状況などによって大きく変化する。サケの跳ねやもじりが見られるような日には表層近くを回遊している可能性が高いのでウキ下を1.5～3mにしたウキルアーで狙い、底を回遊しているようなら投げ釣りで狙うと効率良く攻めることができる。

地元の釣り人が多いこの釣り場では、全体を見るとウキルアー、ウキ釣りと投げ釣りが半々といったところだが、足繁く通う地元の釣り人はサケの回遊に合わせて釣り方を替える。入釣の際はタックルや仕掛けを多種類持参するのがいいだろう。

サケの回遊層が深いときは投げ釣りが有利

> **MEMO**
> 港内にはトイレがないので、近くの道の駅「風Wとままえ」を利用するといい。コンビニ、ガソリンスタンドは苫前市街の国道232号沿い、釣具店は羽幌町にある。

道東エリア

道東	# 音調津漁港	●釣り方	ウキルアー、投げ釣り、ウキ
92		●釣り期	8月上旬～10月上旬
202	[広尾町] おしらべつぎょこう	●タックル	ルアーロッド10〜13フィート、投げザオ タモ必要、ウエーダー不要
		●エサ	ソウダガツオ、サンマ、紅イカなど
		●河口規制	なし

A点の北防波堤外海側が人気ポイント

えりも町庶野付近から続く国道336号の通称「黄金道路」の終点付近に位置する規模が小さめの漁港。早場の広尾町十勝港に隠れた穴場的存在だが、タイミング次第では好釣果が期待でき、意外に釣り場は混み合う。うねりが入りやすい太平洋に面するため、天候や海の状況に釣果が大きく左右される傾向がある。数は少ないが、すぐ近くの同町音調津川河口の砂浜にも投げ釣りでサケを狙う釣り人の姿が見られる。

北防波堤

A点の北防波堤は、音調津川の川水に引き付けられたサケが回遊する外海側が好ポイント。投げ釣りやウキルアー釣りで狙えるが、盛期になると胸壁に立て掛けられた投げザオがズラリと並び、ウキルアー釣

急なしけなどでチャンスが広がるB点付近

A点の北防波堤が人気ポイントで釣り場が混み合う

りを楽しむスペースが極端に少なくなってしまうのが難点だ。

投げ釣りの仕掛けはシルバーや赤系のフロート付き1本バリでウキルアー釣りのルアーの色は赤、ピンク系など、重さは30〜45g。投げ釣り、ウキルアー釣りともさほど遠投の必要はなく、エサはソウダガツオやサンマがメインだがそれらに紅イカを相掛けする釣り人も見られる。ウキルアー釣りは先端部、投げ釣りは中間部がポイント。

港内

港内を二分するように中央付近に大きく突き出す突堤が釣り場で、ウキルアー釣りで狙う。サケが港内奥の船だまりまで入り込むことは少ないので、先端部左角のB点が好ポイントとなる。

音調津漁港は入釣者がA点の北防波堤に集中する傾向があり、港内への入釣者は少なめだが、急なしけなどがあるとサケが港内に入り込むことがありチャンスが広がる。遠投の必要がないのでスプーンは30〜40g程度でよく、ウキ下は1〜2.5m。早朝や夕方、跳ねが見られるときはウキ下を短めにし、日中や跳ねがないときは長めにする。

音調津川河口は投げ釣りでサケを狙う

> **注意**
> 同漁港はサケ釣りの短期間に多くの釣り人が集中するため、毎年のように駐車やごみ問題が取りざたされる。船揚げ場がある南護岸付近は漁業作業に支障があるため駐車禁止。ごみのポイ捨ては厳禁。

> **MEMO**
> 港の入り口にトイレがある。ガソリンスタンドとコンビニ、釣具店は広尾市街。

道東

十勝港

[広尾町] とかちこう

- 釣り方　垂らし釣り、投げ釣り、ウキルアー釣り
- 釣り期　7月下旬～11月下旬
- タックル　7m前後万能ザオ、投げザオ
  　　　　タモ必要
- エサ　ソウダガツオ、サンマ、紅イカ、オオナゴ
- 河口規制　広尾川（左海岸500m、右海岸500m
  　　　　6月1日～11月30日）

早場中の早場で初期は大型に期待

　重要港湾に指定される南十勝の大型港。周辺地域はサケの早場として知られているが、中でも、規模が大きく水深が十分の同港は早場中の早場。シーズン初期にはコンディションのいい大型が釣れ、地元ファンのみならず遠方からも多くの釣り人が駆け付ける。

第3、第4埠頭コの字……………………
　最も実績が高いのが第4埠頭と第3埠頭によって囲まれたコの字部分のA点（立ち入り禁止区域を除く）。ここで主流の垂らし釣りのタナは1.5～3mで、サオは複数出しそれぞれ垂らしの長さを変える。サオは7m前後が標準的だが、近年は「長い方が釣れる」との理由でロング化の傾向があり、8～10mといった物も登場している。
　当たりは繊細なことがあり「ウグイだと

消波ブロック越しの投げ釣りとウキルアー釣りが主流の第3埠頭先端部

8月中旬の第3埠頭はサケ狙いのサオが隙間なく並ぶ

思っていたらサケだった」というケースが少なくない。エサはソウダガツオやサンマを使い、ウグイ対策として紅イカを相掛けする。また、最近、地元で人気なのがオオナゴ。外道対策として1匹を丸ごと背掛けなどで使う。サケの食いも上々だ。垂らし釣りの傍らでウキルアー釣りをする人もいる。

第3埠頭

岸壁際に低い消波ブロック帯のある先端部のB点は投げ釣りとウキルアー釣りがメイン。投げ釣りは専用フロート仕掛けを消波ブロック越しに投げて当たりを待つが、取り込みの際には消波ブロックに乗る必要があり、あらかじめ取り込む場所を確認しておきたい。タモ入れは周囲の協力をあおごう。

港の形状によりサケが進入しづらいのか、外港区を除けば港内のサケポイントはC点まで。C点では荷役作業が行われるため移動を余儀なくされることがあり、じっくり腰を据えてサオを出すには不向き。

外港区

広尾川のサケ・マス河口規制が一部にかかる外港区の通称「昆布港」のD点は、防波堤が延長されてから魚影が薄れ、近年は釣り人の姿が少ない。ウキルアー釣りが主流で、まれに投げ釣りも見掛ける。

7月下旬に第3、第4ふ頭間のA点でヒットした銀ピカのサケ

> **MEMO**
> 沿岸では例年8月下旬にサケの定置網漁が始まり、同港の釣りはそれまでが一区切り。それ以降も釣れるが釣果は半減する。コンビニ、ガソリンスタンドは市街にある。

楽古川河口海岸

[広尾町] らっこがわかこうかいがん

- ●釣り方　ウキルアー、投げ釣り
- ●釣り期　8月上旬〜11月下旬
- ●タックル　ルアーロッド10〜12フィート、投げザオ
　タモ必要
- ●エサ　サンマ、ソウダガツオ、紅イカ
- ●河口規制　楽古川(左海岸300m、右海岸300m
　8月20日〜11月30日)

親水緑地は人気上昇中

　以前は楽古川の河口のそばでフルシーズンサオが出せた釣り場だが、2018年度に河口規制が設定された。規制の期間は8月20日から11月30日までと、ごく初期を除きサケ釣りシーズンをカバーしている。そのため、規制の範囲内でサオが出せるのは規制開始前の10日間ほどのみ。フルシーズンサオが出せるポイントは、規制の範囲から外れる親水緑地が残るのみである。

左海岸

　海辺のふれあい広場前にあるA点の釣りデッキ(釣り広場)は、ウキルアー釣りがメイン。朝、夕まづめにサケの回遊ルートとなる河口の流れ出しが目の前の好ポイント。朝夕は川の流れ出し付近を重点的に攻め、日中は広範囲を中投げや遠投で探る。どちらもリーリングはスローが基本。通常

釣りデッキは常に波やうねりに注意すること

釣りデッキは護岸上からキャスティングするのが定番

キャスティングは釣りデッキの護岸上で行うが足元が滑るので注意すること。また、太平洋に面するためうねりに注意。河口規制が始まる前のポイント。

右海岸

投げ釣りが中心のB～C点の右海岸は、丸みを帯びた大きな石がごろごろと転がるゴロタ場で根掛かり対策が必要。ミキ糸下部のサルカンを小型の物にして強度を下げ、根掛かりしたオモリだけを切り離す方法が有効だ。

初期群のサケは魚体が大きく引きも強い

人気急上昇の親水緑地は盛期にはサオが林立する

ので、仕掛けにはそれなりの強度が求められる。ミキ糸は10号以上が一般的で、強度のある大型のトンボピンを使ったフロート仕掛けの愛用者が多い。また、ヒット後の無理な取り込みはばらしの原因となるので、ある程度リールを巻き魚が寄ったら、後ずさりして波に乗せながら浜にずり上げる。最後は隣人にタモでランディングしてもらうのが無難だ。河口規制が始まる前のポイント。

親水緑地

D点は、人気急上昇中の親水緑地内のデッキ部。投げ釣りの釣り場で、防潮堤は成人男性の胸ほどの高さがあり、海面から高さもあるため魚の取り込みに難がある。半面、誤って転落する危険性が少なく、子供連れでも安心だ。サオは防潮堤に立て掛けて使用し、キャスティングでは特に支障ないが、通路を兼ねているため周囲に気を配ること。

> **MEMO**
> 車ですぐの広尾市街にはガソリンスタンド、コンビニ、釣具店がある。

道東

旭浜（大樹）漁港と周辺海岸

95

[大樹町] あさひはま（たいき）ぎょこうとしゅうへんかいがん

- 釣り方　ウキルアー、ウキ、垂らし釣り
- 釣り期　7月下旬〜10月下旬
- タックル　磯ザオ、ルアーロッド10〜13フィート、投げザオ、タモ必要、ウェーダー不要
- エサ　紅イカ、ソウダガツオ、オオナゴなど
- 河口規制　なし

ウキルアー釣りは北防波堤のB点付近

カラフトマスに交じって7月下旬からサケが釣れだす早場。3種の釣り方が見受けられるものの、釣り方ごとにポイントが分かれる傾向があるため特に問題はない。十勝のほかの釣り場同様、型がよく銀ピカが多いのも魅力的だ。

C点の海岸は人気の投げ釣りポイント

旭浜（大樹）漁港

東防波堤先端部のA点は、港内側が垂らし釣りのポイントになっている。早朝は防波堤の近くをサケの群れが回遊することから比較的短い5m余りの磯ザオが有利で、日が高くなると群れが遠ざかることから8m余りの長い磯ザオが向くといわれ

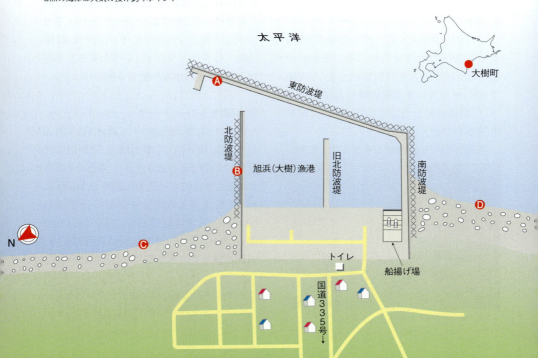

垂らし釣りのサオがずらりと並ぶ東防波堤のA点周辺

る。タナは1.5〜2mほどで、エサ取りのウグイの影響が少ないことからエサはオオナゴが人気。ウグイそのものもエサとしてよく用いられる。

北防波堤のB点周辺は、外海側がウキルアー釣りのポイント。比較的海岸に近い所にあるかけ上がりを狙うといいが、足場が消波ブロック上なので十分に注意する必要がある。取り込みはA、B点とも柄の長さが4.5mほどのタモが必要だ。

周辺海岸

同漁港の左右のC、D点周辺の海岸は投げ釣りでサケを狙うポイントで、釣果の良さから人気が高いのはC点周辺。小さめの平たい石が波打ち際から盛り上がるように高く堆積しているため釣り座が波をかぶることは少ないが、釣ったサケを海岸にずり上げて取り込むには難がある。タモを持参するのが賢明だ。周辺は東防波堤が波を遮ってくれるので少々のしけでもサオを出せるのが利点。

D点周辺は比較的混雑が少なく、年によっては近くに流入する大樹町紋別川が蛇行して河口ができるので、そんな状態のときには釣果アップの期待が高まる。C、D点とも20〜50mほどのキャストでかけ上がりを狙う。海岸は埋まりやすいので車の乗り入れは控えること。

一帯はサケの型がよく銀ピカが多いのも魅力

MEMO
漁港近くに公衆トイレあり。コンビニと釣具店、ガソリンスタンドは広尾市街。

道東

晩成海岸

96

[大樹町] ばんせいかいがん

- 釣り方　投げ釣り
- 釣り期　8月初旬〜11月初旬
- タックル　投げザオ
　　　　　タモ、ウエーダー不要
- エサ　ソウダガツオ、サンマ
- 河口規制　なし

ジャンボフロート仕掛けで釣果アップ

　濁りやすく、ごみがたまりやすいなど好条件でサオが出せる日は少ないが、地元では長く愛されている人気釣り場。十勝沿岸の他の爆釣エリアに隠れた存在だが、タイミング次第では好釣果も期待できる。場所取りがなく、いつ訪れてもサオが出せ、混雑嫌いののんびり派に一押しだ。

ポイント紹介

　道道ホロカヤント一線の基点から、海岸沿いの道を生花苗沼(おいかまないとう)方向に向かったA点付近が一等地。一帯は遠浅の砂地で根掛かりはほとんどしない。また、晩成温泉裏の護岸前のB点も入釣しやすく、人気のポイントだ。両ポイントとも安定して釣れるのは朝方だが、日中や午後に爆釣することもまれにある。

　一帯は9月から11月に35〜60cm級のマツカワ、10月から11月には35〜40cm級

一等地のA点付近でサオを出す釣り人

大樹町

晩成温泉裏の護岸前のB点は入釣しやすい人気ポイント

のカジカがサケ仕掛けによく掛かるのも魅力のひとつとなっている。また、海岸線の道は砂が軟らかく車が埋まりやすい。特に、A点付近に入釣するときは十分注意が必要だ。

仕掛けとエサ

一般的な市販のサケ専用仕掛けでも十分釣れるが、同海岸では、フロート部分が10cmと長めでハリのチモトに直径1.5cm

左側が晩成海岸で人気のジャンボフロート仕掛け

ほどの銀色のウキ玉を付けたジャンボフロートタイプが人気。仕掛けの動きがよくサケに対するアピール度が高いのが特徴で、フロートの色はシルバー、赤、青。タコベイトは赤、ピンクが主流だが、天候や時期、時間帯などの条件に左右されず釣果が上がる黒の人気が上昇中だ。

エサは時期によって種類を変える。サケの開幕時はウグイが多いためサンマは不向きで、エサ持ちのいいソウダガツオを使う。「細長いエサがよく釣れる」「小さいエサはフロートの浮力を高め、サケにアピールしやすい」と話す人が多く、細長く切った物が好まれる。ウグイの減る10月中旬からは、小さめのエサから一転して約3cm幅にぶつ切りしたサンマがメインになる。生、塩締めのどちらでも釣れるが、若干、生エサへのヒット率が高い。

> **MEMO**
> 近くにトイレはない。ガソリンスタンド、コンビニ、釣具店は隣町の広尾町市街地にそろっている。

道東

湧洞浜

97
212

[豊頃町] ゆうどうはま

- ●釣り方　投げ釣り
- ●釣り期　8月初旬〜11月上旬
- ●タックル　投げザオ
  　　　　　タモ、ウエーダー不要
- ●エサ　ソウダガツオ、サンマ、紅イカなど
- ●河口規制　なし

一帯が投げ釣りポイントで魅力十分

広い砂浜一帯が投げ釣りのポイントで、大勢の入釣が可能。タイミングよく群れに当たれば複数匹釣れることも少なくない。人気の同じ豊頃町の大津海岸や長節海岸の逃げ場としても重宝するが、ここ自体が本命釣り場としての魅力を十分持っているといえる。

釣り場の特徴

海がしけると底荒れして仕掛けにごみが付きやすくなり、全体的に遠浅気味のため波も立ちやすくなる。さらに、雨が続くと十勝川の濁り水の影響を受けやすい。

8月から9月上旬まではウグイが多く、年によってはコマイの魚影も濃い。柔らかい生サンマは数分でウグイやコマイに食い尽くされてしまうこともあり、サンマを使う場合は塩で締めること。皮が硬いソウダガツオも塩で締めるに越したことはなく、

道道湧洞線の行き止まり付近

豊頃町

D点の通称「がけ下」でサケヒット

これらと紅イカを相掛けするのも手だ。

仕掛けは一般的な市販品で対応できる。実績が高いのはハリスが40〜50cm前後で、浮力の強い長めのフロートを使った物。早い年には7月末に釣れだす早場で、盛期は10月いっぱいだが、それ以降もぽつぽつサケが釣れ続き、11月になるとコマイ釣りをしながらサケのサオを出す人も見られる。

ポイント紹介 ……………………………

A点周辺は、国道336号から道道湧洞線へ折れて直進すると突き当たる場所。柔らかい砂浜のためサオの近くまで車を乗り入れることはできないが、道道から少しの間は踏み固められた砂地で、ここまでは車の進入や駐車が可能だ。

道道が行き止まるB点周辺は、A、C、D点の海の状態が悪い日でも、一時的に底荒れや濁りが取れることがあるので要注目。ただし、波が強いときは40号以上のオモリも用意すること。

C点周辺には、道道沿いにハマナスやクロユリなど貴重な野生植物地帯が続く。従って、道道からむやみに踏み入るのは厳禁で、入釣はA、B点付近から。奥まで車を乗り入れると埋まるおそれがあるので注意。

D点周辺には「がけ下」や「展望台下」の通称があり、釣り座は柔らかい砂浜。ただし、がけ寄りには踏み固められた砂地もあり、比較的奥まで車の進入が可能だ。

湧洞浜では複数匹のサケが釣れることも少なくない

> **MEMO**
> 周辺にトイレはない。コンビニ、ガソリンスタンドは幕別町忠類市街が比較的近い。釣具は浦幌町のホームセンターで扱っている。

道東

長節海岸

[豊頃町] ちょうぶしかいがん

- 釣り方　投げ釣り
- 釣り期　7月下旬〜10月下旬
- タックル　投げザオ
　　　　　タモ、ウエーダー不要
- エサ　ソウダガツオ、サンマ、紅イカ
- 河口規制　なし

A点の通称「三差路前」が人気ポイント

　十勝地方を代表する人気のサケ釣り場。岸寄りが早い年には7月下旬から釣れだし、一帯の沖にサケ漁の網が入る8月下旬まで数釣りが可能。それ以降、数は落ちるがコンスタントな釣果が得られ、80cm超えの大型が狙える釣り場としても知られる。

ポイント紹介

　海底は全域砂地で根掛かりはほとんどない。開幕当初は時期的に南寄りの風の日が多く、濁りやごみでサオが出せない日も多いが、風向きが変わる9月中旬以降はなぎの日が多くなる。入釣場所にあまりこだわる必要はないが、長節湖入り口にあるゲート近くの通称「三差路前」のA点付近が入釣のしやすさ、釣果の安定感で一歩リードしている。ただし、混雑必至のポイントで、週末の入釣は釣り場確保がかなり難しい。

A点の通称「三差路前」に並んだサケ狙いのサオ

釣り場入り口付近にあるゲート

　B点の長節湖キャンプ場裏も混雑は避けられないポイント。釣果の安定度は三差路前に引けを取らないほどで、沖に消波ブロックの離岸堤があるため波が立ちにくく、しけに強い特徴がある。

　また、C点の歌碑前からキャンプ場間は比較的釣り人が少なく、10月以降や午後からの入釣なら釣り場の確保がしやすい。回遊次第で三差路前やキャンプ場裏の釣果をしのぐこともある。

攻略法……………………………………

　仕掛けのフロートはシルバーでピンクのタコベイトを組み合わせるのが定番。フロートは赤、黄緑、タコベイトは赤、黒も使う。オモリは40～50号の三角型。エサはウグイが多いときは紅イカを使うが、サンマやソウダガツオのヒット率が高い。沖にサケがいる開幕時は遠投有利だが、8月下旬以降は魚が岸近くを回遊するので、15～40mのちょい投げや中投げが効果的だ。

　よく釣れる時間帯は朝方だが、午前11時前後や夕方に短時間で集中的に釣れることもある。そのせいか釣り人の減る午後からサオを出す人も多い。また、海水が澄んだ日によく釣れることが多いので、海水の色に注意したい。

注意
海岸線に広がる原生花園は、長節湖畔野生植物群落として道の天然記念物に指定されている。原生花園への車の乗り入れや植物の採取は厳禁。

MEMO
トイレは同町大津漁港に、ガソリンスタンドは豊頃市街、コンビニ、釣具を扱うホームセンターは20kmほど離れた浦幌町市街地にある。

B点の長節湖キャンプ場裏も有望なポイント

道東

大津漁港と周辺海岸

[豊頃町] おおつぎょこうとしゅうへんかいがん

- ●釣り方　ウキルアー、ウキ、投げ釣り
- ●釣り期　7月中旬〜11月上旬
- ●タックル　ルアーロッド10〜13フィート、磯ザオ、投げザオ、タモ必要、ウエーダー不要
- ●エサ　ソウダガツオ、紅イカなど
- ●河口規制　なし

海岸は少々のうねりなら釣り可能

サケの一級ポイントだった大津漁港は、北防波堤と南防波堤への立ち入りができなくなり釣り場が激減。残った数少ないポイントで細々と釣れるのみとなった。しかし、同港右側の砂浜はサケ釣り場として健在で、混み合うことだけは玉にきずだが、入釣さえできれば数釣りのチャンスもある。

D点の三差路付近で上がった銀ピカのサケ

大津漁港

漁協前のA点は、最盛期にまれに跳ねやもじりが見られ、ウキ釣りやウキルアー釣りでヒットすることがある。どちらの釣り方もタナは1.5〜2mを中心に上下させるとよく、係留船の間から15〜30mキャストして狙う。掛けたサケを手前に寄せる際や、取り込みの際には係留ロープに注意が必要。

港内に群れが入ることが減ってから釣り人も減ったが、B点の船揚げ場周辺もサケを狙える。B点の釣り方は投げ釣りで、1本フロートよりも、魚影が薄いので2本フロートが有効。フロートカラーはシルバー主体にゴールド、赤、青、夜光など。タコベ

三差路付近の海岸。砂浜に下りるには脚立があると便利

イトはピンク、赤、オレンジでいい。水深が浅いので引き潮時は遠投が有利となる。南風が吹くと海藻がたまりやすく釣りにならないが、しけが数日続いた後は港内にサケが入りB点に狙い目が出てくる。

砂浜海岸

投げ釣りで狙う。他の太平洋岸と一緒でうねりが出やすく、うねりが出ると海底の砂が舞って海が濁るため、海水が澄んでいることはまれ。それでも少々の濁りなら十分に釣りになることを常連たちは知っていて、海が真っ茶色になり仕掛けにごみが絡むようになるまでは釣りをやめない。むしろ、少々のうねりがある方が、サケの警戒心が解けよく釣れることが多い。その場合、仕掛けが流されないよう40～50号のオモリを使う。

C点周辺は比較的海が浅いためD点周辺に比べると混雑は少ない。キャストに60mほどの飛距離が必要になるが、岸沿いの回遊と大津漁港南防波堤沿いの回遊が出合う辺りとして一部で人気がある。

D点の通称「三差路」周辺は早場で、釣果もいいポイントとして知られる。そのため混雑が激しいが、かけ上がりが比較的近く、ちょい投げへのヒットもしばしば。ただ、うねりがある場合は引き波も強く、サケの取り込みには強い抵抗が掛かる。そのようなときは無理にサオをあおるとばらしの原因になるため、サオを立てながらゆっくりと後ずさりすることで徐々にサケを岸に寄せる。

所狭しと投げザオが並ぶ大津漁港右側の砂浜

MEMO
大津漁港の漁協裏にトイレがある。コンビニと釣具を扱うホームセンター、ガソリンスタンドは20kmほど離れた浦幌市街。

厚内漁港・厚内川河口海岸

[浦幌町] あつないぎょこう・あつないがわかこうかいがん

●釣り方	投げ釣り、垂らし釣り、ウキルアー、ウキ
●釣り期	8月下旬〜12月上旬
●タックル	ルアーロッド10〜12フィート、投げザオ 漁港はタモ必要
●エサ	サンマ、ソウダガツオ、紅イカ
●河口規制	なし

厚内川河口付近のH点は遅場として有名

　厚内漁港は車の近くでサオを出せる場所が多く、気軽にサケ釣りを楽しめるのが魅力。西防波堤に沿うように流れ出る厚内川の河口海岸はサケ釣り場としての知名度は低いが、地元では岸寄りの遅い場所として有名。周辺が終幕を迎えても、ここだけは12月までサケの引きが楽しめる。

厚内漁港

　車ごと乗り入れ可能で十分な広さのある岸壁のA点、B点、C点は、投げ釣り、垂らし釣り、ウキルアー釣りが混在するポイント。漁港に入ってきたサケは、基本的に港内の奥まで進入し、一部の群れはA〜C点間を回遊する。ここを回遊するサケは岸壁に沿って泳ぐことが多いため、比較的垂

11月上旬の厚内川河口付近のH点

サケが岸壁沿いに回遊するB点付近

し釣りが有効だ。

　D点の船揚げ場前は、サケの群れがたまりやすいポイントの1つ。ただし、港内の最も奥にあたるD点まで到達したサケはすれ具合が激しく、ヒットに持ち込むのは容易ではない。ウキルアーには関心を示さないことが多いので、ここではウキ釣りがベストだ。また、仕掛けが常にサケの通り道にある投げ釣りでもいい。

　突堤先端部のE点とF点は、ともに胸壁があるがそれほど高さはなく、状況に応じて広範囲を探れるのが強み。ウキルアーで狙うのが定石だが、たまに胸壁にサオを立て掛けた投げ釣りも見られる。

　F点と西防波堤間の砂浜のG点の釣りは、工事期間以外に限られる。主にウキルアーやウキ釣りのポイントで、遠浅なのでウキ下は1m前後かそれ以下がよく、沖からストレートに波が入るのでしけの日は波が立ちやすく、濁っているときの釣果はいまひとつ。

厚内川河口海岸 ……………………………

　河口付近のH点のピークは、11月上旬〜中旬。この地域としてはかなり遅い12月上旬までサケが期待できる。遠浅の砂浜なので濁りやすいが、その点は、濁りの帯の先へ投げることができれば問題ない。また、濁りの中にサケが潜んでいる場合もあるので油断は禁物だ。

> **MEMO**
> トイレは厚内漁港にある。商店、釣具店は厚内駅前周辺にある。ガソリンスタンドは浦幌市街地。

車の乗り入れが可能な厚内漁港のC点

道東

白糠漁港

[白糠町] しらぬかぎょこう

- 釣り方　ウキ、ウキルアー、投げ釣り、垂らし釣り
- 釣り期　8月中旬～11月中旬
- タックル　ルアーロッド10～12フィート
　　　　　タモ必要、ウエーダー不要
- エサ　ソウダガツオ、サンマ、エビ、紅イカ
- 河口規制　なし

A点の西防波堤は投げ釣りで好釣果

　釧路市街から約30kmと近いため釧路方面の釣り人に人気が高く、最近は十勝方面からの釣り人も多い。投げ釣りの好ポイントが数多くあり、爆発力を秘める。サケの平均サイズは他の釣り場に比べるとや や小ぶりだが、シーズン本番になれば外れが少なく安定して釣れる。

西防波堤……………………………………

　A点の西防波堤は最も人気が高く数釣りが期待できる。投げ釣りとウキルアー釣りで外海側を狙うが、特に投げ釣りに定評があり、盛期の9月中旬～10月中旬には2ケタ釣果も期待できる。投げ釣りの仕掛けはシルバー系を基本に青、赤、夜光などのフロートを付けた1本バリタイプで、消波ブロック越しの10～30mのちょい投げが有利だ。

D点の南防波堤は足場が良く、ファミリーにも人気

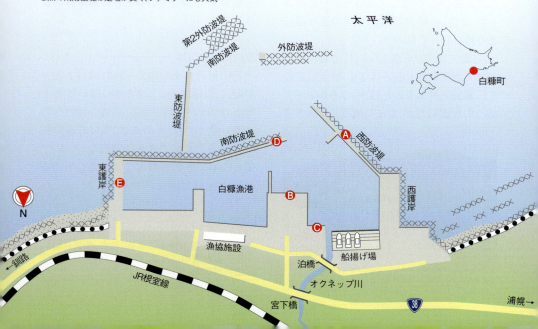

投げ釣りで数釣りが期待できるA点の西防波堤

ウキルアー釣りのスプーンは35〜40gでカラーは赤やシルバー、青などでタコベイトはピンク。足場が消波ブロックのため、雨後やしけ後、海藻が付着している所などは滑りやすいのでスパイクブーツを着用する。地元の釣り人によるとエサは塩締めよりも生の方が断然食いが良く、ウグイがうるさくても生エサで挑みたい。

中央岸壁周辺

B点の中央岸壁は正面や右角からウキルアー、ウキ釣りで狙うが、爆釣がない分いつ訪れても混雑とは無縁だ。C点のオクネップ川流れ出しの左側岸壁はウキルアー釣りや投げ釣りで狙うが、釣り場が狭いのが難点だ。船揚げ場も投げ釣りが楽しめるが、漁業作業の邪魔にならないように注意。

南防波堤

南防波堤のD点は先端部正面と港内側がポイント。ウキルアー釣り主体にウキ釣りが楽しめ、基部から中間部では港内側で垂らし釣りも可能だ。E点の東護岸の港内側は漁船と漁船の間で垂らし釣りを行うが、係留された漁船が多いときは入釣を避けること。サケの取り込みは係留ロープに注意。

E点の東護岸港内側で垂らし釣りでサケを狙う釣り人

> **MEMO**
> 漁港近くにコンビニ、ガソリンスタンドはあるが、港内にトイレはない。

道東

釧路西港

[釧路市] くしろにしこう

- 釣り方　ウキルアー、ウキ、垂らし釣り
- 釣り期　8月上旬〜11月下旬
- タックル　ルアーロッド10フィート程度、磯ザオ
  　　　　　ウエーダー不要、タモ必要
- エサ　ソウダガツオ、サンマ、紅イカなど
- 河口規制　新釧路川(6月1日〜11月30日)

A、B点が一等地

　カラフトマスに交じってサケがぽつぽつ釣れだすのは例年7月下旬。各埠頭先端部周辺にはテロ対策フェンスがあり外航船入港時は閉鎖され、第3、第4埠頭は常時立ち入れないエリアもある。周辺には工場や倉庫などが多く、大型トラックなどが頻繁に行き交うので注意。

ポイント紹介

　第1埠頭右側のA点、同埠頭と第2埠頭間の岸壁B点が一等地。特に釣果がいいのはA点とB点が交わる角で、よく釣れるだけに非常に混雑する。この角から離れるほど釣果も落ちる傾向にあるが、一帯が好ポイントであることに変わりなく、大きな群れ

A点やB点の混雑時、逃げ場になるE点の岸壁

釧路西港の一等地、A点とB点が交差する角付近

が入ると全体で3ケタの爆釣となる。A、B点の釣り方はウキ釣りがほとんどで、ウキルアー釣り1割、垂らし釣り1割といったところ。水深が深いため、80cm～2.5mほどのタナを広く探りたい。

エサはソウダガツオやサンマなどを使うが、ウグイが多いのでエサのチェックをまめにするか、エサ持ちのいい紅イカを相掛けする。ピークは10月いっぱいで11月も狙え、釣果は格段に落ちるが、中には12月いっぱいサオを出す人もいる。

C、D、E、F点もポイント。いずれもコンスタントに釣れるわけではなく群れが入ったときだけの釣り場でA、B点ほど期待できないが、E、F点は混雑時の逃げ場として覚えておくと便利。釣り方はウキ釣りやウキルアー釣り。C、D点はウキ釣りやウキルアー釣りでサオを出しておくと、群れが通過する際に入れ食いとなることもあるポイントだ。

第1埠頭のA点で釣れた銀ピカのサケ

MEMO
トイレは3カ所の緑地内にそれぞれある。釣具店、コンビニ、ガソリンスタンドは付近の国道38号沿いに。

道東

釧路東港

[釧路市] くしろひがしこう

- ●釣り方　ウキ、ウキルアー、垂らし釣り
- ●釣り期　8月中旬〜11月初旬
- ●タックル　ルアーロッド10〜13フィート、7m前後万能ザオ、タモ必要
- ●エサ　ソウダガツオ、サンマ、紅イカなど
- ●河口規制　新釧路川(6月1日〜11月30日)

南埠頭のA点周辺が人気ポイント

隣接する釧路西港に比べると印象が薄いが、釧路西港のサケが不振なときはこちらの方が釣り人の数が多いこともしばしばだ。ポイントは南埠頭(ふとう)周辺に集中しており、以前は南防波堤でも釣ることができたが現在は立ち入り禁止で釣りはできない。

ポイント紹介

岸壁際に倉庫群が立ち並ぶ南埠頭のA点周辺は、一部が石炭の積み出し場として利用されており、採掘した石炭を運搬船に積み込む巨大な石炭ローダーがひときわ目を引く。ポイントは岸壁一帯で、盛期には所狭しとウキ釣りのサオが並ぶ。石炭を積み出す大型船が接岸する都合上、水深が10m以上と深く、サケの回遊するタナを把

南新埠頭のB点付近は投げ釣りでサケを狙う

盛期にはズラリとサオが並ぶ南埠頭のA点付近

握することが釣果を上げる近道といえる。倉庫前一帯はウキ釣りや垂らし釣りなどが主流で、高さ1mほどのフェンスがある南新埠頭のB点は、フェンスにサオを立て掛けて当たりを待つ投げ釣りが中心だ。

盛期は10月中旬までででそれ以降は魚影が薄くなるが、狙えば11月に入っても釣れる。のびのびウキルアー釣りを楽しみたいならあえて11月に入ってからサオを出すのも手だ。

釣り方

釧路東港では一般的な1本バリのウキ釣り仕掛けも使われるが、釧路西港同様、トリプルサルカンなどを介して長さの異なるハリスを2本付け、異なるタナを同時に探るダブル仕掛けのウキ釣りも盛んだ。ハリスは1.5mと1.8mに設定することが多いが、海水温によって長さを変えるのもいい。水温が高めの年はサケが回遊するタナが深くなる傾向があるのでハリスを長く、低めなら短めに設定する。ウキ下の設定はウキルアー釣りに関しても同様だ。

ウキ釣りはサケの通り道とされる岸壁から5〜10mほどの所を狙い、潮の流れに任せてある程度流し終えたら潮上へ投げ直す。広く探るために隣の釣り人の前まで仕掛けを流す人もいるが、ほかの釣り人の迷惑になるので注意すること。石炭の積み出し作業中は作業現場に近付かないよう留意し、迷惑駐車にも気を付けたい。

A点からウキルアー釣りでサケを狙う女性釣り師

> **MEMO**
> コンビニ、ガソリンスタンドは釧路市街にある。港内にトイレはないので港近くの公園などのトイレを利用する。

道東

昆布森漁港

[釧路町] こんぶもりぎょこう

- 釣り方　ウキ、ウキルアー
- 釣り期　8月上旬～10月末
- タックル　磯ザオ、ルアーロッド10～11フィート
　　　　　　ウエーダー不要、タモ必要
- エサ　　ソウダガツオ、サンマ、紅イカなど
- 河口規制　なし

岸寄り直後の群れに出合えるA点

かつてはごく小規模だった昆布森漁港も、改修工事を終えた今では中規模といっていい大きさ。東護岸が未完成だったころに狙えたチョロベツ川の流れ出しは、今では高い胸壁に阻まれて残念ながらサオを出すのは難しく、どうしても狙うなら河口左海岸の消波ブロック上となる。ただし、港内にもサケは入るので心配は無用だ。

ポイント紹介

第3南防波堤は、突堤の前後30mほどの範囲が狙い目。ウキ、ウキルアー釣りが混在し、いずれもウキ下は80cm～1.8mほど。突堤より先のA点周辺は岸寄り直後の群れに出合うチャンスがあり、基部側のB点周辺は、すれていることもあるがサケがたまりやすい。遠投の必要はなく、ウキルアーのスプーンは30g程度の軽め。

第3南防波堤のA点付近は軽めのスプーンでオーケー

第3南防波堤のB点でサケがヒット

　第3南防波堤に入れなかった際は、C点の東護岸から港内を狙う。また、D点の南防波堤の消波ブロック際には、コンブが繁っていてサケが警戒心を解くのか頻繁に跳ね、魚影もまずまず。ただし、足場は消波ブロック上となるので注意が必要だ。
　漁協右前の突き出た岸壁や左前の船揚げ場周辺でもサケは釣れるが、岸壁の一等地ならE点。さらに、E点から第2南防波堤の中間部のF点辺りまでの一帯もサケのたまり場だ。すれたサケが多めなので刺激の少ないウキ釣りで狙うのがよく、西護岸中間部のG点付近の好調が目立つ。港内にはエサ取りのウグイがおり、外海がしけると漁港内に海藻などのごみが入りやすいので覚えておきたい。

D点の南防波堤の消波ブロック上もサケのポイント

注意
漁港拡張に伴い釣り人収容力も大幅にアップしたが、半面、釣り客の車が漁港内のあちこちに増え、漁業活動に支障をきたしたこともある。そこで近年は、このような事態を避けるためにサケ、マスシーズンになると、漁協右前に臨時駐車スペースが設けられることもある。その際は、必ず臨時駐車スペースを利用しよう。場所取りがほとんど見られないなど、釣り場の心地よさは今も健在だ。

MEMO
周辺にトイレはないが、ガソリンスタンドは昆布森市街にある。釧路市桜ヶ丘のコンビニまでは、道道根室浜中釧路線で約15分。釣具店は釧路町桂木地区などにある。

道東

老者舞漁港

[釧路町] おしゃまっぷぎょこう

- 釣り方　ウキ、ウキルアー、ルアー
- 釣り期　8月上旬〜10月末
- タックル　磯ザオ、ルアーロッド10〜11フィート
- エサ　ソウダガツオ、サンマ、紅イカなど
- 河口規制　なし

入釣者少ない隠れ家的な雰囲気が魅力

　ミミズクの看板を目印にして、道道根室浜中釧路線から山肌を縫うような急で細い道を下ると、やがてたどり着くのが、老者舞地区の集落とともにがけ下にひっそりとたたずむ老者舞漁港だ。漁港内や周辺に駐車スペースが乏しく、釧路市市街からも比較的距離があるためか入釣者の数は少なめ。漂う隠れ家的雰囲気が魅力の釣り場だ。

ポイント紹介

　西防波堤や西護岸は漁船の係留が多く、漁業作業も盛ん。しかも、サケの魚影は比較的薄いので釣りは遠慮した方がいい。ポイントは東防波堤と南防波堤にほぼ限られ、狙うのは港内側だ。

　東防波堤は一帯が好ポイントだが、特にいいのが船揚げ場前を狙えるA点周辺。船揚げ場前にはサケがたまっていることもしばしばで、姿を見つけたら集中的に狙う

東防波堤のA点からは船揚げ場前を狙う

サケの通り道の船道が狙える南防波堤のB点付近

べきだ。ウキ、ウキルアー釣りのどちらでもいいが、スプーンのみのルアー釣りも面白く、シーズン序盤のすれていない群れは、ルアーへの反応もなかなかだ。ただし、ルアー釣りは沈め過ぎによる根掛かりに注意。

　東防波堤のA点の先から南防波堤の突堤手前のB点付近にもウキ、ウキルアー釣りの入釣者が混在する。特にB点は、釣り場が空いているときは探っておきたいポイント。B点から狙える西防波堤との間の船道はサケの通り道で、頻繁な漁船の往来に注意しなければならないが、婚姻色の出ていない銀ピカが期待できる。

　8月下旬には漁港の沖合でサケ定置網漁が始まる。それまでの間は特に狙い目だが、漁が始まっても釣果は上がり、特にしけ後は、港内に新しい群れが入る可能性が高い。

ウキ仕掛け

　同漁港で使われるウキ仕掛けは、この辺り特有のテンビンを使ったタイプ。船のカレイ釣りで用いる両テンビンなどを使い、片方に50cm前後のハリス、他方には1.5mほどのハリスを付け、二つのタナを同時に探れる優れ物。時にはダブルでヒットすることもある。この仕掛けは、時期になると釧路市や釧路町内の釣具店で入手できる。

道道脇にある集落入り口の看板

> **MEMO**
> 周辺にトイレはない。道道を厚岸方面へ向かい厚岸町尾幌地区で交わる国道44号沿いに、コンビニとガソリンスタンドがある。釣具店は釧路町桂木地区にある。

厚岸漁港

[厚岸町] あっけしぎょこう

- ●釣り方　垂らし釣り、ウキルアー、ウキ釣り
- ●釣り期　8月中旬～10月中旬
- ●タックル　ルアーロッド10～12フィート、磯ザオ、投げザオ、タモ必要、ウエーダー不要
- ●エサ　ソウダガツオ、紅イカなど
- ●河口規制　なし

最も安定してサケが釣れるのはB点

年々数が釣れるようになり、それに伴い釣り人も増え続けている釣り場だ。釣果の安定感が抜群で、最盛期の爆釣も魅力的だ。入釣者の大半が地元や近隣の釣り人だが、最近では釧路市や帯広市方面の釣り人も増えた。

通称「若竹岸壁」

厚岸漁港港南地区の右端付近の岸壁は、厚岸町若竹にあることから通称「若竹岸壁」と呼ばれる。近年、先端部から左側に通称「新岸壁」が設けられ、若竹岸壁と新岸壁のつなぎ目に当たるA点付近はサケの好ポイント。垂らし釣りを主体にウキ釣りも可能で9月上旬から中旬には好釣果が得られるが、釣れるのはA点の両サイド

実績、人気ともナンバーワンのB点付近

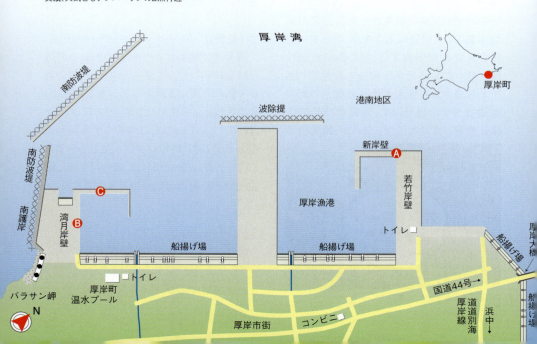

A点は垂らし釣りやウキ釣りでサケを狙う

10m以内で入釣人数は限られる。

通称「湾月岸壁」

同漁港港南地区の左端付近は、同町湾月にあることから通称「湾月」「湾月岸壁」と呼ばれ、B点は同漁港で最も安定してサケが釣れるポイント。早朝から多くの釣り人が入釣するが、地元の釣り人は朝の短時間勝負でサオを畳むことが多い。ウキルアー、ウキ釣りが多いが、C点の突堤とのL字状のつなぎ目付近は垂らし釣りの好ポイント。釣り座の確保は厳しいが、垂らし釣りを楽しむなら空いているときは迷わず入釣したい。

C点の突堤

C点の突堤は、B点に比べると釣果は落ちるがB点が混み合っているときの逃げ場となる。岸壁に漁船が係留されていることが多くサオを出すスペースが限られるのが難点で、サケを強引に寄せる必要があるためミチ糸は太めの物を使うといい。

同漁港は係留された漁船が多いので、係留ロープに注意したキャストや取り込みを心掛けること。岸壁を行き来する作業車両には十分注意し、走行の妨げにならないような駐車と釣りを心掛けること。

サケの取り込みに強引さが要求されるC点

> **MEMO**
> 同町湾月の厚岸町温水プール横と通称「若竹岸壁」の基部付近にトイレがある。コンビニ、ガソリンスタンド、釣具店は市街地にある。

散布漁港藻散布地区と周辺海岸

[浜中町] ちりっぷぎょこうもちりっぷちくとしゅうへんかいがん

●釣り方	ウキルアー、ウキ、投げ釣り
●釣り期	8月上旬〜9月下旬
●タックル	ルアーロッド10〜11フィート、投げザオ ウエーダー不要、タモ必要（海岸は不要）
●エサ	ソウダガツオ、サンマなど
●河口規制	なし

北防波堤のB点は爆発力抜群

　爆釣スポットとして知名度が高く、道東太平洋で最もにぎわうサケ釣り場の一つ。大量のサケの群れが短期間に押し寄せるため、日によっては爆釣気味に釣果が上がることもある。漁港左側の砂浜の海岸も投げ釣りで数が狙え、人気沸騰中だ。

南防波堤・・・・・・・・・・・・・・・・・・・・・・・・・・・・・

　A点の南防波堤はウキルアー釣りを主体に一部ウキ釣りで狙うが、ウキルアー釣りで状況が悪いときにはウキ釣りに変更する人もいる。ウキルアー釣りのスプーンは青、ブルピン、赤、ピンクなどの25〜40gで、地元の釣り人はスプーンの一部に青が入っているものを好む人が多い。タコベイトはピンク、赤の定番色で、ウキ下は1.5〜

南防波堤でサケを狙う釣り人。禁漁区域に注意

釣り人で大混雑の散布漁港藻散布地区北防波堤

2mを目安にして調節する。

北防波堤

B点の北防波堤先端部の爆発力は群を抜き、先端部左角に入れれば広角的に狙え、釣果アップが期待できる。防波堤全体が連日釣り銀座になるほど人気が高く、早朝の釣り座の確保のためには夜間から入釣しなければならない。釣り場が混み合うので、キャスト時は周辺の確認を怠らないこと。

左海岸の砂浜

C点の砂浜は北防波堤のすぐ脇から釣れるが、同防波堤への入釣者とのオマツリを避けるため、ある程度離れた辺りに釣り座を構えたい。大きな群れの回遊があれば短時間で好釣果が得られるが、北防波堤から離れるにつれて数が落ちる傾向がある。

左海岸の砂浜は投げ釣りの好釣り場

注意
左右の波打ち際を結ぶ線が海と内水面の境界。境界から内水面側ではサケを釣ることができないので気を付けること。

MEMO
藻散布市街に商店、漁港内にトイレがある。根室方向に約1kmの散布市街地に商店、ガソリンスタンドがあり、約15km進んだ霧多布市街に釣具店がある。

道東

トーサムポロ漁港

[根室市] とーさむぽろぎょこう

●釣り方	ウキルアー、投げ釣り、ルアー
●釣り期	8月下旬～11月中旬
●タックル	ルアーロッド10～12フィート、投げザオ、タモ必要（C点以外）
●エサ	ソウダガツオ、サンマなど
●河口規制	なし

最東端のサケ釣り場 釣果の決め手は潮回り

　根室市街から道道根室半島線を納沙布岬へ向かい、緩やかにアップダウンを繰り返す海沿いの道を走ること約30分。トーサムポロ沼の海への流出口に造られたトーサムポロ漁港は、本土最東端のサケ釣り場で、地元では「とさぶ」の愛称で知られる。

ポイント攻略法

　ポイントは主に4カ所。一つ目は、トーサムポロ沼の出口の左岸側にある、一部が護岸化された角付近のA点。足元から適度な水深があり、水路の幅が狭いため港内奥にあるにもかかわらず潮流の影響が顕著に現れる。潮の流れが速いときは流れ藻が絡んで釣りにくいが、そんなときはサケの活性も高くなっておりチャンスといえる。
　先端部がコンクリートで固められた岩場のB点と船揚げ場のC点は、入釣しやすさで同漁港の人気ナンバーワン。B点は、ウ

潮が動くと流れ藻が絡むがサケもよく釣れるA点付近

B点から協力橋方向へルアーをキャストする地元の釣り人

キルアー釣りで5人ほどしか入れないが、足元のごつごつした岩のかけ上がりがサケの回遊ルートになっている。シーズン中には西寄りの強い風が正面から吹きつけることがあり、足場が低いため場合によっては大量の波しぶきが上がって釣りにならない。

船揚げ場のC点は、ウキルアー釣りがメインだが投げ釣りを楽しむ姿も見られる。足元が滑りやすいが、適度な広さがあるので仲間や家族と楽しむのにもうってつけ。サケの取り込みは斜路に引き上げることができるのでタモは必要ない。

漁船の停泊場所となっているD点は、主にウキルアー釣りのポイントで船と船の間からサオを出す。釣りにくい面があるが、日中のサケは水深の深いこの辺りに潜んでいることが多く、1日を通じてサケが狙える安定感のあるポイントといえる。ただし、漁船の係留ロープに仕掛けを引っ掛けないよう注意すること。なお、協力橋から陸側での釣りは自粛したい。

要チェック

地元では「とにかく潮回りが肝心。潮が動いていないとまったく釣れない」といわれている。釣行スケジュールの決定には潮汐表が必須。

C点の船揚げ場はウキルアー釣りがメインだが投げ釣りも楽しめる

> **MEMO**
> トイレは納沙布岬の望郷の岬公園の公衆トイレを利用する。コンビニ、ガソリンスタンド、釣具店は根室市街。

道東

穂香海岸

[根室市] ほにおいかいがん

●釣り方	ウキルアー、ウキ、ルアー、フライ、投げ釣り
●釣り期	9月上旬～12月上旬
●タックル	ルアーロッド8～13フィート、投げザオ 場所によりタモ、ウエーダー必要
●エサ	サンマ、ソウダガツオなど
●河口規制	なし

根室半島屈指の釣り場 最盛期は跳ね頻発

　根室半島屈指のサケ釣り場で、入釣者はほぼ地元釣り師で占められる。遠浅の砂浜でしけに弱く、満潮としけが重なると防潮堤まで波が打ち寄せて釣りは困難。この辺り特有の海草（通称ゴモ）が繁茂するポイントでも釣りはできない。駐車は、海岸近くの倉庫左の空き地を利用する。

ポイント紹介

　倉庫前のA点は、砂浜でゴモも少なく釣りやすいポイント。通常は砂浜からウキルアーなどをキャストする。砂浜へ下りるには防潮堤の切れるB点付近をう回しなければならないが、ルアーやフライ、または防潮堤越しに投げ釣りで狙う人もいる。

　遠浅でかなり沖まで立ち込めるが、盛期のサケは驚くほど浅場を回遊する。通常は

サケが遡上する第二ホニオイ川はひとまたぎできるほど小さい

倉庫前のA点付近のウキルアー釣りでサケを狙う釣り人

膝下程度にとどめ、深みまで立ち込んで沖を狙う場合は、周囲の釣り人に配慮すること。あまり右へ行くとゴモが多く、この中にサケが入ると釣りはお手上げとなる。A点付近で特にお薦めなのは、倉庫と第二ホニオイ川の中間部やや右寄りにある深み。浅場を回遊するサケの小休止場所なのでぜひ探っておきたい。

　A点に魚影が見えないときは、第二ホニオイ川河口のB点を探ってみる。河口付近には遡上（そじょう）を間近に控えた群れが付きやすく、雨が降った後は大群が集まることがあるので大きなチャンスになる。

　A、B点に魚がいなければC点の船揚げ場へ。水深があり、船を揚げる際に使われるレールの辺りにサケが付くが、根掛かりするのでウキルアーのタナは1m未満。

注目ポイント

なぎだとウキルアー、波があれば投げ釣り有利といわれる同海岸。最盛期は沖で跳ねが頻発し、手前には背ビレを出して泳ぐサケがいるなどかなりエキサイティングなシーンが展開される。ただし、手前のすれた群れはなかなかヒットしないので、沖の群れを遠投で狙いたい。

MEMO
周辺にトイレはない。コンビニ、釣具店は根室市街。

護岸越しの投げ釣りでは取り込みは共同作業で行う

道東

走古丹漁港

110
[別海町] はしりこたんぎょこう

- 釣り方　ウキルアー、ウキ、垂らし釣り
- 釣り期　9月上旬～10月中旬
- タックル　ルアーロッド、万能ザオ
　　　　　タモ必要
- エサ　サンマ、ソウダガツオなど
- 河口規制　なし

やや穴場的な釣り場で情報収集が鍵

　西別川に架かる国道244号の別海橋付近から、道道風蓮湖公園線で走古丹に向かって10分ほど。間口の狭い正方形に近い特徴的な形の漁港で、風蓮湖の湖内に設けられている。近くの西別川右海岸がサケ釣り場としてあまりにも有名なため、やや穴場的な釣り場で、入釣者はそれほど多くない。

特徴

　走古丹漁港のサケは、群れが港内に入ると同時に爆発的に釣れるが、その翌日にはサケがいるのかいないのか、ほとんど釣れなくなるといった極端な釣れ方をする。遠出して狙うにはリスクが大きいが、それだけに読みが当たったときの喜びはひとしお。早い年には8月下旬に岸寄りすること、シーズン中に数回、港内に大きな群れが入ることなど、情報収集がすべての鍵を

ウキルアー釣りの人気ポイント、船揚げ場右横のC点の岸壁

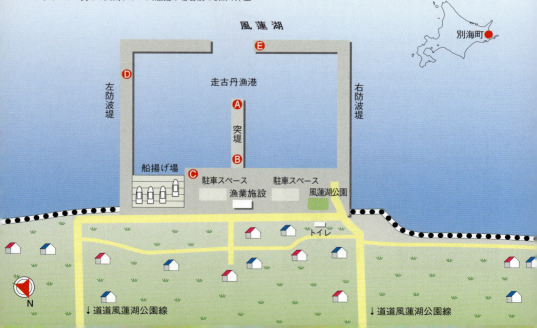

広範囲を探れる港内突堤のA点

握る釣り場といえる。

ポイント紹介

A点は、港内中央に突き出す突堤の先端部。早朝はサケの跳ねを見ながらウキルアーで広範囲を探り、日が昇ったらウキ釣りや垂らし釣りで近くを回遊するサケを狙うのが効率的だ。

B点は突堤右側の基部付近。防波堤や岸壁に沿って回遊するサケがたまりやすい場所のようで、5〜6m前後の万能ザオを使った垂らし釣りが有効だ。

C点は、港内にある船揚げ場のすぐ右横。左防波堤先端寄りのD点付近までの間に跳ねが見られることが多く、ウキルアー釣りの人気ポイントだが、左防波堤や港内突堤の入釣者とのオマツリに注意が必要。それほど投げなくても釣果が期待できるため、ルアーは35〜40g程度の銀赤系など。

E点は右防波堤の先端付近。外側に跳ねが見られることは少なく、港内側を狙うのが一般的だ。いずれのポイントもウキルアーのタナは1m前後、ウキ、垂らし釣りは1〜1.5mほどだ。

注意
走古丹は、同漁港を中心に家が集中する。入釣には集落の中を通る必要があり、夜間や早朝はできるだけ静かに通行することを心掛け、ドアの開閉音などにも気を配ること。

MEMO
トイレは風蓮湖公園の向かいにある。コンビニやガソリンスタンドは別海市街。周辺は走古丹原生花園で自然に恵まれ、非常に蚊が多いので虫よけ対策は万全に。

突堤基部のB点は垂らし釣りやウキ釣りのポイント

道東

西別川河口右海岸

111 [別海町] にしべつがわかこうみぎかいがん

- 釣り方　投げ釣り
- 釣り期　8月下旬～10月下旬
- タックル　投げザオ
　　　　　場所によりタモ必要
- エサ　サンマ、ソウダガツオなど
- 河口規制　西別川(左海岸1000m、右海岸1000m
　　　　　6月1日～11月30日)

8月下旬開幕の早場 数狙いならC点付近

　徳川将軍献上鮭として知られ、味がいいといわれるブランド化された「西別鮭」が釣れる。根室湾と風蓮湖を隔てる砂州状の砂浜一帯が釣り場で、周辺は走古丹原生花園。西別川右海岸にあたるが、地元の釣り人は地名から「走古丹」と呼ぶのが一般的。例年8月下旬には初期群が姿を見せる早場。

入釣ルート

　西別川に架かる国道244号の別海橋付近から道道風蓮湖公園線(通称ハマナスロード)で別海町走古丹に向かうと、間もなく道道沿いに砂浜の海岸が広がる。西別川右海岸のサケ・マス河口規制標柱は、道道が海岸に近付く付近の消波ブロックが縦に根室湾に突き出す場所の左側にあり、この右側から風蓮湖湖口近くまでが釣り場。ただし、風蓮湖湖口にも5月1日から11月30日まで規制区域があるので注意が必要だ。

場所によってはタモが必要な西別川右海岸

開幕直後に好釣果が得られるA点付近

好ポイント

縦に突き出す消波ブロックから右側は、350〜400mほどの区間に、波打ち際に海岸浸食を防ぐための消波ブロックが埋設されている。取り込み時にはこの消波ブロックが邪魔になりタモが必要だが、開幕直後には好釣果が得られる。縦の消波ブロックの右側に定置網があるせいか、250mほど離れたA点付近が好ポイントとなっている。

B点は、波打ち際の消波ブロックがなくなる付近。道道から海岸まではやや距離があるが、シーズン初期から終了期まで安定的な釣果が得られる。

C点は、道道から風蓮湖湖口に向かう道にあるゲート付近。海岸浸食が激しく、波打ち際には消波ブロックが高く積まれた場所もあるが、数狙いはこの付近が期待できる。ただし、波やうねりがあるときは注意が必要で、C点付近で釣れるサケは、風蓮湖に遡上（そじょう）するといわれ「西別鮭」と区別する釣り人が多い。仕掛けはタナ、ハリスとも30〜35cm程度で、フロートはシルバーブルー、パープル系が有効。D点の消波ブロック上からはウキルアー釣りも可能だ。

B点付近はシーズンを通して安定的な釣果が得られる

> **注意**
> 周辺は、人や車が少なく自然に恵まれているだけに蚊の発生が異常なほど。虫よけ対策は十分にすること。また、原生花園にはむやみに車を乗り入れず、漁業施設には立ち入らないこと。

> **MEMO**
> ガソリンスタンドは国道244号沿いや別海市街にあり、コンビニは別海市街。トイレは近くの別海漁港北側の入り口にある。

道東

尾岱沼漁港

[別海町] おだいとうぎょこう

- 釣り方　　ウキルアー、投げ釣り、ウキ
- 釣り期　　8月中旬～10月中旬
- タックル　ルアーロッド10～11フィート、投げザオ、磯ザオ
　　　　　　ウエーダー不要、タモ必要
- エサ　　　サンマ、ソウダガツオ
- 河口規制　なし

8月中旬から釣れだす早場

　銀ピカなど状態のいいサケが狙えることで定評があり、地元や近隣のサケ釣りファンでにぎわう。メインシーズンは8月下旬から約1カ月と短く、釣り方はウキルアー5割、ウキ釣り4割、投げ釣り1割といったところ。

北護岸

　8月中旬にサケキャッチの情報が届く早場。港内にサケが入りだすと釣り人は一気に減るが、その後もコンスタントに釣果が上がる。好ポイントは、A点の北護岸中間部外海側。ウキルアー釣りやウキ釣りで胸壁上から15～20mのちょい投げで狙う。タナはウキルアー、ウキ釣りともに1～1.5m以内。

屋根付き岸壁

　B点の屋根付き岸壁は左右両岸や岸壁から延びた南防波堤両側の全域で釣れる。タナを1～2m取ったウキルアー釣り中

船揚げ場横のC点でサケを狙う釣り人

B点の屋根付き岸壁

心のポイントだが、投げ釣りで狙う人もいる。漁業作業中の入釣は控え、くれぐれも作業の邪魔にならないように心掛けること。

船揚げ場周辺

西防波堤曲がり角の防波堤下に開けられた潮通しをよくするための隙間からサケ

8月下旬に尾岱沼漁港で上がったサケ

が大量に港内に入るといわれる。地元の釣り人にはC点の船揚げ場左横の岸壁が人気だ。また、D点の西防波堤外海側や港内側でも釣れるが、港内側は漁船の停泊で釣り場が狭く、係留ロープがあるためサケの取り込みが難しい。漁船が出港した後の日中が狙い目。

タックル

ウキルアー釣りのスプーンは35〜45gで銀青が人気だが、ほかに銀、銀赤なども用意すること。タコベイトは赤、ピンク、黒が一般的だ。地元の釣り人の中にはPEライン5〜8号の極太を使用する人もいる。投げ釣りは1本フロート仕掛けを使い、ミチ糸はナイロンライン8〜10号の太めが主流だ。

> **MEMO**
> ガソリンスタンド、コンビニは国道244号沿い、トイレは港内の尾岱沼みなと公園にある。釣具店は中標津市街に複数。

道東

植別川河口海岸

[標津町・羅臼町] うえべつがわかこうかいがん

- ●釣り方　ウキルアー
- ●釣り期　12月初旬
- ●タックル　ルアーロッド10〜13フィート
　　　　　ウエーダー必要
- ●エサ　ソウダガツオ、紅イカなど
- ●河口規制　植別川（左海岸500m、右海岸500m
　　　　　6月1日〜9月30日　10月1日〜11月30日）

12月1日から1週間が勝負

　標津町と羅臼町の町境を流れる植別川は、漁業調整規則による河口規制（6月1日〜9月30日）に加えて海区漁業調整委員会指示による河口規制（10月1日〜11月30日）が2021年から掛かるようになり、河口付近の海岸でサケ釣りができるのは事実上12月1日以降となった。12月に入釣する人は日に5人程度で、釣れても全体で1、2匹。その期間も1週間程度と短く、ポイントとしての魅力は大きく薄れた。

左海岸

　植別川は海の状況によって毎年のように河口の形状を変えるが、河口付近で大きく右に蛇行している年が多い。初めて訪れる釣り人は川の形状から右海岸がいいように思いがちだが、実はそうとも限らず、年によってサケの付く場所が異なるのが特徴だ。

　川のすぐ左側のA点付近は、海岸にやや大きめの丸い石がゴロゴロしており、それほど足場がよくない。川に近いほど釣果が

植別川河口海岸でウキルアー釣りにサケがヒット

左海岸に比べると足場がいい植別川右海岸

期待できるため、入釣者はA点付近に肩を並べるように集中する。海岸の状態からすると本来ならタモで取り込みたいところだが、釣り場が混み合うことから、ヒットしたサケは石の隙間から強引に取り込まなければならない。ロッドの破損やライン切れに注意すること。

右海岸

海岸はゴロタ場だが石が小さめで、取り込みもタモなしで問題なくできる。比較的、足場がいいため女性やのんびり派にはお薦めだが、右海岸が好調な年は、当然、B点付近が混み合うことになる。沖に跳ねが見られることもあるが、ルアーが右に流されるのでむやみな遠投はトラブルのもとになる。

両海岸ともルアーは40〜45gで、水深が浅めなのでタナは70〜80cm。特にこれといったヒットカラーはなく、左右海岸の入釣者が多い方に入るのが釣果を伸ばす鍵。

> **注意**
> 植別橋のすぐ標津側の山側に駐車スペースがあるが、道は入り口が荒れているので注意。釣り場までは多少、距離があるが、羅臼側にはサケ・マスふ化場に向かう道があり路肩に駐車可能だ。国道335号から植別川左海岸へ続く細い道は、私有地につき車両の進入は厳禁。

> **MEMO**
> トイレは1.5kmほど羅臼寄りの峯浜漁港に公衆トイレがある。コンビニ、ガソリンスタンドは標津、羅臼市街。2kmほど羅臼寄りの陸志別川河口も数は少ないがサケが狙える。

ブルー系のアワビ張りルアーにヒットした植別川河口海岸のサケ

道東

オンネベツ川河口海岸

114

[斜里町] おんねべつがわかこうかいがん

- 釣り方　ウキルアー、ウキ
- 釣り期　11月上旬
- タックル　ルアーロッド10〜13フィート
  タモ不要、ウエーダー必要
- エサ　ソウダガツオ、紅イカなど
- 河口規制　オンネベツ川（左海岸500m、右海岸500m　5月1日〜8月31日　9月1日〜10月31日）

A点の左海岸は遠投不要

　オンネベツ川は、水深が浅く遡上するサケを観察しやすいため観光客にも人気。しけなどの影響で年によって河口の位置が変わるが、流れ出し付近と左海岸で好釣果となる場合が多い。サケ釣りが可能となるのは同川のサケ・マス河口規制が解除される11月1日から。ウキルアー釣りだけでなくウキ釣りも盛んなのは、同町内のほかの釣り場と共通する。

日中、遠ざかった群れはウキルアーの遠投で狙うC点の右海岸

左海岸

　川は河口付近で左側に蛇行することが多く、蛇行が大きいとA点のワンド状の海岸に川水が流入して魚影が集中する。早朝は近距離にサケの群れが寄っていることが多く遠投は不要だが、混み合っている場合は周囲の釣り人とラインが交錯しないようにコントロールが要求される。ウキ、ウキルアー釣りともウキ下は50cmほどで、

サケがたまることがあるA点

河口から左に100m以上離れた辺りにサケがたまる場合もある。

　B点はウキ釣りが有利で、流れ出す川水に仕掛けを漂わせて当たりを待つ。サケの目の前に仕掛けがある場合は、仕掛けを手前に引くと反射的に食い付くこともある。ウキ下は30〜50cmほど。

右海岸 …………………………………

　日中、岸から遠ざかったサケが、C点の右海岸の沖に集まることがある。ウキ下を1m以上取ったウキルアー釣りで狙い、遠投してスローリトリーブで誘う。ただし、海底はゴロタ岩で岸近くが浅いので、手前は根掛かりしやすい。近くまでリトリーブしたら早巻きで浮かせて回収すること。

ウキ釣り仕掛けを川水に乗せて漂わすB点の流れ出し

注意
早朝は、岸近くに寄ったサケの群れを過剰な立ち込みで遠ざけないように配慮すること。クマの目撃情報が多いので要注意。

MEMO
釣り場にトイレはないので約3km同町ウトロ方向に進んだ知床オシンコシンの滝駐車場の公衆トイレを利用。ウトロ市街にはガソリンスタンドとコンビニ、道の駅「うとろ・シリエトク」がある。

道東

知布泊漁港

115
248

[斜里町] ちっぷどまりぎょこう

- 釣り方　ウキルアー、ウキ
- 釣り期　9月下旬～10月下旬
- タックル　ルアーロッド10～11フィート、磯ザオ
　　　　　漁港はタモ必要、海岸はウェーダー必要
- エサ　ソウダガツオ、紅イカなど
- 河口規制　なし

A点周辺はウキ釣りで

　斜里町にあるサケ釣り場は海岸がほとんどだが、足場のいい岸壁からでも釣果の上がる釣り場として人気。盛期には魚影と活性次第で複数匹の釣果が期待できる点も人気に拍車を掛ける。港内に群れが入っている可能性があるしけの後が特に狙い目で、同町日の出地区にあることから通称で「日の出漁港」と呼ばれることも多い。

ポイント紹介

　A点周辺から狙う北護岸港内側はサケがたまる場所で、岸壁際をのぞき込むとサケを目視できることも。ウキ下を約3mにしたウキ釣りで狙うのが一般的で、微妙な当たりがあるためウキの動きには注意。

南防波堤のC点周辺は消波ブロック

2022年以降、サケマスシーズンに立ち入り禁止措置が取られるようになり、当面サケ釣り不能に

A点の北護岸港内側はサケがたまる場所で好釣果に期待

2022年以降、サケマスシーズンに立ち入り禁止措置が取られるようになり、当面サケ釣り不能に

B点周辺は係留された漁船が多く釣りにくいが、漁船と漁船の間からキャストして港内中央を狙う。ウキ下はウキルアー釣りが1.5mほど、ウキ釣り方はウキ釣りやウキルアー釣りで、根掛かりの恐れがあるためともにウキ下は1m。漁港内で当たりが乏しいときの逃げ場に

消波ブロックがなく釣りやすい防波堤外海側も好ポイント。ウキ下を1.5m前後にしたウキルアー釣りで狙うが、付近の海にロープが張ってある場合はロープ手前までのちょい投げにとどめる。

北護岸基部から入釣するD点のオライネコタン川河口海岸でもサケを狙える。釣

> **注意**
> 同港には、一般車両の進入や駐車を一部規制したり、ごみの投棄を禁じたりする「知布泊漁港ルール」が設けられている。加えて近年はカラフトマスやサケの時季に工事が行われるようになり、駐車や立ち入りのできる範囲がますます狭まっている。マップに示す規制の範囲は過去のもので、今後は変更の可能性もあるため現地で確認を。

> **MEMO**
> 港内にトイレはない。コンビニ、ガソリンスタンド、釣具店、道の駅「しゃり」は斜里市街。

港内にサケがいない場合の逃げ場になるオライネコタン川の河口海岸

道東

斜里海岸

[斜里町] しゃりかいがん

- 釣り方　投げ釣り
- 釣り期　9月上旬〜12月上旬
- タックル　投げザオ
- エサ　サンマ、ソウダガツオ
- 河口規制　斜里川（左海岸1000m、右海岸1000m 5月1日〜12月10日）奥薬別川（左海岸500m、右海岸500m　5月1日〜12月10日）

9月上旬から好釣果が期待できる人気釣り場

斜里市街から峰浜地区まで約10kmにわたって続く砂浜の海岸。おおまかに言って4カ所の釣り場（朝日海岸、以久科原生花園、奥薬別川河口海岸、峰浜海岸）に分けられ、いずれの釣り場も他のサケ釣り場同様に多少波があるときによく釣れる。朝日海岸、以久科原生花園は早い年には9月上旬から好釣果が期待できる。釣り場が広範囲にわたるため、イラストは主要部分をピックアップした。

朝日海岸　A点

オホーツク霊園の裏側にあたり、通称「霊園裏」と呼ばれる。霊園脇の道を海岸まで進むと広い駐車スペースがあるが、砂浜を車で移動することも可能。駐車スペースの左側に防砂堤があるせいか、好ポイントはこの防砂堤の200mほど右側から始まる。

9月上旬から好釣果が期待できる朝日海岸

10月中旬によく釣れることのある峰浜海岸

以久科原生花園 B点

周辺は以久科原生花園で、徒歩入釣は駐車場の右脇から。海岸に出てすぐ左側の小河川の左右が好ポイントで、右側の釣果が比較的安定している。海岸への出口の200〜300m右側にも好ポイントが点在する。

奥蘂別川河口海岸 C点

左海岸は、国道334号と平行する海岸寄りの道の奥蘂別川に掛かる橋付近から入る。ただし、河口付近の水深が意外にあり、左海岸から右海岸へは進めないので、右海岸へは峰浜海岸から砂浜を車で進む。両海岸に500mのサケ・マス河口規制があり、河口寄りほど釣果が上がる傾向がある。

遠浅の以久科原生花園でサケがヒット

峰浜海岸 D点

延々と続いた砂浜の最終地点で、右端付近に流入するシマトツカリ川の周辺はゴロタ場。好ポイントは、旧峰浜キャンプ場の前からシマトツカリ川河口左側まで。10月中旬によく釣れることがある。

注目ポイント

一帯は波打ち際から50m付近でいったん浅くなっている。この前後の水深がある場所が好ポイント。

MEMO

朝日海岸から峰浜海岸まで一帯にトイレはない。ガソリンスタンド、コンビニ、釣具店、道の駅「しゃり」は斜里市街にある。

止別川河口海岸

[小清水町] やんべつがわかこうかいがん

- ●釣り方　ウキルアー釣り、投げ釣り
- ●釣り期　12月11日～12月下旬
- ●タックル　ルアーロッド10～12フィート、投げザオ　ウエーダー必要
- ●エサ　ソウダガツオ、サンマ、紅イカ
- ●河口規制　止別川(5月1日～12月10日)　左岸1000m、右岸1000m

導流堤は右側が好ポイント

　道東オホーツク海を代表するサケの爆釣スポットだったが、それまで5月1日から8月31日までだった河口規制が、2018年に12月10日までに延長され、岸寄りの最盛期のサケ釣りは不可能になった。しかし、規制が解除される12月11日以降も複数匹釣れることがあり釣り人の注目度は高い。

ウキルアー釣り

　導流堤でサオを出すならA点の右導流堤、砂浜でサオを出すならB点の左海岸の実績が高い。
　A点は、釣り場の狭さもあって混み合う。海面から高さがあるが取り込みにはタモを使わず、サケが掛かったまま右に移動し、砂浜に引きずり上げる。
　B点は同河口海岸中、最も高い人気を誇るポイント。キャストしたルアーが左に流されるためオマツリも多いが、入釣者の多くは慣れているためそれほど問題にはなら

投げ釣りの入釣者は河口から50～60m離れた所からサオを並べる

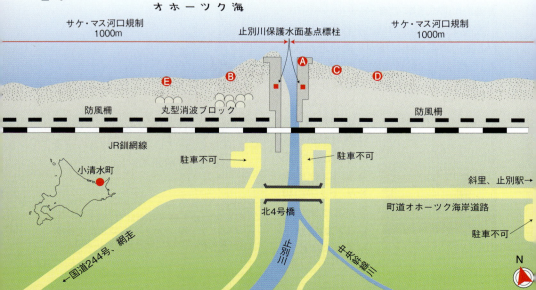

左右の導流堤。右の導流堤先端は好ポイント

ない。A、B点とも、朝まづめの釣果がよく、日によっては日中でも釣れる。

C点の右海岸の砂浜はA、B点に比べると釣果が劣り入釣者も減るが、導流堤寄りほどよく釣れる。左導流堤先端は満潮時のみのポイントで、大きな期待はできない。

投げ釣り

ウキルアー釣りにポイントを譲るように、投げ釣りの入釣者は左右両海岸とも河口から50〜60m離れたD、E点付近からサオを並べる。ウキルアー釣りの入釣者は、投げ釣りのミチ糸に十分注意すること。

仕掛けは1本フロートで、フロートは軟質素材の直径11mm、長さ7cmの物が地元で人気。人気カラーは銀色のレンズ模様で、レインボーやウロコ模様も実績がある。

砂浜なので遠投したくなるが、30m前後が意外によく釣れるので注意。ただし、最近は沖の跳ねを狙って好釣果を得る釣り人も多く、遠投傾向が高まりつつある。

婚姻色を帯びた12月のサケ

釣り場へは必ず鉄橋の下をくぐり線路は渡らないこと

> **MEMO**
> トイレは国道244号沿いの道の駅「はなやか(葉菜野花)小清水」を利用する。ガソリンスタンドは止別市街近くの国道244号沿いにある。

道東

浜小清水前浜キャンプ場裏

[小清水町] はまこしみずまえはまきゃんぷじょううら

118

254

- 釣り方　投げ釣り
- 釣り期　9月中旬〜10月下旬
- タックル　投げザオ
　　　　　　タモ、ウエーダー不要
- エサ　サンマ、ソウダガツオなど
- 河口規制　なし

入釣が楽なA点は40〜50m投げれば十分

　国道244号沿いの網走市鱒浦漁港を過ぎると、斜里町峰浜付近まで延々と砂浜が続く。浜小清水前浜キャンプ場裏はほぼその中間点に当たり、道の駅「はなやか(葉菜野花)小清水」が隣接するため非常に便利。

B点付近は地元の釣り師が好む好ポイント

釣り場へは徒歩入釣となるが、周辺に比べると釣り場が混まないのが魅力だ。

入釣ルート

　釣り場は、道の駅「はなやか(葉菜野花)小清水」の網走寄りの細い道路を入って踏み切りを越えるとすぐで、国道脇の高台にフレトイ展望台があるので分かりやすい。前浜キャンプ場も海岸からはやや高い位置にあり、海岸へは砂地の斜面を下って入釣するため足場が悪く、帰りは息が切れる。駐車場はそれほど広さがなく10台程度。

小清水町

消波ブロックが敷設された浜小清水前浜キャンプ場裏のA点付近

好ポイント

　A点は、浜小清水前浜キャンプ場から坂道を下った正面付近。海岸には短い区間に消波ブロックが敷設されているが、それほど邪魔にならず釣りには支障ない。砂浜にしては水深が深く40〜50mも投げれば釣果が得られるのが魅力で、傑出した釣果は出ないが安定感があり、何より入釣が楽だ。

　B点はA点の200m余り左側。特に地形に変化は見られないが、地元の釣り師が好んで入釣する好ポイントだ。ただし、わずかな距離とはいえ、砂浜をタックルを担いで歩くのはなかなか厳しい。しかも、砂が軟らかく歩きにくいので健脚者向き。

　C点はA点の300mほど右側。3km余り右側に流入する同町止別川河口付近まで、ズラリと入釣者が並ぶ好ポイントだが、海岸伝いの入釣となるためB点同様、健脚者向きだ。

　D点へは、国道244号沿いの荒れた細い道付近から入釣する。国道と海岸の間は高台で入釣ルートは厳しいが、その分、入釣者が少なく落ち着いてサケ釣りが楽しめる。

> **注意**
> 釣り場は小清水原生花園に近く、濤沸湖はラムサール条約登録湿地。貴重な動植物が数多く見られる自然に満ちたエリアなので、ごみの持ち帰りは徹底すること。

> **MEMO**
> トイレや買い物は、道の駅「はなやか(葉菜野花)小清水」を利用する。コンビニやガソリンスタンドは網走市北浜にあり、郵便局は浜小清水市街と北浜にある。

歩きにくい砂浜は釣れたサケを車まで運ぶのに骨が折れる

道東

藻琴～北浜海岸

119 [網走市] もこと～きたはまかいがん

- 釣り方　投げ釣り
- 釣り期　9月下旬～10月下旬
- タックル　投げザオ
  　　　　　タモ、ウエーダー不要
- エサ　サンマ、ソウダガツオなど
- 河口規制　藻琴川(左海岸1000m、右海岸1000m
  6月1日～8月31日　9月1日～12月10日)
  浦士別川(左海岸100m、右海岸100m
  8月1日～12月10日　※2022年は9月1日～)

海岸近くまで車で入れる好釣り場

　網走周辺にはサケの好釣り場がめじろ押しだが、投げ釣りといえば網走市街地からほど近く魚影が濃い藻琴海岸と北浜海岸。国道244号のすぐ脇に砂浜の海岸が広がり、入釣しやすいのも魅力だ。

A点で釣る際に気をつけたい藻琴川の左海岸の河口規制標柱

※藻琴川河口周辺はウキルアーの釣り場なので別掲(258、259ページ)で紹介する。

藻琴海岸

　網走市街から国道244号を斜里方面に向かい、鱒浦漁港を過ぎてから2km余りの所にある国道脇のガソリンスタンドが目印。駐車スペースのすぐ右側のA点付近が好ポイントだ。砂浜には国道脇から数カ所、車の乗り入れ可能な場所があるが、スタックしないように注意すること。
　A点は遠浅の砂浜で遠投が有利だが、小河川があるせいか周辺に比べると回遊経路が海岸に近い。仕掛けのタナ、ハリスの

意外に魚影が濃い北浜海岸のC点付近

長さは25〜30cm程度で、サケシーズン初期にはカラフトマスもヒットする。藻琴川の河口規制に注意すること。

北浜海岸

藻琴市街から国道244号を斜里方面に向かうと、すぐに現れるのが北浜市街。釣り場は市街地裏の砂浜の海岸で、国道沿いのコンビニ脇の道を進むと海岸に出られる。JR釧網線の踏切に注意すること。

B点は、踏切を渡ってすぐ左側の海岸で通称「コンビニ裏」。40〜50mほど沖にかけ上がりがあり、盛期にはちょうどその付近でサケの跳ねが見られることが多いので狙いやすい。

C点は濤沸湖(=浦士別川)寄りで意外に魚影が濃い。寒いときには車中待機しながら釣りができるため、入釣者が多い人気ポイントだ。ただし、道が荒れているのでスタックしないように注意すること。対岸の濤沸湖湖口右海岸もサケが狙え、海岸近くまで車での進入が可能だが、左海岸、右海岸共に浦士別川の河口規制に注意を。仕掛けはタナ、ハリスとも30cmほど。

強烈なサケの引きでサオが弓なり

> **MEMO**
> 周辺にトイレはなくコンビニは網走、北浜市街、ガソリンスタンドは網走、藻琴市街近くにある。藻琴湖、濤沸湖がある自然豊かな環境だが、非常に蚊が多いので虫よけは万全にすること。

藻琴川河口海岸

[網走市] もことがわかこうかいがん

- 釣り方　ウキルアー
- 釣り期　8月下旬～10月下旬
- タックル　ルアーロッド10～13フィート
- エサ　サンマ、ソウダガツオ
- 河口規制　藻琴川（左海岸1000m、右海岸1000m　6月1日～8月31日）

河口規制解禁直後から期待できる人気釣り場

網走市街から車で斜里方面に向かって約20分。ウキルアー釣り中心の釣り場で、網走市立第四中学校付近の空き地に車を止め、海岸沿いの土手を越えて砂浜を200mほど右側に進むと釣り場へ着く。メインポイントの河口付近はウキルアー釣りで占められるが、その両側には投げ釣りでも釣れる。

釣り場の様子

サケ・マス河口規制解禁直後から釣果が上がり、網走市街が近いこともあって、周辺での人気は1、2を争う。盛期には川の流れ出し付近で頻繁にサケの跳ねが見られ、河口部いっぱいにウキルアーの釣り人が並ぶ。遠浅の砂浜で基本的には遠投が有利だが、ヒットポイントは20～30mと近いことも多い。早朝が狙い目なのはいうまでもないが、盛期にはよく晴れた日中でもサケの回遊が見られ、ヒットシーンの連続となる。雨による水量増減や流出などの変化でも活性が高まり、朝はその付近を集中的に探る。ウキルアー釣りではかけ上が

2022年以降、河口規制が12月10日まで延長 事実上サケ釣りは不能に

ヒット後は後方に下がりながら砂浜に引き上げる

最盛期の河口付近はご覧の通りの混雑ぶり

り付近でストップモーションなどを入れると効果的だ。

ベストポイント

河口前の○○○○○○○○ロックの突堤先端部○○○○○○○○ち込みで10人余り（○○○○○○○○い年もあり）、少し間をあけてさらにその右側に立ち込みで15～20人が入釣する。立ち込みの人に間があいているのは流れが強く最も深い部分を避けてのことで、最深部より左に入った人のウキルアーはキャスト後に左側に流され、右に入った人のウキルアーは右に流されるので、オマツリに注意。ヒット後は後ずさりして海岸にサケ○○○○○○○○げるため多少、強引な取り込みとなるので、ミチ糸は強度のあるものを使用○○○○○○○○要不可欠なポイント○○○○○○○○川の水勢が強いので転倒には十分注意し、ライフジャケットは必ず着用すること。

両サイドを消波ブロックの突堤に挟まれたB点は、右の突堤寄りが立ち込みのウキルアー釣り、中間付近から左側は投げ釣りポイント。ウキルアー釣りは海中に立ち込んで釣りをするが、突堤先端周辺に入釣者がいるため、ルアーのコントロールに十分注意。海中は全域砂地で足場はいい。

2022年以降、河口規制が12月10日まで延長 事実上サケ釣りは不能に

なぎで干潮時のA点付近

MEMO
釣り場から国道244号を斜里方面へ約2.5km進むとコンビニがある。藻琴湖は焼いて食べられるほど大きな寒シジミの産地として有名。

道東

網走港

121

[網走市] あばしりこう

- ●釣り方　ウキルアー、ウキ
- ●釣り期　8月中旬～12月上旬
- ●タックル　ルアーロッド10フィート以上
　　　　　　ウエーダー不要、タモ必要
- ●エサ　ソウダガツオ、紅イカ、エビなど
- ●河口規制　網走川(6月1日～12月10日)

第4埠頭の開放減

　かつては各地からサケ釣りファンが集った道内トップクラスの有名ポイントだった。人気もさることながら魚影の濃さは抜群で爆発力を秘め、実績も十分にあった。しかし、近年は立ち入り禁止エリアが拡大した上、絶好ポイントの第4埠頭も開放されることは少なくなり、魅力が薄れたことは否定できない。ただ、同港の一部に掛かる網走川の河口規制が解除されると、毎年のように上がる非常に脂の乗りがいい銀ピカのサケは価値がある。まれにキングサーモンも釣れる。港内いずれのポイントも4・5mほどのタモが必要。

めったに開放されなくなった第4埠頭入り口のゲート

船入澗
　河口規制が掛かる場所だが、12月11日に規制が外れると同月末ごろまで突堤の

網走市

網走川の河口規制解除後にサケが狙える第2埠頭

先端部周辺が人気ポイントと化し、釣り人はウキルアー釣りやウキ釣り、垂らし釣りでサケを狙う。魚影は濃くはないが船入澗全体に及ぶため、広範囲を狙いやすいウキルアー釣りの人がやや多い。明け方には水面に薄氷が張るほど水温が低くサケの活性は高くないため、ウキルアーのリトリーブは超スローで。早朝よりもやや活性の上がってくる午前10時ごろにヒットすることがしばしば。先端部周辺は広くはなく、先端部に2人、先端付近の左右にそれぞれ3人程度が入釣できるのみ。

第1埠頭、第2埠頭

第1埠頭のB点と第2埠頭のC点も12月10日までは河口規制が掛かる。12月11日以降にウキルアー釣りやウキ釣り、垂らし釣りでサケが狙える。

第3埠頭

第3埠頭のオイルフェンスが設置されている付近、D点でサケ釣りができるのも12月11日から。A〜C点に比べ釣果は劣るため常時釣り人のいるポイントではないが、ウキルアー釣りやウキ釣りで狙い、群れに当たればヒットがある。

先端部周辺がポイントの船入澗の突堤

MEMO

釣り場近くにコンビニ、ガソリンスタンド、釣具店、道の駅「流氷街道網走」がある。第4埠頭入り口にトイレと飲料水の自動販売機がある。

道東

二ツ岩海岸

122

[網走市] ふたついわかいがん

●釣り方	ウキルアー、ウキ
●釣り期	9月中旬～11月下旬
●タックル	ルアーロッド10～13フィート タモ不要、ウエーダー必要
●エサ	ソウダガツオ、紅イカ、サンマ、フクラギ
●河口規制	なし

釣果に安定感があるA点が人気

　サケが岸寄りするバイラギ川とポンバイラギ川の二つの流れ出しの周辺を地元の釣り人は、近くに見える景勝地の名を取って「二ツ岩」と呼ぶ。地元の釣り人への人気は高く、早朝の出勤前に1、2時間サオを出す人も多い。釣果に安定感があり、盛期ともなれば安定的に釣れることも少なくない。

バイラギ川の流れ出し

　A点のバイラギ川の流れ出し周辺は、通常はウエーダーを着用して海中に立ち込んで釣るが、年によって水深の変動があり、潮流やしけなどによって手前側が深くなると立ち込みにくくなる。水深が浅い年のウキ下はウキルアー、ウキ釣りとも

9月下旬にA点付近で3匹のサケをゲットした地元アングラー

A点のバイラギ川の流れ出しで海に立ち込んでサケを狙う釣り人

50cm～1mだが、深い年は1～1.5mを目安にして入釣場所によって調整する。

　投げる距離は30～40mで、遠くへ投げて長時間リトリーブをするよりもショートキャストでスローリトリーブしつつ、キャスト回数を稼いだ方が釣果に結び付きやすい。ただし、サケが岸から遠ざかる午前9時ごろからは遠投が有利になる。

　ウキルアーのスプーンは35、40gの赤に黒点、ピンク、青系で、タコベイトもスプーンと同色が定番。エサは各種使えるが、エサ取りのウグイが多いので塩で締めると良く、近年は生のフクラギを使う人も増えた。水深が浅めなので食いがいいのは日の出から午前7時半ごろまでで、混雑もこの時間帯まで。同8時以降は釣果は落ちるが、釣り場が空いてゆったりサオが出せる。

ポンバイラギ川の流れ出し

　B点のポンバイラギ川の流れ出しは穴場的な釣り場。A点に比べると釣果が数段落ちるためB点に直接入釣する釣り人は少なく、A点が混み合っているときや網走港第4埠頭閉鎖時の逃げ場として訪れる人が多い。遠浅なので立ち込み釣りが主流でウキルアー、ウキ釣りともにウキ下は50cm～1m。釣り場へはバイラギ川側から砂浜へ出て海岸沿いに移動する。

B点のポンバイラギ川の流れ出しは穴場的な釣り場

MEMO
釣り場近くにトイレはない。コンビニ、ガソリンスタンド、釣具店は網走市街。周辺には駐車場所が少なく、道道網走公園線は道幅が狭く駐車不可。

道東

能取漁港〈湖口地区〉

[網走市]のとろぎょこうこぐちちく

●釣り方	ウキルアー、ウキ
●釣り期	9月1日〜10月中旬
●タックル	ルアーロッド10〜12フィート 港はタモ必要
●エサ	ソウダガツオ、紅イカ
●河口規制	なし

鉄管付近は好ポイント

　網走市街から車で25分ほどの能取湖は、オホーツク海と通じており、出入り口にあるのが能取漁港〈湖口地区〉。比較的混雑が少なくのんびりとサオが出せ、東西の防波堤ではウキ釣りやウキルアー釣り、砂浜では投げ釣りが可能。

釣り場の様子

　能取漁港〈湖口地区〉は東防波堤と西防波堤の2本で構成されるシンプルな造り。両防波堤とも基部から100mほどでケーソンが途切れ、消波ブロックだけの防波堤がさらに沖へ伸びる。消波ブロックを伝って先端部へ出ることが不可能なため、釣り場はケーソンが途切れる辺りまで。どちらの防波堤も外側が主な釣り場で、一部を除き足場が消波ブロック上となるため注意が必要。

東西両防波堤中間部の外海側にある鉄管。この周囲が好ポイント

ケーソンが途切れる東防波堤の先端部でサケがヒット

　両防波堤の間は約500mだが、一方から他方へ移る場合は周囲約33kmの湖をぐるりと1周しなければならず移動は簡単ではない。

釣り場攻略

　港はA、B点ともに釣れるが、B点の方が釣果はいいと見る人が多い。特に外側の海に鉄管が打ち込まれている辺りはサケの付き場で、足場にいい平坦なコンクリートもあり、空いていれば必ず探りたいポイントだ。A点の側にも鉄管が打ち込まれた場所が外側にはあり、平らな足場もあって東防波堤の中では好ポイント。両防波堤のケーソンが途切れる辺り、事実上の最先端部も水深があり期待できる。

　二つの防波堤の間の水路でもサケは釣れるが、満干潮の潮止まり以外は流れが速く苦戦する。しかし、東防波堤基部内側の狭い砂浜、C点からは投げ釣りでサオを出す人の姿を見掛ける。投げ釣りはD点の砂浜でも盛ん。

　どのポイントも最盛期は9月。10月に入ると釣果は半減する。

西防波堤中間部の鉄管付近。平坦なコンクリートがあり足場がいい

道東

常呂漁港

[北見市] ところぎょこう

- 釣り方　ウキルアー、ウキ釣り
- 釣り期　8月下旬〜10月下旬
- タックル　ルアーロッド9〜10フィート
　　　　　ウエーダー不要、タモ必要
- エサ　ソウダガツオ、紅イカ
- 河口規制　なし

D点は車の近くでサオを出せる

　カラフトマス釣り場として有名だが、意外にサケ釣り場としての知名度は低い。8月下旬からカラフトマスに交じってサケが姿を見せ始め、9月下旬以降に本番を迎える。10月上旬から中旬に、港内にサケの群れが入ったときは釣り人でにぎわう。

外海

　西護岸の消波ブロック上のA点と、北防波堤の消波ブロック上のB点が主なポイント。同港の左1km余りに常呂川が流れ出ているせいでA点の海は降雨後などに濁りやすいことから、濁りがなければA点に、濁りがあればB点に入るといい。どちらも非常に高く積まれた消波ブロックを下の方に下りて釣るため、足元に十分な注意が必要で、キャスト時は背後の消波ブロックにロッドをぶつけないよう気を付けなければいけない。かなりのベテランや上級者向きの釣り場。ウキルアー釣りやウキ釣りのウキ下は1.5〜3m。

D点のウキルアー釣りでサケを狙う釣り人

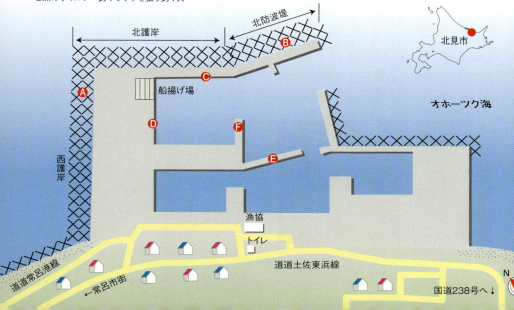

上級者向きの西護岸の消波ブロック上

港内

　入釣者が多いのは船揚げ場周辺のC、D点。車の近くでサオを出せるD点は家族連れや初心者の姿も多く、C点は10月中旬以降に数釣りができることがあり、一部で人気が高い。なお、両点の入釣者双方が遠投するとオマツリの危険があるため気を付けて。

　E、F点は近年、人気の高いポイント。早朝にはよく跳ねが見られ、ウキ釣り主体にウキルアー釣りで狙う人が多い。

　港内のウキ下は、ウキルアー釣りもウキ釣りも1.5mが基本。

C点で釣れたサケに笑顔のルアーマン

注意
西護岸や北防波堤の消波ブロックは、高さがあるので要注意。サケの取り込み時は特に注意を要する。ライフジャケット、スパイクブーツ必携。

MEMO
トイレは港内の漁協前にある。コンビニ、ガソリンスタンド、釣具を扱うホームセンターが常呂市街にある。

サケ 船釣り場

噴火湾沖

[八雲町・長万部町・豊浦町] ふんかわんおき

- ●釣り方　　ルアー
- ●釣り期　　10月下旬〜11月下旬
- ●タックル　ルアーロッド10〜13フィート
- ●エサ　　　ソウダガツオ

ハンティングのようなスピード感と緊張感

　八雲沖から長万部町静狩沖、豊浦沖まで、噴火湾一帯で広範囲に狙える。水深があるため広いタナを探れるようにルアーとタコベイトの組み合わせのみで行い、ウキは使わない。「噴火湾の鼻曲がり」と呼ばれるように雄の口の周りは激しく変形し、気性の荒い大型が多いのが特徴だ。

噴火湾沖ではベテランが船首でサケの跳ねを探す

釣り方

　噴火湾沖のサケ釣りは、サケの跳ねを船長と乗船者が協力して探し出すことから始まる。ベテランや目のいい乗船者がゆっくり進む船の船首に陣取り、跳ねを見つけたら船で追い掛け、船長が群れの進行方向を予測して船を着ける。そして、船長の合図でサケの群れを目掛けて一斉にルアーをキャストする、ハンティングのようなスピード感と緊張感あふれる釣りが楽しめるのが最大の魅力だ。

　ただし、通常は船長がサケの群れに船を着ける側に全員が並ぶ片舷釣りとなる場合が多いので、キャスト時は周囲に十分な注意を払うこと。

船べり近くで暴れるサケを体をのけぞらせて強引に寄せる

いかにも気性が荒そうな噴火湾沖のサケ

タックル＆ルアー

「船のルアー釣りは、取り回しや取り込み時の扱いやすさを考慮して短めのロッドを使う」というのが一般的な考え方。しかし、噴火湾のサケ釣りは、前記のような釣り方の性格上、船がサケの群れに近づき切れないことも多い。そんなときに威力を発揮するのが遠投力。従って、ロングロッドが有利となる傾向がある。早朝から昼ごろまでの長時間の釣りとなるので、10～13フィートの中から体力を考慮して長めのロッドを選択するといいだろう。

ラインは、ルアーが左右から一斉にキャストされること、取り込みがやや強引になることを考慮し、PEラインは3号、ナイロンラインは5号を使う。細めのラインは引きを楽しむという点では有効だが、大きな群れに当たると数匹が一斉にヒットすることもあるので要注意。乗合船では他の乗船者の迷惑となり、収拾がつかなくなるので使用しないこと。

ルアーは銀赤系、赤に黒点が入った物などが人気だが、濁りのあるときに効力を発揮するといわれる金系も必ず持参すること。45～50gをメインに、潮流が速いときや強めの風で船が流されやすいときは60gの重量級ルアーで対処する。

> **注意**
> 遊漁船の釣りの場合、魚の取り込みは船長に任せるというのが一般的だが、サケ釣りでは、群れに当たると一度に数人にヒットすることも珍しくない。船長一人では手が回らなくなることもよくあるので、乗船者同士がお互いに協力し合うこと。

> **MEMO**
> 遊漁船にはトイレ完備の船もあるので、女性も安心して楽しめる。また、作業小屋などに宿泊可能な遊漁船もあるので、予約時に確認するといいだろう。

サケ 船釣り場

枝幸沖

[枝幸町] えさしおき

- 釣り方 ウキルアー、ルアー、ウキ
- 釣り期 9月上旬〜10月下旬
- タックル ルアーロッド10〜13フィート
- エサ ソウダガツオ、紅イカ
- 河口規制 北見幌別川（左海岸1000m、右海岸1000m、沖合1000m 4月1日〜8月31日）

待ちの釣りで広範囲を探れる遠投が有利

釣り場は枝幸町北見幌別川の沖が中心で、年によっては河口規制が解除されると同時に釣れ始めることもある早場。銀ピカが多く引きが強いことで知られ、7kgを超えるような大型もしばしばヒットするので、釣りの前にはラインやスイベルの結び目などの点検を怠らないこと。

船上からウキルアー釣りをする枝幸沖のサケ釣り

釣り方

枝幸沖のサケ釣りは一般的な陸のウキルアー釣りと同じように、ウキルアーをキャストしてゆっくりリトリーブする方法で行われる。ウキによってルアーが一定のタナを保つため、ルアーをキャストすることさえできればほかに特に難しい点はなく、初級者でも十分にサケの強い引きが楽しめる。

釣り場に着いた遊漁船は、サケの跳ねを見ながら回遊に当たりそうなポイントを確保し、アンカーを入れて船を固定する。サケの跳ねが見られるときは進行方向を見定めてキャストし、跳ねがないときは、船の近くを回遊することを想定してキャストを

枝幸沖のサケは銀ピカが多く引きが強い

繰り返す。

タックル&ルアー

同沖のサケ釣りは、船を固定してサケの回遊を待つ「待ちの釣り」。サケの群れが必ずしも船の近くを通るわけではないので、遠投できる方が有利となるため、最近は船釣りとしては長めの13フィートのロッドを使う釣り人も多くなった。

ラインはナイロン4、5号、PEは2.5、3号。ルアーは40〜50gで銀赤系、銀青系。色によって釣果に大きな差が出ることは少ないが、盛期には入釣者が多いため、目立ち度の高い濃いピンク、アワビ張りなどが有効だ。エサはソウダガツオや紅イカなど。

枝幸沖はインフレータブルボートで出船する釣り人も多い

ウキルアーのタナは1〜1.5mだが、それほど細かくこだわる必要はない。また、跳ねがあるのにヒットにつながらないときや跳ねが見られないときなどは、ウキを取ってルアーとタコベイトのみで中層から底層を探ってみるのも手だ。ただし、海底は全域砂地ではなく岩盤や海藻根があるので、底近くを探ると根掛かりするので注意。

注意
高い人気を誇る同沖のサケ釣りは、遊漁船ばかりかプレジャーボートやインフレータブルボートも数多く出船し、最盛期にはやや過密状態気味となる。力任せの遠投は、周辺の入釣者の釣りの妨げとなるので配慮すること。

MEMO
遊漁船はトイレ完備の船もあり女性も安心。予約時に確認すること。枝幸市街から5kmほど雄武町寄りに道の駅「マリーンアイランド岡島」があり、コンビニ、ガソリンスタンドは枝幸市街にある。

大津沖・白糠沖

[豊頃町・白糠町] おおつおき・しらぬかおき

- 釣り方　胴突き釣り
- 釣り期　9月初旬～9月下旬
- タックル　船ザオ200号2.4m、電動リール、ロッドホルダー
- エサ　サンマ、ソウダガツオなど

銀ピカ多くサケの回遊層を狙うタナ釣り

　豊頃町大津沖と白糠町白糠沖は、タックルや釣り方、釣り期などがほぼ同じ。釣れるサケのほとんどが銀ピカのせいか非常に人気が高く、遊漁船は早めに確保する必要がある。船ザオに電動リールの組み合わせで狙うため、釣り方に特に難しい点はなく、船長が指示するタナに仕掛けを合わせて当たりを待つ「待ちの釣り」だ。

タナ釣り

　釣り場の水深は50～100mほどとまちまちだが、両沖の釣りは中層を狙う「タナ釣り」。船長が魚群探知機によってサケの回遊するタナを探し、釣り人に指示を出す。例えば「35m」と指示が出たら、これは、海面から35m下をサケの群れが回遊しているということ。電動リールのカウンターを見ながら素早く指示ダナまで仕掛けを下ろし、当たりを待つ。船長は、時間帯によって刻々と変わるサケの回遊層をとらえて指示を出すので、乗船者全員が従うこと。

仕掛けを指示ダナに合わせて当たりを待つ

ポイント到着後の仕掛け投入前の緊張の一瞬

白糠沖で上がった銀ピカのサケ

当たりと取り込み

サケはエサをくわえても反転して逃げるような動きをしないため、当たりは意外に小さい。この当たりを見逃さずにハリ掛かりさせるのだが、合わせ、巻き取り、取り込みの一連の動作をスムーズに行うためには、当たりと同時に電動リールのスイッチを最速にして巻く方法が主流。これによって、海面に向かって泳ぐ食い上げと呼ばれる動きにも対処できる。

サケが掛かっているとサオが大きく曲がるので、サオをあおって、しっかりハリ掛かりさせる。電動リールの船べり停止機能で巻き上げが止まったら、ミチ糸が緩まないように注意しながら素早く取り込む。通常は船長がタモで取り込んでくれるが、群れに当たって船中あちこちでヒットしたときは、お互いに協力し合うこと。

仕掛けとエサ

ミキ糸20〜24号、ハリス18〜20号、ハリ数5、6本が一般的。サケ専用仕掛けが販売されているが、仕掛けを自作する場合は絡みなどの要因になるのでハリ数を多くし過ぎないこと。エサは生のサンマをぶつ切りにして使うが、エサ落ちが気になる場合はソウダガツオの短冊、フクラギなどを使う。電動リールのラインはPE6号が主流で、オモリは200〜300号。

注意
サケは釣り上げた後も船上で激しく暴れる。しかも、サケ釣りのハリは大きく刺さりがいいので、ハリを外すときが非常に危険だ。必ず、たたき棒などで締めてからハリを外すこと。

MEMO
この地区の遊漁船はトイレ完備の船が多く女性も安心。予約のときにあらかじめ確かめておくといい。

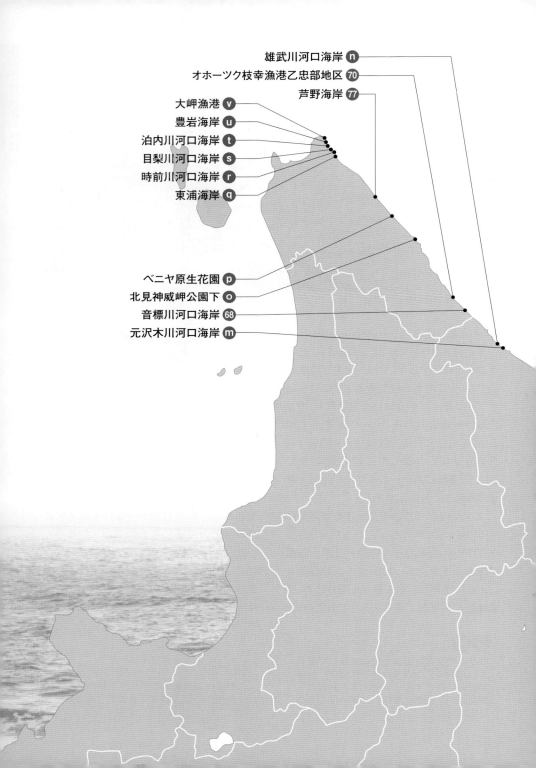

カラフトマス

釧路西港

[釧路市] くしろにしこう

- 釣り方　ウキ、ウキルアー、ルアー
- 釣り期　7月初旬〜8月末
- タックル　ルアーロッド8〜10フィート
　　　　　ウエーダー不要、タモ必要
- エサ　紅イカなど
- 河口規制　新釧路川(6月1日〜11月30日)

A、B点の岸壁が交わる付近が好ポイント

　道内有数の早場で、例年7月初旬に初物の便りが届く。本格化は7月20日前後からで、シーズンは8月いっぱい。

　第1埠頭右側のA点一帯、同埠頭と第2埠頭の間のB点一帯が好ポイント。中でも、A点とB点が交わる辺りが最も有望だ。ウキ釣りが主流で、両テンビン2本バリ仕掛けの使用が目立つ。ウキ下は80cm〜2.5m前後。

　また、港内に入って間もない群れはルアー単体で狙っても反応がいい。遠投の必要はなくスローリトリーブしたいので、スプーンは18g程度を使用。食いが渋ければ、さらに軽くて小さいルアーを使う。

　第2埠頭と第3埠頭間の岸壁、C点は近年、釣果は下降傾向にあるものの早朝の1〜2時間には釣果が上がることがある。人気の高いA、B点が混んでいるときに利用する人もいる。岸から30m以内をA、B点と同じ釣り方で狙う。

B点でカラフトマスを狙う釣り人

> **MEMO**
> トイレは3カ所の緑地内にそれぞれある。釣具店やコンビニ、ガソリンスタンドは釧路市鳥取地区の国道38号沿いなどにある。

浜中(釧路)漁港 貰人地区

[浜中町] はまなかくしろぎょこうもうらいとちく

- ●釣り方　　ウキ、ウキルアー、ルアー
- ●釣り期　　7月下旬〜9月上旬
- ●タックル　ルアーロッド8〜10フィート
  　　　　　ウエーダー不要、タモ必要
- ●エサ　　　紅イカ、ソウダガツオなど
- ●河口規制　なし

カラフトマス

港内に流入する小川の両側が好ポイント

　浜中湾に面する浜中(釧路)漁港貰人地区へは、内陸部を通る国道44号から道道別海厚岸線、道道根室浜中釧路線を経由して至る。規模が小さめの割に港内を回遊するカラフトマスの魚影はまずまずで、足場がよく釣りやすいため、初級者からベテランまでが集まる釣り場だ。

　同漁港は、港内の東防波堤寄りに水路状に護岸された小川が流入する。カラフトマスは小川を中心に港内を回遊するため、A点の河口左側の岸壁とB点の河口右側の船揚げ場が好ポイントとなる。両ポイントともウキ、ウキルアー釣りが可能だが、A点はタナ50〜60cm前後のウキ釣り、B点はタナ60cmほどのウキルアー釣りが有効だ。

　C点の西防波堤中間付近から南防波堤のD点付近までは、タナを60〜80cm取ったウキルアー釣りで広範囲を探る。ただし、早朝以降はカラフトマスの活性が下がるため、タナを1mほどにしたウキ釣りも有効。水深があるため、ルアー釣りで狙うのも面白い。

C点付近からウキルアー釣りでカラフトマスを狙う釣り人

MEMO
周辺にトイレはなく、コンビニ、ガソリンスタンドは浜中市街。盛期には入釣者が多いので、駐車場所には十分注意。ごみの持ち帰りなどマナーを徹底すること。

恵茶人海岸

[浜中町] えさしとかいがん

●釣り方	ルアー、ウキルアー
●釣り期	7月下旬～8月下旬
●タックル	ルアーロッド8～11フィート ウエーダー必要、タモ不要
●エサ	紅イカなど
●河口規制	なし

過剰なウエーディングに注意

　以前は一帯でカラフトマスが狙えたが、最近はあまり釣れなくなったと嘆く声が多い。好ポイントはA点などのように複数ある小規模河川の流れ出し周辺。ただし、これらの小河川は水量が少なく、時には枯れかかっていることもあるので現地で川の状態を確認すること。

　B点のような沖の離岸堤の切れ目周辺も期待のポイント。満干潮で砂が削られて深くなっていることもあり、魚がたまりやすい。この深みを狙うには11フィート程度の長めのロッドで、35g前後のスプーンを使ったウキルアー釣りをするか、18g程度のスプーン単体を細めのラインで遠投するのがお薦め。ヒザ上まで立ち込んで深みを狙う釣り人もいるが、過剰な立ち込みは岸近くのカラフトマスの回遊を妨げ、群れを遠ざけてしまうので注意。離岸堤があるものの、しけると案外強い波が押し寄せるので注意。

広い砂浜と離岸堤が特徴の恵茶人海岸

> **MEMO**
> 周辺にトイレはない。釣具店は同町霧多布地区にあり、コンビニとガソリンスタンドは根室市厚床の国道44号沿いなど。

知徒来川河口海岸

[羅臼町] ちとらいがわかこうかいがん

- 釣り方　　ウキルアー、ウキ、ルアー
- 釣り期　　7月下旬～9月上旬
- タックル　ルアーロッド8～10フィート
　　　　　　タモ、ウエーダー不要
- エサ　　　紅イカ、ソウダガツオなど
- 河口規制　なし

カラフトマス

A点は根掛かり注意

　羅臼市街から道道知床公園羅臼線を相泊方面へ進み、ヒカリゴケ自生地として知られるマッカウス洞窟を過ぎるとすぐに現れるのが知徒来川。小砂利の海岸で足場がいい。

　羅臼町のカラフトマス釣り場の中では早場の印象があり、7月に入ると同時に釣り人を見掛けるが、本格化は8月に入ってから。年によって魚影の濃さの変動が激しく、確実な情報を元に入釣する必要がある。

　好ポイントは河口前から左側に15mほどの区間のA点。水深が浅めで場所によっては隠れ根もあり、根掛かりが少ないウキルアー釣りが有利。ルアー釣りは根掛かりに注意すること。

　B点の右海岸は、ワンドの右側に消波ブロックが敷設されており釣り場が狭いが、水深が深めで魚影の濃さはA点と甲乙付けがたい。A、B点ともウキルアー釣りのタナは60cm前後、ウキ釣りは40～50cm。南、南東風は流れ藻が多くなり釣りにくい。

小砂利の海岸で足場がいい知徒来川河口海岸

MEMO
トイレは道の駅「知床・らうす」を利用する。コンビニ、ガソリンスタンドは羅臼市街にある。

天狗岩・オッカバケ漁港

[羅臼町] てんぐいわ・おっかばけぎょこう

●釣り方	ウキルアー、ウキ、ルアー
●釣り期	7月下旬〜9月上旬
●タックル	ルアーロッド8〜10フィート ウエーダー、タモ必要
●エサ	紅イカ、ソウダガツオなど
●河口規制	なし

A点の天狗岩先端付近がメインポイント

　ポイントは天狗岩、オッカバケ川河口、オッカバケ漁港の3カ所。変化に富んだ地形で初級者からベテランまで幅広く楽しめ、釣り場近くの道道知床公園羅臼線脇に駐車場があるため入釣しやすいのも魅力。

　A点の天狗岩先端付近は、同釣り場のメインポイントで水深が十分。年によっては爆発的な釣果が得られるが、最近は以前ほど釣れなくなったと嘆く声が多い。

　B点のオッカバケ川河口は、ゴロタ石の海岸でオッカバケ漁港北防波堤基部付近から入釣する。水深は浅めでウキルアーのタナは50〜60cm、ウキ釣りは30〜40cm。オッカバケ川の流れ出しが最も期待でき、安定的な釣果が得られる。すぐ前の岩へはなぎの干潮時にウエーダー履きで渡るが、天狗岩先端の入釣者とのオマツリに注意。

　C点のオッカバケ漁港北防波堤は、曲がり角外海側がポイント。ただし、カラフトマスの回遊に当たらなければ大きな期待はできず、消波ブロック上からの釣りになるので足元に注意。いずれも盛期は8月中旬。

> **MEMO**
> コンビニ、ガソリンスタンドは羅臼市街にあり、トイレは道の駅「知床・らうす」を利用する。

安定的な釣果が得られるB点のオッカバケ川河口付近

知円別漁港

[羅臼町] ちえんべつぎょこう

- 釣り方　ウキ、ウキルアー、ルアー
- 釣り期　7月下旬〜9月上旬
- タックル　ウエーダー不要、タモ必要
- エサ　紅イカ、ソウダガツオなど
- 河口規制　なし

カラフトマス

C点の南、西防波堤外海側が穴場

　チエンベツ川が港内に流入する割に好ポイントは案外少なく、釣り場が混み合うのが難点。駐車スペースはチエンベツ川右岸の港内にあるが、船揚げ場に近いので、漁業作業の邪魔にならないように注意。

　チエンベツ川は、幅数メートルの水路状の護岸内を流れて港内に流入する。遡上前のカラフトマスは、この水路の出口付近に群れを成すが、食い気はほとんどない状態。従って、沖側を回遊する群れを狙うと効率がいい。

　人気ポイントはA点の河口右岸の船揚げ場。ウキ釣りの入釣者がほとんどで、狭い場所に釣り人が集中する。ウキ釣りのタナは60cm前後、ウキルアー釣りは60〜80cm。

　河口左岸の岸壁のB点は、チエンベツ川の川水が右寄りに流れるせいかA点に比べると釣果がかなり劣る。また、漁業施設前の岸壁なので駐車などに十分注意。

　C点の南、西防波堤外海側は、頻繁に跳ねが見られることもある穴場。ウキルアー釣り主体で、消波ブロック上からの釣りなので足元に注意。カラフトマスは知円別漁港右側の海岸のD点付近も回遊する。

狭い釣り場に釣り人が集中する知円別漁港のA点付近

MEMO
トイレは道の駅「知床・らうす」を利用する。コンビニ、ガソリンスタンドは羅臼市街にある。

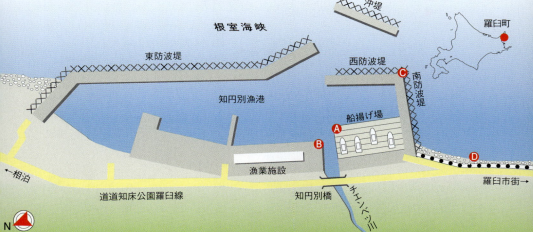

カモイウンベ川河口海岸

[羅臼町] かもいうんべがわかこうかいがん

- ●釣り方　ウキ、ウキルアー
- ●釣り期　7月下旬〜9月上旬
- ●タックル　ルアーロッド8〜10フィート
　　　　　　ウエーダー必要
- ●エサ　紅イカ、ソウダガツオなど
- ●河口規制　なし

河口左から小定置までのA点が好ポイント

　釣り場は、羅臼町相泊漁港から知床半島の先端に向かって約1.2km。道道知床公園羅臼線は相泊漁港で終点となるため、海岸伝いに徒歩で約20分。相泊漁港からカモイウンベ川河口までは、海岸沿いにコンブ漁師の番屋が並ぶので、できるだけコンブ干し場を避けて歩くこと。

　河口の10mほど左側には例年、カラフトマスの小定置が入る。周辺を回遊するカラフトマスは網の近くにたまりやすく、このすぐ右側から河口左までのA点が好ポイントとなる。活性が高い早朝はウキルアー釣りが有効でタナは約60cm。

　ウキ釣りは、河口前と河口両サイドのB点がよく、水深が浅いのでタナは30cm余り。不用意にタナを長めにすると根掛かりの元になり、河口正面付近の15mほど沖には隠れ根があるので、根掛かりに十分注意すること。海底には大きめの石がゴロゴロしており、ルアー釣りは根掛かりが多く避けるのが無難だ。一帯はゴロタ場で足元が悪く、歩きにくいので注意。

海岸沿いに約1.2km歩いて入釣するカモイウンベ川河口海岸

MEMO
歩行距離が長いので水分補給のための飲み物は必ず持参。周辺にトイレはなく、コンビニやガソリンスタンドは羅臼市街。クマに注意。

ホロベツ川河口海岸

[斜里町] ほろべつがわかこうかいがん

- 釣り方　ルアー、ウキルアー、ウキ
- 釣り期　7月下旬～9月中旬
- タックル　ルアーロッド8～10フィート
　　　　　ウエーダー必要、ポイントによりタモ必要
- エサ　紅イカ、ソウダガツオなど
- 河口規制　ホロベツ川（左海岸100m、右海岸100m　8月1日～12月10日）
　　　　　　※2022年は9月1日～

右海岸のA点は好ポイント

　ホロベツ川は、国道334号の知床横断道路付近のオホーツク海に流入する。以前は河口規制の設定がなかったが、2022年に海区委員会指示による規制が設定され、河口付近の海でカラフトマス釣りができるのは規制の前のわずかな期間のみとなった。幌別橋の下を通って海岸に出られるが、私有地なので車両進入禁止。

　左海岸はゴロタ石、右海岸は50m余り小砂利交じりの砂浜が続いてから岩場となる。好ポイントは、ホロベツ川の川筋にあたるA点。釣り場が混み合う早朝はウキルアーやルアー釣り、日中はウキ釣りでのんびり当たりを待つのがいい。

　B点は、大岩がゴロゴロした足場の悪い岩場だが、岸寄り直後の群れが回遊し食いがよく銀ピカも多い。C点は左海岸の河口近くで、比較的入釣者は少ないが、釣果も少ない傾向にある。

　A、B点へは、ウエーダーを着用してホロベツ川を渡って入釣する。雨の日には水流が強いので注意すること。

左海岸のC点付近から見た好ポイントのA、B点

MEMO
幌別橋付近の国道脇の駐車帯は例年、クマの出没などによりシーズンになると閉鎖される。トイレは道の駅「うとろ・シリエトク」、コンビニ、ガソリンスタンドはウトロ市街にある。

ウトロ漁港ウトロ地区・ペレケ川河口

[斜里町] うとろぎょこううとろちくぺれけがわかこう

- ●釣り方　　ウキ、ウキルアー
- ●釣り期　　7月下旬
- ●タックル　ルアーロッド8～9フィート
　　　　　　タモ必要、ウエーダー不要
- ●エサ　　　紅イカ、ソウダガツオ、サンマなど
- ●河口規制　ペレケ川(8月1日～10月31日　※2022年は9月1日～)

入釣しやすいA点の右側岸壁が人気

　ウトロ漁港ウトロ地区は、観光名所のオロンコ岩を中心に左右にある独特の形状で、カラフトマスが遡上するペレケ川が流入するのは左側の「新港」。道の駅「うとろ・シリエトク」から歩いて数分という近さだが、2022年にペレケ川に河口規制が設定され、新港内でカラフトマス釣りができるのは7月中のわずかな期間となった（2022年のみ8月も釣り可）。

　釣り場は幅の狭い水路のような岸壁で、入釣しやすく車の近くでサオが出せるA点の右側岸壁が人気だが、B点の左側岸壁の入釣者とのオマツリに注意が必要。釣り場の形状がカラフトマスの警戒心を高めるせいか、静かに釣れるウキ釣りが有利だ。

　ウキルアーのタナは60～70cmで、ウキ釣りは40～50cm。

ペレケ川河口の右側岸壁は車の近くでサオが出せる

MEMO
トイレは道の駅「うとろ・シリエトク」を利用する。コンビニ、ガソリンスタンド、食事どころ、民宿なども近くにあり、女性や家族連れにも安心。

フンベ川河口海岸

●釣り方	ウキ、ウキルアー
●釣り期	7月上旬〜9月中旬
●タックル	ウエーダー必要
●エサ	紅イカ、ソウダガツオなど
●河口規制	なし

カラフトマス

[斜里町] ふんべがわかこうかいがん

早場のイメージだが本格化は8月

　早場のイメージを持つ釣り場で、7月上旬からぽつぽつ釣れ始める。しかし、初期は早朝に全体で0〜2匹程度の日が多く、本格化は周辺の他の釣り場同様、8月に入ってからだ。釣り場のすぐ近くの国道脇の駐車帯は近年、カラフトマスやサケの時季に閉鎖される。入釣は土手を下るか噴辺橋の下から。夜明け前はクマに注意すること。

　釣果が安定しているのは、河口正面とやや左側のA点。ウキ釣りの入釣者が多く、水深が浅いのでタナは30cm前後。好不調にかかわらず、カラフトマスの姿を見られる確率が最も高いポイントだ。

　B点は、河口の左側に掛かる小定置の右側で、早朝に限らず日中でも釣果が見込める。小定置から伸びるロープに注意する必要があり、水深が浅いため干潮時は期待薄。ウキルアーがよく、タナは50〜60cm。

　C点は河口の右側の海岸で、所々に深みがありカラフトマスの群れがたまる。ただし、遡上直前の群れが多く、数がいる割になかなかヒットしないので、夜明け直後が勝負。

釣果が安定している河口前のA点付近

MEMO
車で5分ほどのウトロ市街には道の駅「うとろ・シリエトク」、コンビニ、ガソリンスタンドがある。

オンネベツ川河口海岸

[斜里町] おんねべつがわかこうかいがん

- 釣り方　　ウキルアー、ルアー、ウキ
- 釣り期　　9月1日～9月下旬
- タックル　ルアーロッド8～10フィート
　　　　　　ウエーダー必要
- エサ　　　紅イカ、ソウダガツオなど
- 河口規制　オンネベツ川(左海岸500m、右海岸500m　5月1日～8月31日)

河口解禁と同時に数釣りが可能

　周辺のカラフトマス釣り場には、サケ・マス河口規制の掛かる河川はほとんどないが、オンネベツ川には8月31日まで規制が掛かっているので注意。例年、河口解禁のころにはカラフトマスの遡上がピークを迎えているため数釣りが可能で、サケの釣り場としても高い人気を誇る。

　同川の河口は、国道の遠音別橋から下流で大きく左に湾曲する。従って川筋は河口正面と左側で、河口解禁のころにはA点の河口前がカラフトマスの好ポイントとなり、河口左側のワンドのB点にサケの跳ねが見られることがよくある。カラフトマスの釣り期は河口解禁が遅いためせいぜい2週間ほどで、その後はサケ釣りで人気を集める。

　ゴロタ石の海岸で水深は浅いが、カラフトマスはルアー釣りの入釣者が多い。根掛かりしやすいためルアーは10～17g程度の軽めのスプーンを使い、やや早めのリトリーブで探る。タナは30cm～50cm。

カラフトマス釣りに続いてサケ釣りでもにぎわうオンネベツ川河口海岸

2022年以降、
河口規制が10月31日まで延長
事実上カラフトマス釣りは不能に

　世界自然遺産知床の中にあり、サケ、マスの遡上を見に訪れる観光客が非常に多い。ごみの持ち帰りを徹底すること。トイレはオシンコシンの滝駐車場にあり、コンビニ、ガソリンスタンドはウトロ市街。

オチカバケ川河口海岸

[斜里町] おちかばけがわかこうかいがん

- 釣り方　　ウキ、ウキルアー
- 釣り期　　7月下旬～9月中旬
- タックル　ルアーロッド8～10フィート
　　　　　　ウエーダー必要
- エサ　　　紅イカ、ソウダガツオなど
- 河口規制　なし

カラフトマス

8月中旬から9月上旬が好機

　斜里町知布泊漁港から国道334号をウトロ方面に向かって1km余り。日の出大橋を渡ってすぐの国道の右カーブ付近にオチカバケ川橋があり、山側に駐車スペースがある。8月中旬から9月上旬が好機で、入釣は駐車場所からオチカバケ川橋の下を通って海岸に出る。

　河口周辺はゴロタ石の海岸で足場が悪く、ヒット後の取り込みにやや難があるためウエーダー着用が望ましい。好ポイントは河口正面のA点付近だが、人が集中しやすい場所のためオマツリなどに注意し譲り合って楽しむこと。

　B点の右海岸は、河口から右に15mほど離れると海底に広い海藻根がある。従って、できる限り河口近くに入釣するのがよく、好釣果を期待するならできるだけA点近くに釣り座を確保する努力をすること。ウキルアーのタナは50cm程度で、ウキ釣りのタナは30～40cm。オチカバケ川は雨が降ると濁りやすく、周辺は地形的に波が出やすいので注意すること。

釣り人でにぎわう国道334号から見たオチカバケ川河口海岸

MEMO
トイレはオシンコシンの滝駐車場にあるが、車で10分ほどかかる。コンビニ、ガソリンスタンドはウトロ市街。周辺にはカラフトマスの好釣り場がめじろ押し。

オライネコタン川河口海岸・知布泊漁港

[斜里町] おらいねこたんがわかこうかいがん・ちっぷどまりぎょこう

- ●釣り方　ウキ、ウキルアー
- ●釣り期　7月下旬〜9月中旬
- ●タックル　ルアーロッド8〜10フィート
  ウエーダー不要、漁港はタモ必要
- ●エサ　紅イカ、ソウダガツオなど
- ●河口規制　なし

足場のいいC点は岸寄り直後の群れが回遊

　オライネコタン川は、知布泊漁港のすぐ右側の海岸に流入する小河川。河川名があまり知られていないため、同釣り場を地区名で「日の出」と呼ぶ場合も多い穴場的釣り場。ゴロタ石の海岸だが案外、足場がよく釣りやすい。

　好ポイントはA点の河口前と左海岸。右海岸のB点に比べ水深がありウキ、ウキルアー釣りのどちらでも釣りやすい。B点は水深が浅めなので根掛かりに注意。

　河口から20mほど左側のC点で海岸は小砂利となり、足場がよくなる。入釣者はA、B点に集中するが、岸寄り直後の群れが回遊することもある侮れないポイントだ。

　知布泊漁港はD点やE点が好ポイントだが、同港には「知布泊漁港ルール」があり場所取りなど複数の規制事項があるので現地看板などで確認を。また、同港で近年、カられている立ち入り禁止エリアや駐車禁止エリア

2022年以降、サケマスシーズンに立ち入り禁止措置が取られるようになり、当面カラフトマス釣り不能に

トイレはオシンコシンの滝駐車場の公衆トイレを利用するが、車で約10分かかる。コンビニ、ガソリンスタンドはウトロ市街。

河口前のA点付近が好ポイントのオライネコタン川河口海岸

糠真布川河口海岸

[斜里町] ぬかまっぷがわかこうかいがん

● 釣り方　ウキ、ウキルアー
● 釣り期　7月下旬
● タックル　ルアーロッド8〜10フィート
　　　　　　ウエーダー必要
● エサ　紅イカ、ソウダガツオなど
● 河口規制　糠真布川(左海岸100m、右海岸100m
　　　　　　8月1日〜12月10日 ※2022年は9月1日
　　　　　　〜)

カラフトマス 1

河口正面が好ポイント

　国道334号の糠真布橋の100mほど斜里市街寄りに入釣口があり、そこから釣り場までは、林の中や草地に続く踏み分け道を通って15〜20分ほどかかる険しさ。その上、2022年に8月1日から(2022年は9月1日から)12月10日までの河口規制が設定され、魅力が大きく減少した。

　カラフトマスは早朝に釣果が集中する傾向があるため、同河口海岸の場合は、釣り場までの時間を考慮すると暗いうちに歩き始めなければならない。しかし、周辺はクマの出没に十分な注意が必要で、爆竹などを用意し、複数で行動することが望ましい。

　釣り場は大きめのゴロタ石の海岸で足場はそれほどよくない。しかも、取り込みは石のすき間を縫って海岸にカラフトマスを引き上げるため、ロッドの破損に注意。

　好ポイントはA点の河口正面沖。ウキ、ウキルアー釣りのどちらでも狙えるが、ほとんどの釣り人が両方の用意をして入釣する。ウキ釣りのタナは40〜50cm、ウキルアーは60cm程度。

秘境知床の雰囲気あふれる糠真布川河口海岸

MEMO
入釣ルートが険しく周辺にトイレはない。秘境知床の雰囲気をたっぷり味わえる釣り場だが、クマの出没を防ぐ意味からもごみの持ち帰りを徹底すること。

藻鼈川河口海岸

カラフトマス 63

[紋別市] もべつがわかこうかいがん

- ●釣り方　ウキ、ウキルアー、ルアー
- ●釣り期　7月下旬～9月上旬
- ●タックル　ルアーロッド9～10フィート
  　　　　　海岸はウエーダー、導流堤はタモ必要
- ●エサ　紅イカ、エビ
- ●河口規制　なし

A点の導流堤が好ポイント

　道北のカラフトマスの人気釣り場。近年は釣果の安定感に欠けるが、カラフトマス漁の網が外れるお盆には爆発的な釣果が上がることもある。入釣しやすく、ちょい投げでも釣れるため女性や子供にも人気が高い。

　好ポイントはA点の藻鼈川導流堤。先端部正面と中間部の左右両側で釣果が上がる。左右の河口両岸の砂浜を結ぶ線を海と川の境界線としてサオを出すように心掛けたい。群れが濃いときは導流堤左側の砂浜も有望で、思わぬ大漁に恵まれることもある。

　B点の右海岸の砂浜は過去に実績のあるポイントだったが、最近は魚の回遊が少なく、導流堤が混んでいるときの逃げ場として入釣する人が多い。数は期待できないがじっくりサオを出したい人にお薦め。

　ウキルアー釣り主体で、スプーンは銀赤、銀青の18gが定番。タコベイトはピンク、赤、青が人気だ。エサは紅イカだが、食いが渋いときには生のエビを使う人もいる。エビはむき身にしてちょん掛けする。

お盆には爆発的な釣果が期待できる藻鼈川河口海岸

MEMO
トイレは道の駅「オホーツク紋別」前のカリヨン広場にある。紋別市街や国道238号沿いにガソリンスタンド、コンビニがあり、釣具店は紋別港近くに数件ある。

元沢木川河口海岸

[雄武町] もとさわきがわかこうかいがん

- ●釣り方　ウキルアー、ルアー、フライ、ウキ釣り
- ●釣り期　8月上旬～9月下旬
- ●タックル　ルアーロッド10フィート前後、9フィート以上のフライロッド
　ウエーダー必要、タモ不要
- ●エサ　紅イカ
- ●河口規制　なし

カラフトマス

河口から10m以内の両岸が好ポイント

　ウキ釣りやウキルアー、ルアー釣りが主流だが、フライ釣りも見掛ける釣り場。年によって釣果の差が激しいのが気になるが、回遊次第で複数匹ゲットのチャンスもある。

　釣り場は、絶景ポイントの日の出岬を右手に望むA点の砂浜。雨が降っても水が濁りにくく釣り可能なことが多い。元沢木川を挟んで両海岸がポイントだが、川から10mほど離れると釣果が激減するため、少しでも川に近い位置に入釣したい。カラフトマスが回遊していれば、もじりや跳ねを確認することができるので、10～20mを基準にもじりや跳ねを狙って仕掛けを打ち込む。

　同河口海岸はシーズン中はなぎの日が多く、魚に警戒されやすい。水面に影が映らないように、波打ち際から離れてサオを振ることを心掛けたい。ルアー、ウキルアーのスプーンは18gの銀赤や銀青、フライは4～8番のゾンカー、ウーリーバガーの赤、オレンジ、ピンク。

カラフトマスファンでにぎわう元沢木川河口海岸

MEMO

ガソリンスタンドは興部町方向へ車で5分ほどの国道238号沿いに、コンビニは雄武市街の同国道沿いにある。トイレは雄武市街同国道沿いの道の駅「おうむ」を利用する。

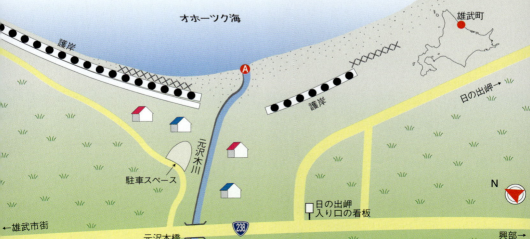

雄武川河口海岸

[雄武町] おうむがわかこうかいがん

- ●釣り方　　ウキ、ウキルアー、ルアー
- ●釣り期　　7月下旬～9月下旬
- ●タックル　ルアーロッド10～11フィート
　　　　　　タモ不要、ウェーダー必要
- ●エサ　　　紅イカ、サンマ、ソウダガツオ
- ●河口規制　なし

有名釣り場で最盛期には爆釣も

早い年には7月下旬にカラフトマスが姿を見せる。最盛期の8月中旬から9月上旬には爆釣もあるが、約1km歩いて入釣するため釣り人は少ない。

雄武川は天候などの状況によって川の流れ出しの向きが変わるが、通常は左側に向かって流れ出ているため、河口左側から30m付近までのA点が好ポイントとなる。海岸から20～30m付近でヒットするが、早朝は10～20m、日中は30～40mと投げる距離を変えると釣果アップにつながる。

ウキルアー釣りの入釣者が多くスプーンは18～28gで、エサは紅イカを主にサンマやソウダガツオ。タナは朝方が0.5～1mで日中は1m前後。

同河口海岸はウエーダー着用で釣りをする人が多いが、カラフトマスの群れを散らすのを避けるため立ち込みはしない。右海岸へは左海岸から川を渡って行くが、雨後で水量の多いときの移動は危険なので絶対避けること。また、年によっては川が深くて渡れないこともあるので注意。

大勢の釣り人でにぎわう雄武川河口海岸

MEMO
国道238号を雄武市街へ向かうとガソリンスタンド、コンビニがある。トイレは雄武市街の道の駅「おうむ」を利用する。

音標川河口海岸

[枝幸町] おとしべがわかこうかいがん

●釣り方	ウキルアー、フライなど
●釣り期	7月下旬～9月上旬
●タックル	ルアーロッド9～12フィート、フライロッド9フィート以上 タモ不要、ウエーダー必要
●エサ	紅イカ、サンマなど
●河口規制	なし

カラフトマス ㊻

右海岸は主にフライ、左海岸はウキルアー

　枝幸町の南端近くに位置し、音標市街のすぐ北側のオホーツク海に流入するのが音標川。釣り場は、国道の音標橋付近から一望できる。一帯は小砂利交じりの砂浜と岩礁帯から形成され、以前から多くのフライフィッシャーが訪れる釣り場として知られる。

　ウキルアー、フライなど、釣り方によってポイントが完全に分けられてはいないものの、フライ愛好者の入釣は右海岸のA点に集中しており、それに交じってウキルアー釣りやウキ釣りを楽しむ釣り人も見掛ける。音標川の川水の量が多いときほど河口寄りのヒットの確率が高く、逆に水量が少ないときは、B点側を群れが回遊する傾向がある。

　左海岸のC点やD点はウキルアー釣りで狙う入釣者が多い。こちらも右海岸同様、流入する音標川の川水の量が多いときはC点寄りでのヒット率が高い傾向がある。

音標川河口海岸には多くのフライフィッシャーが訪れる

MEMO
海岸にはトイレがない。枝幸町乙忠部地区にコンビニがある。ガソリンスタンドや釣具店、温泉施設は枝幸市街にある。

オホーツク枝幸漁港 乙忠部地区

カラフトマス 70

[枝幸町] おほーつくえさしぎょこうおっちゅうべちく

- ●釣り方　ウキ、ウキルアー、ルアー
- ●釣り期　8月初旬〜9月下旬
- ●タックル　ルアーロッド8〜11フィート
  海岸はウエーダー、港内はタモ必要
- ●エサ　紅イカ
- ●河口規制　なし

C点の乙忠部川河口海岸もポイント

　以前ほど釣れなくはなったが、一帯がしけ気味のときにはカラフトマスが港内に入りやすい。

　乙忠部川に近いA点の南防波堤は、足場がいい。通常は外海側へキャストするが、港内に跳ねがあるときは港内側を狙う。また、B点の船揚げ場も面白く、群れが入っていれば早朝はよく跳ねが見られる。ルアー、ウキルアーともに朝方は10〜20mのちょい投げ、日中は20mほど投げるが、手前でヒットすることがあるので油断しないこと。

　乙忠部川の流れ出しのC点もポイント。水深は浅めだが、遡上するカラフトマスが周辺にたまるため釣果が上がる。南寄りの風が吹くとごみや海藻がたまり、釣りにならないこともあるので注意。ウキルアー、ルアーともにスプーンは18〜24gの銀赤、銀青、アワビカラーなど。

　なお、盛漁期の9、10月は南防波堤と船揚げ場が立ち入り禁止となることも。駐車は指定の場所(マップ参照)を利用すること。

> **MEMO**
> 周辺にトイレはないが、港を出てすぐの国道238号沿いにコンビニがある。ガソリンスタンドは枝幸方面に向かう途中の国道沿いや枝幸市街にある。

足場がよく人気が高いA点の南防波堤

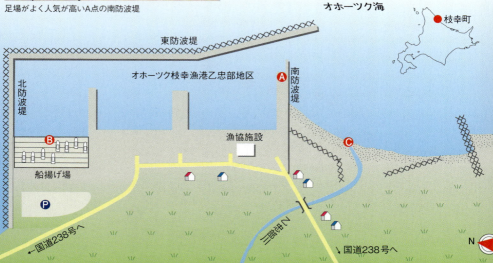

北見神威岬公園下

[枝幸町] きたみかむいみさきこうえんした

- ●釣り方　ウキ、ウキルアー
- ●釣り期　7月中旬〜9月中旬
- ●タックル　ルアーロッド9〜12フィート
　　　　　　ウエーダー、タモ必要
- ●エサ　紅イカ、サンマなど
- ●河口規制　なし

カラフトマス

B点は足場がよく短時間で複数ヒットも

　北見神威岬公園は、浜頓別町と枝幸町の町境にあたる神威岬から少し南の枝幸町側にあり、駐車場から階段を下ると釣り場の岩場に出る。

　一帯は大小の岩とゴロタ場で、階段を下りて正面にあるA点の大きな岩は、ウエーダーを着用して岸から渡らなければならない。足場が悪く滑りやすいのでベテラン向きのポイントで、先端部からのキャストが有効だ。取り込みには長めのタモが必要。

　初めて訪れる釣り人や初級者にお薦めなのが、小川が流入するB点。群れがたまることが多い場所で、一帯では比較的足場がいいためこちらを攻める釣り人が多く、短時間で複数匹ヒットすることが多々ある。

　C点からD点間は、大小の岩が連なっていて足場が悪い。沖合15〜20mにウキルアーをキャストし、ゆっくり引くのが有効。

　同釣り場は、9月上旬から中旬にかけてA、B点に大群が押し寄せ、爆発的に釣れることがある。周辺でサケが好調に釣れる時期で見落とされがちだが、要チェック。

北見神威岬公園下は9月に爆釣のチャンスあり

MEMO
北見神威岬公園駐車場にトイレ、水道設備が完備されている。コンビニ、ガソリンスタンド、釣具店は浜頓別、枝幸市街にある。

ベニヤ原生花園

[浜頓別町] べにやげんせいかえん

- ●釣り方　投げ釣り、ウキルアー
- ●釣り期　7月中旬〜9月上旬
- ●タックル　投げザオ、ルアーロッド9〜10フィート タモ、ウエーダー不要
- ●エサ　紅イカ、サンマなど
- ●河口規制　頓別川(左海岸1000m、右海岸1000m 6月1日〜12月10日)

A点からB点間が好ポイント

　ベニヤ原生花園は、頓別川の左海岸に位置し、浜頓別市街からはわずか10分ほどの近さ。サケの好釣り場として知名度が高く、ここでのカラフトマス釣りは、サケ岸寄り前の腕試しといったところ。そのせいか8月中旬までは入釣者が少ないものの、複数匹を手にしている釣り人も見掛ける。

　好ポイントは、頓別川左海岸のサケ・マス河口規制標柱のすぐ左横の砂浜のA点から遊歩道出口付近のB点までの間で、A点に近いほどヒットの確率が高い。仕掛けはサケ専用フロートタイプ1、2本バリで、30〜50mも投げれば十分。複数のサオで距離を投げ分けて当たりを待つといい。

　また、波打ち際近くをカラフトマスの群れが回遊することもあるので、投げ釣りの合間にウキルアーをキャストしてみるか、ウキルアー釣りのみの釣行も試してみる価値がある。

投げザオがずらりと並ぶベニヤ原生花園

> **MEMO**
> 釣り場までは、ベニヤ原生花園駐車場から遊歩道を通って徒歩5分。駐車場に公衆トイレがあり、コンビニ、ガソリンスタンド、釣具店は浜頓別市街にある。

芦野海岸

[猿払村] あしのかいがん

- ●釣り方　ウキルアー、投げ釣り
- ●釣り期　7月中旬～9月上旬
- ●タックル　ルアーロッド9～10フィート、投げザオ　タモ、ウエーダー不要
- ●エサ　紅イカ、サンマなど
- ●河口規制　なし

カラフトマス ⑦⑦

道の駅近くのA点が数に期待の好ポイント

　サケ釣り場として定評があるが、カラフトマスも交じることが知られるようになってからは、早い時期からサオを出してカラフトマスを狙う釣り人を見掛けるようになった。狙い方は投げ釣り主体で、仕掛けは市販のサケ専用フロート付き2本バリで対応できる。

　入釣が容易で数も上がる場所は、道の駅「さるふつ公園」から数分の距離のA点付近と、そこから少し猿骨川寄りのB点周辺の砂浜。数が期待できるのは8月上旬からで、8月中旬にはカラフトマスにサケが交じる状態となり、9月にはカラフトマスとサケの数が逆転する。最も釣果が上がる時間帯は、夜明けから午前10時ごろまでで、投げ釣りの合間にウキルアー釣りで釣果を手にする人もいるので、投げ、ウキルアーの両方を持参するのがいい。

　C点の猿骨川河口左海岸が穴場で、群れの回遊次第で好不調の差が激しいが、爆発的に釣れることもあるのでチェックしたいポイントだ。

8月上旬からカラフトマスの数釣りが期待できる芦野海岸

MEMO

道の駅「さるふつ公園」には宿泊施設、日帰り入浴施設、食堂、トイレがあり便利。コンビニ、ガソリンスタンドは猿払村浜鬼志別地区にある。

東浦海岸

[稚内市] ひがしうらかいがん

カラフトマス q

- ●釣り方　ウキルアー、ルアー、ウキ
- ●釣り期　7月上旬〜9月上旬
- ●タックル　ルアーロッド9〜10フィート
  タモ不要、ウェーダー必要
- ●エサ　紅イカ、サンマなど
- ●河口規制　下苗太路川（左海岸250m、右海岸250m　4月1日〜8月31日）

海岸一帯がポイントでA点周辺がお薦め

　稚内市東浦地区の住宅地前の砂浜は、浸食を防ぐために海岸にずらりと消波ブロックが並んでいる。一見、好ポイントとは思えないような砂浜だが、アメマスやサクラマスと同時期にカラフトマスも交じり、地元のルアーマンに人気の釣り場だ。

　ポイントは海岸一帯で、どこを狙ってもヒットの可能性はあるが、過去の実績で入釣するなら通称「学校前」（現在は廃校）のA点周辺がお薦め。ウキルアー釣りのほか、フローティングミノーやシンキングミノー、ジグミノーなどを使ったルアー釣りも有効だ。ウキルアーのスプーンは銀赤、銀青がよく、タコベイトはピンクや赤。ミノーはチカ、マイワシ、オオナゴなどの色にヒットの確率が高い。

　国道238号脇の駐車帯下のB、C点が穴場的ポイント。飛び根が点在して根掛かりがやや気になるが、根周りに群れがたまることがあるため攻めてみる価値はある。

地元のルアーマンに人気の東浦海岸

MEMO
トイレは東浦漁港内の公衆トイレを利用する。コンビニ、ガソリンスタンドは猿払村浜鬼志別地区にある。ごみは必ず持ち帰ること。

時前川河口海岸

[稚内市] ときまえがわかこうかいがん

- 釣り方　ウキルアー、ウキ
- 釣り期　7月上旬～9月上旬
- タックル　ルアーロッド9～10フィート
　　　　　タモ必要、ウエーダー不要
- エサ　紅イカ、サンマなど
- 河口規制　なし

入釣は目梨川河口海岸から、数釣り可能

　以前までは国道238号脇にある電波塔付近の入り口から入ることができたが、私有地のためゲートで閉鎖された。そのため目梨川河口海岸から徒歩で20分ほどかけて入釣しなければならなくなった。古くから地元の釣り人にはサケ釣りで人気が高かったが、サケはあまり釣れなくなり、カラフトマス釣り場として脚光を浴びている。

　好釣果が期待できるのは河口前のA点。ウキルアーを20mほどキャストしてスローリトリーブする方法と、10～15mほどキャストしたウキ釣り仕掛けを、海に流れ出た川水に漂わせて当たりを待つ2通りの方法が有効。条件次第では2ケタ釣果も可能で、同河口海岸では最も混み合う。

　河口右海岸のB点からC点の間は、遡上前の群れが回遊するポイント。複数匹を手にできることがよくあり、C点付近はまれに大きな群れがたまっていることがあるので要注目。左海岸のD点からE点は、右海岸ほど数は期待できないが、ヒットの可能性は十分。

数釣りが期待できる時前川河口海岸

MEMO
海岸にはトイレがない。昔からクマの出没が多い場所なので単独行動はしない方が無難。ごみはすべて持ち帰ること。

目梨川河口海岸

[稚内市] めなしがわかこうかいがん

●釣り方	ウキルアー、ウキ
●釣り期	7月上旬～9月上旬
●タックル	ルアーロッド9～10フィート タモ不要、ウエーダー必要
●エサ	紅イカ、サンマなど
●河口規制	なし

A～B点間は8月中旬以降に2ケタ釣果も

　稚内市宗谷岬からオホーツク海沿いに国道238号を約8km南下し、小高い丘を越えるとワンドを形成する目梨川河口海岸に到着する。釣り場は砂地、飛び根、岩礁が混在して変化に富んでおり、駐車スペースから海岸までは徒歩数分という魅力的な立地条件のため入釣者が多い釣り場だ。

　広い海岸でポイントは絞りにくいが、過去の実績からA点の目梨川河口付近と小川の流れ込みがあるB点の間が最も期待できる。特にA点付近は、8月中旬以降に遡上(そじょう)を前にした大きな群れが見られ、ウキルアーを用いて2ケタの釣果を上げる釣り人をたびたび見掛ける。

　C点はがけ下の岩礁帯付近で、穴場的ポイント。根掛かりが気になるのが難点だが、早朝や夕方に群れがたまることがある。

　D点から右岸側奥の定置網が設置されるE点までの間は、後方の丘が南東風や東風の風よけになる場所。複数匹を手にすることは少ないものの、前記の風が吹いたときはE点に入釣する地元の釣り人が多い。

入釣しやすさが魅力の目梨川河口海岸

MEMO
海岸にはトイレがないため、宗谷岬の公衆トイレを利用するといい。海岸の砂は細かく軟らかいため車での入釣は無理。ごみは必ず持ち帰ること。

泊内川河口海岸

[稚内市] とまりないがわかこうかいがん

- ●釣り方　　ウキ、ウキルアー
- ●釣り期　　7月上旬～9月上旬
- ●タックル　ルアーロッド9～10フィート
  　　　　　　ウエーダー必要、タモ不要
- ●エサ　　　紅イカ、サンマなど
- ●河口規制　なし

カラフトマス

入釣しやすく数釣り可能な早場

　カラフトマスの早場として注目を浴びる釣り場の一つ。国道238号の泊内橋近くに20～30台ほど駐車できる駐車スペースがあり、便利な上に数釣りも期待できるため、年々、入釣者が増加している人気釣り場。海底は砂泥地に飛び根、岩礁帯が混在している。

　ポイントは泊内川河口を中心に左右両海岸に広がる。海岸線は小砂利交じりの砂浜で、しけや大雨などの気象条件などで河口の位置が大きく移動することがあるため、イラスト地図はあくまでも参考程度としてほしい。

　最も群れの回遊が多く数が期待できるのは、左海岸にあるA点の消波ブロック前の岩礁帯付近で、次にB点の河口までの間。右海岸はC点付近まではまずまず数が期待できるが、さらに右側に向かうほど釣果が乏しくなる傾向がある。ウキルアーやウキ釣り主体の釣り場だが、ミノーを使ったルアー釣りやフライフィッシングの入釣者も見られる。

盛期の泊内川河口海岸は釣り人で大にぎわい

MEMO
海岸にはトイレがないため、宗谷岬の公衆トイレを利用する。コンビニ、釣具店は稚内市街にある。ごみはすべて持ち帰ること。

豊岩海岸

[稚内市] とよいわかいがん

- ●釣り方　ウキルアー、ウキ
- ●釣り期　7月中旬～9月中旬
- ●タックル　ルアーロッド9～10フィート
  　　　　　ウエーダー必要、タモ不要
- ●エサ　　紅イカ、ソウダガツオなど
- ●河口規制　なし

タナは浅めで攻略

　稚内市宗谷岬から国道238号を猿払方面に3分ほど走ると、海に見えるのは三角形の竜神島で、通称「豊岩」。この豊岩からオフカルウスナイ川河口にかけての砂浜がカラフトマスのポイントで、通称で豊岩海岸と呼ばれる。

　同河口周辺が好ポイントと思われがちだが、河口周辺の海は浅い上に海藻が多く、根掛かりも多い。比較的根掛かりが少なく、正面の海に小さな岩が突き出ているA点からB点の間に入釣するとよく、小さな岩周辺にあるコンブ根周りに群がたまることが多い。ウキルアー釣りは岩の手前7～8mほどにキャストし、スローリトリーブすると有効。ウキ釣りは波打ち際から10～15mキャストし、当たりを待つといい。ウキルアーのタナは50cmほどで、ウキ釣りのタナは30～40cm。

　岩を越えるキャストは根掛かりの可能性があるためお薦めしない。また、同海岸は干満の差が大きく、干潮時の入釣は避ける方がいい。

豊岩海岸は水深が浅めで干潮時の入釣には不向き

> **MEMO**
> 海岸にはトイレがなく、宗谷岬の公衆トイレを利用する。国道は車の往来が激しいので十分注意。ごみは必ず持ち帰ること。

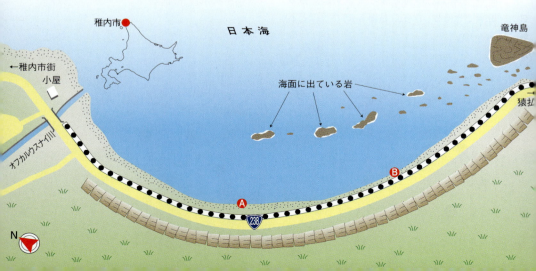

大岬漁港

[稚内市] おおみさきぎょこう

●釣り方	ウキ、ウキルアー
●釣り期	7月中旬〜9月上旬
●タックル	ルアーロッド9〜10フィート タモ必要、ウエーダー不要
●エサ	紅イカ、ソウダガツオなど
●河口規制	なし

カラフトマス

しけ時などに群れが入る穴場的釣り場

　正式名称は「宗谷港」だが、地元住民や釣り人からは大岬漁港の通称で親しまれている。港内にはカラフトマスの遡上する川はないが、周辺の海岸にはカラフトマスの1級釣り場が多いため、しけ時などに群れが港内に逃げ込むことが多く、釣果を上げる釣り人を見掛ける穴場的釣り場だ。

　期待のポイントは宗谷岬郵便局下の船だまり一帯で、係留された漁船と岸壁の間を群れで回遊する姿や、船道付近でもじりや跳ねを見掛けることが多々ある。中でも小川が流入するA点は、最も群れがたまりやすいポイントで、川水の濁りがないときはウキ釣りで朝、夕方にチャンスがある。

　内防波堤の中間部のB点付近も群れの回遊が多く、漁船の出入港がない時間帯のみのポイントのC点、船揚げ場左横のD点なども、ウキルアー釣りで狙うと面白い。ウキ下はウキ釣りで30〜60cm、ウキルアー釣りは40〜80cm程度だ。入釣の際は漁業作業や漁船の出入港に支障を与えないよう十分な配慮が必要だ。

大岬漁港のA点付近で釣れたカラフトマス

MEMO
すぐ近くの宗谷岬には食堂、飲料水の自動販売機、ガソリンスタンド、公衆トイレがある。コンビニ、釣具店は稚内市街にある。

基本釣り方ガイド❶
ウキルアー釣り

■**タックル**

ソルトロッドと呼ばれる海用のルアーロッドを使用する。漁港や遠投の必要がない釣り場では9〜11フィート(約2.7〜3.3m)、遠投が求められる釣り場では12〜13フィート(約3.6〜3.9m)が使用される。

リールはナイロンライン4、5号が150mほど巻ける3000〜4000番ほどの物を使用する。ラインはナイロン4、5号、PEラインの場合は2〜3号が一般的。

ほかに、取り込み時に使用する大型のタモ、ルアーやウキなどを収納するベストが必要だ。

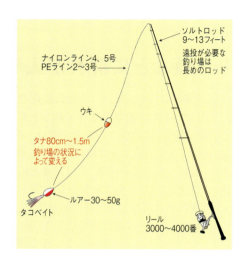

■**ウキ**

ウキルアー釣りで最も重要なのがウキだが、ウキルアーのウキは当たりを取るために使うのではなく、一定のタナを保ちながらゆっくりルアーを引くための物。当たりは一般的なルアー釣り同様、手元に伝わる魚の引きで取る。自作の場合は直径30mmの発泡フロートで9〜10cm。作るのが面倒な場合は市販の物でもまったく問題ないが、ウキがなければ釣りにならないので忘れないこと。

ウキルアー釣りの必需品のウキ

■**ルアーとタコベイト**

サケ専用ルアーは重量が30〜60gと幅広いが、一般的な陸のウキルアー釣りでは40〜45gがメイン。遠投が必要なときには50gの重めを使うが、漁港内など遠投の必要がないときは、アクション重視で30〜40g程度の軽い物を使用する。

色は、銀ベースに赤が入った物や、裏側が銀で表が赤ベースに黒点などが一般的。ほかにも銀ベースに青、アワビ張りなど種類が多く、数種類は持参すること。

ルアーに組み合わせるタコベイトは、一般的には2.5号で、特に遠投が必要なときには小さめの2号を使う。色はピンク系が主流だが、赤、オレンジ、青、銀系など、好みの色を選択する。ただし、極端に変わった色は、釣果も極端になりやすいので注意。

さまざまな色のサケ専用ルアー

■ハリとエサ

　最も広く使用されているのがソイバリとフカセバリ。大きさは19、20号で、ハリの大きさは食いの良しあしには影響しないと考えていい。エサはソウダガツオを塩で締めて使うのが一般的で、ニンニクやエビ粉まぶし、紅染めなども使用される。サンマや紅イカも使われるが、サンマはエサ落ちしやすいので注意。

■釣り方

　サケは、早いスピードでリトリーブされるルアーには反応が鈍く、タコベイトとともにゆらゆら揺れながらゆっくり動くルアーに興味を示す。従って、キャスト後はゆっくりリールを巻き、サケの注意を引き付けるように心掛けること。リールのギア比にもよるが、ハンドル1回転を1.5〜2秒で巻くイメージだ。

　当たりは、サオ先を押さえつけられるような重さが手元に伝わることが多い。しかし、この段階では興味を示したサケがルアーをくわえているだけで、ハリ掛かりしていないことがほとんど。従って、そのままのスピードでリトリーブを続け、断続的な引きが手元に伝わってから合わせること。サケのウキルアー釣りでは、早合わせは絶対禁物だ。

基本釣り方ガイド❷
ウキ釣り

漁港内を回遊するサケは、婚姻色が強まるにしたがって食い気がなくなる。さらに、漁港内の狭いエリアを何度も泳ぎ回るうちに、漁船のエンジン音やウキルアーなどで徐々に警戒心が高まり、仕掛けに対する反応が鈍くなる。こんなときに活躍してくれるのがウキ釣りだ。

■**タックル**

2～3号5.4mの磯ザオや10～12フィート前後のルアーロッドのほかに、3.6m程度の投げザオも使用可能。リールは3000番程度で、ラインは比重が軽く海面に浮くPEラインが扱いやすい。太さは2.5、3号。

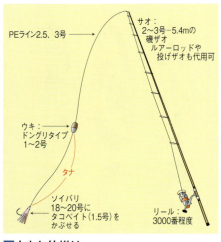

- PEライン2.5、3号
- サオ：2～3号–5.4mの磯ザオやルアーロッドや投げザオも代用可
- ウキ：ドングリタイプ1～2号
- タナ
- ソイバリ18～20号にタコベイト(1.5号)をかぶせる
- リール：3000番程度

■**ウキと仕掛け**

ウキは、扱いやすく当たり感度がいいドングリタイプで1～2号。ハリはソイバリやフカセバリ18～20号で、ハリには1.5号のタコベイトをかぶせて使用する。ハリに赤毛やティンセル、フラッシャーなどを付ける場合も多く、サケの食いが悪いときは、ハリは16号でタコベイトを1.2号程度の小さめに変更する。ハリスは6～8号。

ドングリウキを使用したウキ釣り仕掛け

●**ウキ釣りのメリット**

漁港に入ったサケは、岸壁に沿って回遊する傾向がある。従ってウキルアー釣りの場合は、サケが釣り人の前を通り過ぎる瞬間に、ちょうど交差点で出合う車のように、サケとルアーが出合わなければヒットにはつながらない点の釣り。

しかし、ウキ釣りはウキを海面に浮かべてサケが通るのを待ち構えることができ、通り道に仕掛けが浮かんでいれば、サケが通るたびに何度でもヒットのチャンスがあるのがメリットだ。通常、サケの群れは縦長なので、先頭のサケから最後尾のサケまでを狙うことが可能で、線の釣りといえる。

投げ釣り

基本釣り方ガイド❸

■タックル

サオは4〜4.5mの投げザオを使用する。サケの強い引きに対抗するにはオモリ負荷30号以上が望ましいが、一般的な25号程度の投げザオでも十分対応できる。リールは、投げ釣り用の5000番以上。ミチ糸はナイロンライン8号以上で、PEラインの場合は3〜4号程度。

■仕掛けとエサ

基本的な仕掛けはミキ糸14〜16号でハリスが10〜12号。ハリスの先には、発泡フロートに銀や赤、青など、キラキラ光るルミシートを張ったフロートを付ける。ハリはサケ専用の大型にタコベイトをかぶせて使用する。

エサはサンマのぶつ切りやソウダガツオで、鮮度のいい物ほど表面の皮の光り具合が強く効果的。ただし、生エサは取れやすいので塩で締め、集魚効果を高めるニンニクやエビ粉をまぶして使うのが最近の流行。ウグイの多い地域では、対策として紅イカなども使用され、ソウダガツオなどとの相掛けも好成績だ。

サケ専用仕掛けは、フロートが付いているため潮流の抵抗を受けやすいので、オモリは流されにくい三角型を使う。

■釣り方

サケの投げ釣りは砂浜で行われるが、砂浜は沖に向かって徐々に深くなるのではなく、多くの場合、急に深くなる所があり、この深みをかけ上がりと呼ぶ。サケはかけ上がりに沿って回遊することが多いので、海岸ごとに異なるかけ上がりの位置を見極めることが鍵。しけ気味の日に海面をよく見ると、波が盛り上がる所があり、その辺りが目安となる。

●注意

サケの投げ釣りでは三脚は使わず、砂地に足を差し込んで使用する1本物のサオ立てを使う。三脚では、サケが一気に引いたときにサオごと海に引き込まれてしまうからだ。

サケの投げ釣りでは1本物のサオ立てを使う

基本釣り方ガイド❹
船釣り

サケの船釣りは、胴突き釣りとルアー釣りに大別される。胴突き釣りは、複数のハリが付いた仕掛けの下部にオモリを付けて船上から垂らし、回遊するサケのタナに合わせて釣る待ちの釣り。これに対してルアー釣りは、サケの跳ねを探して船を近づけ、ルアーを群れ目掛けてキャストする攻撃型の釣りだ。

枝幸沖のルアー釣りでヒットした雄ザケ

■タックル

胴突き釣りは、オモリ負荷200号で長さ2.4mほどのサオに中型電動リールを組み合わせ、ミチ糸はPEライン6〜8号。ルアー釣りは10〜13フィートのルアーロッドに3000〜4000番のリール、ラインはナイロン5号かPE2.5、3号。

■胴突き釣り

白糠沖や豊頃町大津沖はサケが中層を回遊するため、乗船者は、船長が指示するタナに仕掛けを下ろして当たりを待つ。場所や時間帯によってタナが変化するので、指示ダナに素早く仕掛けを合わせること。仕掛けは5、6本バリが一般的。

斜里町ウトロ沖はサケが底近くを回遊することが多く、乗船者は船の片側に並んでサオを出す。水深が深く水圧が大きいので、仕掛けは硬質発泡フロートを使ったウトロ専用3本バリ。いずれの釣り場もエサはサンマやソウダガツオ。

■ルアー、ウキルアー釣り

八雲沖や枝幸沖が知られるが、積丹半島の一部や函館市近郊、豊頃町大津沖、白糠沖などでも行われる。

基本的な釣り方は二つあり、枝幸沖のように水深の浅い釣り場は、根掛かりを避けるためにウキルアー釣りで狙う。噴火湾の場合は水深が深く、サケの回遊する深さが天候や時間帯などで変化するため、広いタナを探れるルアー釣りで行う。ただし、タコベイト付きのハリにソウダガツオやサンマなどのエサも付ける。

大津沖や白糠沖は、サケの回遊するタナが深めなので、落下速度が速くタナが取りやすいジグを使用する。

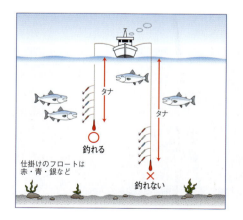
仕掛けのフロートは
赤・青・銀など

基本釣り方ガイド ❺
釣り用語

【相掛け】2種類以上のエサを一つのハリに付けること

【当たり】魚が食い付いたときにサオ先が動いたり、手元に振動が伝わること

【合わせ】サオをあおって魚の口にハリを掛ける動作

【ウエーディング】川や海の中に立ち込んで釣りをすること

【ウエーダー】川や海などで水の中に立ち込んで釣りをするための長靴。腰までの物はウエストハイ、胸までのタイプはチェストハイと呼ばれる

【オマツリ】釣り人同士のミチ糸や仕掛けなどが絡むこと

【魚影】魚の数のこと。魚の数が多いときは濃い、少ないときは薄いという

【食いが立つ】魚の食いがよくなること

【銀ピカ】婚姻色が出る前で体色が銀色のサケ。脂が乗っておいしいとされる

【すれる】入釣者が多く魚の警戒心が高まること。同じようなルアーなどを何度も見て反応が鈍くなること

【タナ】ウキ、ウキルアー釣りではウキから仕掛けまでの長さ。船釣りの場合は海面から魚のいる場所までの水深

【なぎ】波がなく海面が静かな状態。まったく波がないときはべたなぎという

【根掛かり】海底の岩や海草などに仕掛けやルアーが引っ掛かること

【PEライン】高密度ポリエチレン製の何本もの細い糸を編み込んでできたライン。伸縮性がほとんどなく引っ張り強力が強い

【まづめ】魚の活性が高まる早朝や夕方の時間帯のこと。早朝は朝まづめ、夕方は夕まづめという

【ミチ糸】サオと仕掛けなどをつなぐための糸。リールから仕掛けまで続く糸

【リトリーブ】ポイントにキャストしたルアーをリールを巻いて引いてくること

【ルアー】金属やプラスチックなどでできた疑似餌。サケ専用のルアーは金属製のルアーがほとんど

【ワンド】漢字では湾処と書く。海岸が湾状になった所。入り江

サケ、マスの親魚を守るため
河口規制区域を設定、違反すると罰則

　サケ、マスは漁業資源としての重要性から産卵活動をする親魚の河川遡上（そじょう）を保護、促進させるため河口付近に期間を設けて規制区域を設定している（北海道漁業調整規則第42条）。

　河口規制があるのは109河川。保護の対象となるのは基本的にはサケだが、おおまかにいえば春から夏にかけての規制はカラフトマス（オホーツク、根室）やサクラマス（道央、道南など）を想定している。また河口規制の掛かる河川の大半は捕獲採卵河川（サケ、マス増殖事業に必要な種卵を供給する河川）か補完河川（種卵が不足したときなど増殖事業のために活用する河川）。これらの「増殖河川」以外に、サケ、マスの自然採卵が行われている保護水面（すべての水産動物の周年採捕禁止）や湖沼にも河口規制が掛かっている。（ちなみに内水面でのサケ、マス採捕は禁止）

　違反は後を絶たず、違反すれば6カ月以下の懲役もしくは10万円以下の罰金（同規則第55条）に処せられる。

　本中では「河口付近等におけるさけ・ます採捕禁止区域一覧」と港に一部規制が掛かりあらためて確認しておきたい河口規制の概略図、規制が港にすべて掛かっている河川名一覧などを掲載した。採捕禁止区域一覧は道水産林務部発行の「ルール＆マナー」の冊子、インターネット（http://www.pref.hokkaido.lg.jp/sr/ggk/ggs/turi-r-m/rule-manner.htm）に掲載されているので確認の上、サケ、マス釣りを存分に楽しんでほしい。

道央

（総合）振興局名	河川及び湖沼名	区域					禁止期間
		河川口及び湖沼口沿岸		沖合方位		沖合(m)	
		左海岸(m)	右海岸(m)	左方(度分)	右方(度分)		
石狩	石狩川	(1000)	(1000)	312.30	300.35	2000	5.1～11.30
	浜益川	100	200	280.00	280.00	300	9.3～10.12 海区
	厚田川	(200)	(100)	268.00	268.00	右100 左200	5.1～8.31
後志	余市川	(500)	(500)	31.13	31.13	500	5.1～6.30/8.20～11.30
	積丹川	(300)	(300)	325.00	270.00	300	5.1～8.31
	余別川	(500)	(200)	70.00	320.00	150	5.1～8.31
	珊内川	300	(300)	243.00	243.00	300	4.1～8.31 海区
	古宇川	(300)	(300)	225.00	225.00	300	4.1～4.30 海区/5.1～8.31
	野束川	(300)	(700)	345.00	5.00	600	4.1～8.19 海区/8.20～11.30
	尻別川	(1000)	(1000)	299.30	300.00	1000	4.1～4.30 海区/5.1～11.30
	朱太川	(500)	(500)	25.33	2.11	500	5.1～8.31
	大平川	150	(150)	40.00	30.00	150	5.1～8.31
	泊川	(300)	(300)	344.00	344.00	300	5.1～8.31/9.1～10.31 海区
	千走川	(300)	(300)	344.00	344.00	300	5.1～8.31
		(500)	(800)	344.00	0.00	右700 左300	4.1～10.31 海区（5.1～8.31の期間は上記区域を除く）

河口規制

(総合)振興局名	河川及び湖沼名	区域					禁止期間
		河川口及び湖沼口沿岸		沖合方位		沖合	
		左海岸(m)	右海岸(m)	左方(度分)	右方(度分)	(m)	
胆振	貫気別川	(300)	(700)	195.00	195.00	500	9.1～12.10
	登別川	(150)	(300)	142.00	142.00	300	5.1～6.30/9.1～12.10
	敷生川	500	500	139.45	139.45	500	5.1～6.30/8.20～12.10
	白老川	500	500	143.30	143.30	500	5.1～6.30/8.20～12.10
	安平川	(1000)	(1000)	192.05	192.05	500	5.1～9.30
	鵡川	(300)	700	220.08	221.17	500	5.1～6.30/9.1～12.10
	長流川	500	500	210.00	210.00	500	9.1～12.10
	アヨロ川	150	150	142.00	142.00	200	9.1～12.10
	錦多峰川	(300)	(200)	157.38	157.38	200	9.1～12.10
日高	沙流川	(1000)	(1000)	230.00	230.00	1000	5.1～11.30
	新冠川	(700)	(700)	215.10	215.10	700	9.1～11.30
	静内川	(1000)	(1000)	218.24	218.59	1000	5.1～11.30
	三石川	(500)	(500)	199.45	197.47	500	5.1～6.30/9.1～11.30
	日高幌別川	(1000)	(1000)	199.08	189.22	1000	5.1～11.30
	ニカンベツ川	(300)	(300)	225.00	225.00	500	5.1～8.31
	歌別川	別図①の通り					5.1～11.30
	猿留川	(300)	(300)	90.00	90.00	300	5.1～11.30

注意!! 河口規制が掛かる港

余市川(余市町)

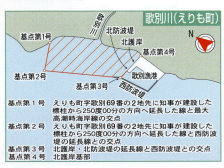

■表関連別図①

歌別川(えりも町)

基点第1号　えりも町字歌別69番の2地先に知事が建設した標柱から250度00分の方向へ延長した線と最大高潮時海岸線の交点
基点第2号　えりも町字歌別69番の2地先に知事が建設した標柱から250度00分の方向へ延長した線と西防波堤の延長線との交点
基点第3号　北護岸・北防波堤の延長線と西防波堤との交点
基点第4号　北護岸基部

野束川(岩内町)

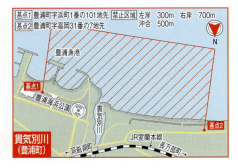

貫気別川(豊浦町)

道南

(総合)振興局名	河川及び湖沼名	区域					禁止期間
		河川口及び湖沼口沿岸		沖合方位		沖合(m)	
		左海岸(m)	右海岸(m)	左方(度分)	右方(度分)		
檜山	須築川	(300)	(300)	259.00	259.00	300	4.1～8.31
	後志利別川	(1000)	(1000)	281.45	281.45	1000	4.1～11.30
	太櫓川	(500)	(500)	306.00	306.00	500	4.1～8.31
	臼別川	(300)	(300)	212.00	208.00	300	4.1～8.31
	突符川	(300)	(300)	252.34	252.34	300	4.1～8.31
	姫川	(300)	(300)	254.00	254.00	300	4.1～8.31
	厚沢部川	(700)	(700)	274.30	262.30	700	8.20～11.30
	天野川	(300)	(400)	20.00	325.00	300	8.20～11.30
	石崎川	0	(150)	302.00	302.00	300	4.1～8.31
渡島	見市川	(500)	(500)	210.32	210.32	500	4.1～8.31
	相沼内川	(400)	(400)	242.00	242.00	400	4.1～11.30
	大鴨津川	(300)	(300)	246.00	246.00	150	6.1～8.31
	小鴨津川	300	300	246.00	246.00	150	6.1～8.31
	茂草川	(300)	(300)	220.00	220.00	200	6.1～8.31
	及部川	(300)	(100)	180.00		右 0 左100	6.1～8.31
	福島川	(500)	(500)	135.00	135.00	500	9.1～12.10
	知内川	(1000)	(1000)	90.00	90.00	1000	9.1～12.10
	亀川	(700)	(500)	168.00	168.00	700	9.1～12.10
	茂辺地川	(600)	(700)	127.25	117.25	1000	9.1～12.10
	戸切地川	(600)	(700)	159.00	159.00	500	9.1～12.10
	汐泊川	(500)	(500)	193.40	193.40	500	5.1～6.30/9.1～12.10
	原木川	(500)	(500)	170.00	145.00	400	5.1～6.30
	尻岸内川	(500)	(500)	152.00	152.00	500	5.1～6.30/9.1～12.10
	大舟川	(250)	(250)	60.00	60.00	300	9.1～12.10
	鹿部川	(300)	(300)	60.00		右 0 左300	9.1～12.10
	鳥崎川	(400)	(400)	12.00	12.00	500	9.1～12.10
	遊楽部川	(1000)	(1000)	82.00	70.00	1000	5.1～6.30/9.1～12.10

注意!! 河口規制が掛かる港

茂辺地川（北斗市）

汐泊川（函館市）

道北

(総合)振興局名	河川及び湖沼名	区域				沖合(m)	禁止期間
		河川口及び湖沼口沿岸		沖合方位			
		左海岸(m)	右海岸(m)	左方(度分)	右方(度分)		
宗谷	フーレップ川	(300)	(200)	48.00	48.00	300	4.1～8.31
	徳志別川	(900)	(1000)	56.15	56.15	2000	4.1～12.10
	北見幌別川	(1000)	(1000)	34.00	34.00	1000	4.1～8.31
	頓別川	(1000)	(1000)	49.22	49.22	1000	6.1～12.10
	鬼志別川	(300)	(300)	39.00	44.00	右100 左300	6.1～9.10
	知来別川	(200)	(300)	48.00	48.00	500	6.1～12.10
	下苗太路川	(250)	(250)	50.00	50.00	300	4.1～8.31
	増幌川	(500)	(500)	307.00	307.00	500	5.1～8.31
留萌	天塩川	(1000)	(1000)	256.25	256.25	2000	5.1～11.30
	遠別川	(500)	(500)	263.00	263.00	500	8.20～11.30
	風連別川	(300)	(500)	288.00	283.00	300	5.1～8.31
	信砂川	(500)	(500)	303.30	303.30	500	5.1～11.30
	暑寒別川	(500)	(500)	308.00	329.00	500	5.1～11.30

注意!! 河口規制が掛かる港

徳志別川(枝幸町)

鬼志別川(猿払村)

天塩川(天塩町、幌延町)

遠別川(遠別町)

道東

河口規制

(総合)振興局名	河川及び湖沼名	区域				沖合(m)	禁止期間
		河川口及び湖沼口沿岸		沖合方位			
		左海岸(m)	右海岸(m)	左方(度分)	右方(度分)		
十勝	広尾川	(500)	(500)	113.00	113.00	500	6.1～11.30
	歴舟川	(1000)	(1000)	120.01	120.31	1000	6.1～11.30
	十勝川	(1000)	(1000)	135.35	135.35	1000	6.1～11.30
	楽古川	(300)	(300)	111.00	111.00	300	8.20～11.30
釧路	新釧路川	別図②の通り					6.1～11.30
	幌戸川	(150)	(150)	154.30	154.30	150	8.20～11.30
根室	風蓮湖	別図③の通り					5.1～11.30
	別当賀川	300	300	13.10	13.10	300	5.1～11.30
	風蓮川	300	300	6.20	6.20	300	5.1～9.30
	西別川	(1000)	(1000)	64.03	64.03	1500	6.1～11.30
	床丹川	(300)	(300)	73.32	73.32	600	5.1～9.30
	当幌川	700	(700)	98.45	108.02	700	5.1～11.30
	標津川	(1000)	(1000)	67.43	67.43	1500	5.1～11.30
	伊茶仁川	(500)	(500)	61.15	64.36	500	5.1～11.30
	忠類川	500	500	58.50	58.50	500	8.3～11.4 海区
	古多糠川	(150)	(150)	77.00	77.00	150	6.1～9.30
	薫別川	(1000)	(1000)	85.00	90.00	1000	6.1～11.30
	元崎無異川	(150)	(150)	113.00	113.00	150	6.1～11.30
	植別川	(500)	(500)	80.51	105.00	500	6.1～9.30/10.1～11.30 海区
	春苅古丹川	(500)	(500)	109.00	108.45	500	5.1～11.30
	羅臼川	(700)	(700)	126.33	132.07	700	6.1～11.30
	サシルイ川	(300)	(300)	96.00	96.00	300	5.1～9.30
オホーツク	イワウベツ川	(1000)	(1000)	326.46	326.46	1000	6.1～12.10
	ホロベツ川	(100)	(100)	265.05	297.05	100	8.1～12.10 海区 ※2022年は9.1から
	ペレケ川	別図④の通り					8.1～10.31 海区 ※2022年は9.1から
	オンネベツ川	(500)	(500)	301.30	301.30	500	5.1～8.31/9.1～10.31 海区
	糠真布川	(100)	(100)	321.21	321.21	100	8.1～12.10 海区 ※2022年は9.1から
	奥蘂別川	(500)	(500)	345.35	345.35	500	5.1～12.10
	斜里川	(1000)	(1000)	354.40	354.20	1000	5.1～12.10
	止別川	(1000)	(1000)	11.12	10.35	1000	5.1～12.10
	浦士別川	(100)	(100)	26	14.3	100	8.1～12.10 海区 ※2022年は9.1から
	藻琴川	(1000)	(1000)	32.40	32.40	1000	6.1～8.31/9.1～12.10 海区
	網走川	別図⑤の通り					6.1～12.10
	常呂川	(1000)	(1000)	2.20	2.20	1000	6.1～12.10
	湧別川	(1000)	(1000)	22.30	22.30	1000	6.1～12.10
	渚滑川	(1000)	(1000)	26.25	26.25	1000	5.1～12.10
	興部川	(500)	(500)	35.50	35.50	500	5.1～12.10
	幌内川	(1000)	(1000)	46.57	38.44	1500	6.1～12.10

■一覧の見方ほか
1. 左右海岸の規制区域は標柱などで示されている。沖合距離は最大高潮時の海岸線からの距離。(左海岸とは河口から海に向かって左側の海岸)
2. この表で示している距離のうち、( )内の数字は、標柱までの一応の目安。
3. 河川内でサケ、マスを採捕することは、水産資源保護法、北海道漁業調整規則で禁じられているので注意すること。
4. 禁止期間の後ろに「海区」と記載されているのは、「海区委員会指示」のこと。
5. 調整規則及び委員会指示の内容は、令和4年度の実績。令和5年度以降の委員会指示の内容については、釣行の前に関する(総合)振興局もしくは海区漁業調整委員会に問い合わせること。

河口規制

■表関連別図②

■表関連別図③
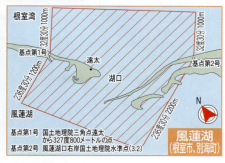

■表関連別図④

■表関連別図⑤

注意!! 河口規制が掛かる港

サケ、マス採捕禁止の河口規制が港にすべて掛かる河川

■後志
　余市川（余市漁港本港地区）
　尻別川（尻別漁港）

■渡島
　戸切地川（北斗漁港上磯地区）
　尻岸内川（女那川漁港）

■日高
　静内川（静内漁港）

■根室
　西別川（別海漁港）　床丹川（床丹漁港）
　標津川（標津漁港）　薫別川（薫別漁港）

■オホーツク
　斜里川（斜里漁港）　湧別川（湧別漁港）
　幌内川（幌内漁港）

■宗谷
　徳志別川（オホーツク枝幸漁港徳志別地区）
　頓別川（頓別漁港）　知来別川（知来別漁港）
　　　　　　　　※採捕禁止期間は一覧表参照

■注意：掲載したイラスト図は概略図であり、実際の規制区域とは多少違う場合があります。必ず現場の標柱や看板などで規制区域、期間を確認してください。

［編集・執筆］
北海道新聞HotMedia釣り新聞編集部
菊地保喜、坂田義人、三木田久志、七尾亘
平田克仁、佐々木徹、畑沢宣之、大井昇

イラストマップ制作：浪内一雄（DESIGN5）、中川翔
ブックデザイン：佐々木正男（佐々木デザイン事務所）

よく釣れる 北海道サケ釣り場ガイド

2016年8月26日　初版1刷発行
2022年9月12日　初版3刷発行

編者：北海道新聞HotMedia・週刊釣り新聞ほっかいどう

発行者：近藤　浩
発行所：北海道新聞社
　　　〒060-8711　札幌市中央区大通西3丁目6
　　　出版センター（編集）☎011-210-5742
　　　　　　　　　（営業）☎011-210-5744
印刷：株式会社アイワード
Ⓒ株式会社北海道新聞HotMedia
落丁、乱丁本はお取り換えいたします。
ISBN 978-4-89453-837-5